U-BOOT
IM FADENKREUZ

PETER BRENDT

U-BOOT
IM FADENKREUZ

Weltbild

Besuchen Sie uns im Internet:
www.weltbild.de

Der Autor

Peter Brendt, gebürtiger Westfale halbamerikanischer Abstammung, wuchs im Badischen auf. Nach dem Abitur ging er zur Marine und diente dort zunächst als Navigator, bevor er zu den Tauchern wechselte. In dieser Eigenschaft arbeitete er auch immer wieder im Rahmen der NATO mit der US Navy zusammen. Nach einigen Jahren als Waffentaucher und in Sonderkommandos nahm er seinen Abschied und wandte sich der Informatik zu, der er fast zwanzig Jahre treu blieb, bevor er sich endgültig auf das Schreiben und verschiedene Forschungen konzentrierte. So hat er unter anderem an (Tief-)Tauchexpeditionen zu U-Boot-Wracks des Ersten und Zweiten Weltkriegs teilgenommen, nach versunkenen Templer-Schiffen des Mittelalters gesucht und die ägyptische Wüste auf dem Rücken eines Kamels (das mehr vom Reiten verstand) nach Priestergräbern durchkämmt. Peter Brendt ist Mitglied der ITW, der *International Thriller Writers*. Er lebt in den USA.

Am 10. Mai 1940 begann der deutsche Panzervorstoß im Westen, und bereits am 24. Mai standen Guderians Panzer nur noch achtzehn Kilometer von Dünkirchen entfernt, wo sich die Reste der französischen 1. Armee und des britischen Expeditionskorps verschanzt hatten. Das Ende war absehbar. Über vierhundertfünfzigtausend Soldaten waren in einem Kessel eingeschlossen. Sie verfügten nicht mehr über schwere Waffen und ausreichend Munition und waren einem Angriff der Kampfpanzer III und IV der Deutschen hilflos ausgesetzt. Aber die Panzer stoppten. Die Luftwaffe sollte den Kessel von Dünkirchen vernichten.

Die eigentliche Schlacht um Dünkirchen dauerte nur ein paar Tage. Aber in diesen Tagen zeigte die Royal Navy, wozu sie fähig war. Im Rahmen der Operation Dynamo wurden beinahe dreihundertsiebzigtausend Soldaten trotz der Luftüberlegenheit der Deutschen evakuiert. Sie wurden von den Stränden geborgen, aus dem Wasser gezogen oder verwundet an Bord getragen.

Es war der Nukleus zweier Armeen, einer britischen und einer französischen, der entgegen allen Hoffnungen gerettet wurde, auch wenn alles Material zurückblieb … es war das Wunder von Dünkirchen.

Prolog

Die Sirenen der angreifenden Stukas heulten, als seien sie ein Vorbote des nahenden Infernos. Aus viertausend Metern Höhe kippte die Kette über die Tragflächen ab und stürzte der Erde entgegen. Rasend, immer schneller. Einzelheiten wurden sichtbar und verschwanden wieder.

Unten am Boden rannten die Briten um ihr Leben. In wildem Zickzack, als würde das etwas nützen. Sprengwolken standen am Himmel. In der Ferne grollten die dumpfen Abschüsse der deutschen Artillerie, die über die Ruinen auf die Strände feuerte.

Irgendwo – keiner der rennenden Männer scherte sich darum, wo genau – belferte ein leichtes MG. Solange keine Einschläge den Sand um sie herum aufrissen, war es uninteressant; und wenn die Einschläge kamen, war es im Grunde auch bereits uninteressant.

Das britische Expeditionskorps war von Arras nach Dünkirchen marschiert. Ständig unter Feuer, ständig im Einsatz. Die letzten Panzer, schwere Matildas, hatte man dort zurückgelassen. Treibstoffmangel.

Irgendwo knallte trotzig und herausfordernd eine leichte Pak. Aber in Wirklichkeit hatte die kleine Kanone gar nicht die Reichweite und die Richtgeschwindigkeit, den heranrasenden Flugzeugen gefährlich zu werden. Weit abseits der schwarzen Silhouetten mit den unverkennbaren Knickflügeln stand eine einsame dunkle Explosionswolke am Himmel.

Das erste Flugzeug schien zu bocken, und dann lösten sich vier dunkle Gegenstände unter dem Rumpf. Während das Flugzeug sich anschickte, wieder den blauen Himmel zu erklimmen, taumelten die Bomben zur Erde. Aber noch bevor sie aufschlugen, entlud bereits die zweite Maschine der Kette ihre Ladung.

Sand wurde zu riesigen Fontänen emporgerissen. Splitter sausten über den Strand, schlugen mit metallischem Klirren gegen die Reste der Kanonen und Fahrzeuge. Ein Tank, in dem sich noch ein paar Tropfen Sprit befunden haben mochten, explodierte mit einem weiteren dumpfen Fauchen. Und noch mehr schwarzer Qualm verdeckte die Sicht.

Spitze, hohe Schreie, die nicht enden wollten, zeigten an, dass die Splitter nicht nur Material getroffen hatten, sondern auch Fleisch und Knochen. Der Sand saugte das Blut auf, während sich Verwundete stöhnend weiterschleppten. Der See entgegen, die ihnen so freundlich blau entgegenleuchtete.

Das Schiff, das sich trotz der Gefahr, die von den unablässigen Bombenangriffen ausging, seinen Weg durch die Sandbänke suchte, trug anstelle der weißen britischen Kriegsflagge trotzig den Union Jack zur Schau. Es war ein Fischdampfer, ein kleines Boot, nicht mehr als sechzig Tonnen schwer. Aber es war eines von vielen Schiffen, von über neunhundert. Die meisten waren Fischkutter, Seenotrettungsboote der RNLI, ein paar auch Privatjachten. Die Sammlung umfasste alles, was schwimmen konnte.

Die modernen britischen Zerstörer, die großen und modernen Fährschiffe, sie alle hatten das Kampfgebiet verlassen, nachdem sie für ihre Rettungsversuche einen hohen Preis an die deutsche Luftwaffe bezahlt hatten. Große Schiffe wie die Aden und der Truppentransporter Côte d'Azur lagen auf Grund, und aus ihren aufgerissenen Rümpfen trieben immer noch die Leichen der Ertrunkenen auf. Aber trotz der Verluste gaben die Briten nicht auf. Bei Tag und bei Nacht, ständig liefen Boote die Strände an. Manche konnten nur zwanzig Männer aufnehmen, dicht gequetscht. Manchmal war das Deck gerade einmal ein paar Handbreit über dem Wasser, wenn sie wieder ausliefen, um zu den freundlicheren Klippen von Dover zurückzukehren. Um nach dem Ausladen und einem kräftig angereicherten Tee erneut ihr Glück zu versuchen.

Eine weitere Kette von Stukas erschien am Himmel. Der kleine Fischdampfer zackte wild zwischen den Untiefen, während sich die Flugzeuge auf ihn stürzten. Eine alte Lewis ratterte hinter der Brücke. Aber genauso gut hätte man versuchen können, ein Rhinozeros mit einer Stricknadel abzuwehren. Die heranrasenden Flieger ignorierten den trotzigen Abwehrversuch einfach.

Die erste Maschine warf ihre Bomben, aber der Skipper des Fischdampfers hatte den Piloten überlistet. Das Wasser am Heck schäumte hoch auf, als die beiden Schrauben gegenläufig drehten. Das kleine Schiff drehte beinahe auf dem Teller, während dicker fettiger Rauch aus dem spindeldürren Schornstein quoll. An Land konnten die Soldaten sehen, dass der Rumpf bereits zernarbt war. Einschusslöcher und ein paar notdürftig geflickte größere Löcher bewiesen, dass es nicht die erste Fahrt war.

Vier Bomben schlugen rund um den Trawler in die See und rissen Fontänen aus Salzwasser und Sand empor. Von Land aus gesehen, verschwand das Schiff in dem tobenden Inferno. Aber als die Einschlagsäulen wieder in sich zusammenfielen und große Kreise toter Fische sich ausbreiteten, dampfte das kleine, so zerbrechlich wirkende Schiff weiter. Rauchende Splitterlöcher bewiesen, wie nahe die Einschläge gelegen hatten. Nahe, aber nicht nahe genug.

Der zweite Stuka war durch das plötzliche Manöver ebenfalls überrascht worden. Hektisch versuchte der Pilot, die Anflugrichtung zu korrigieren. Es waren nur ein paar Sekundenbruchteile, aber Sekundenbruchteile, die über Leben und Tod entschieden. Während die Amelia, der kleine trotzige Dampfer, wieder den Kurs wechselte, erschien die Vergeltung am Himmel in Form von drei Hawker Hurricanes. Mochte man die Hurricane auch als veraltet im Vergleich mit den neueren Spitfires ansehen, aber über Dünkirchen und auch später trug sie unbemerkt von der Propaganda die Hauptlast der Luftkämpfe. Und der langsameren Ju-87 waren die Jäger bei Weitem überlegen.

Eine der Jagdmaschinen erwischte die Führungsmaschine der Kette Stukas, noch während sie nach ihrem Angriff wieder aufstieg. Der Feuerstoß aus den acht Browning-Maschinengewehren strich nur für den Bruchteil einer Sekunde über die Glaskanzel des Bombers, bevor die Hurricane wieder aus dem Messerflug in die Horizontale kippte. Aber in dieser Zeit schlugen rund dreihundert Geschosse Kaliber 7,7 Millimeter in das kleine Reich von Pilot und Beobachter ein und verwandelten es in ein Flammenmeer. Die tödlich getroffene Maschine geriet ins Trudeln und stürzte brennend ins Meer.

Die zweite Stuka-Besatzung lebte etwas länger, aber das machte im Grunde keinen Unterschied. Wie ein beutehungriges Raubtier hetzte eine Hurricane hinter der im Tiefflug davoneilenden Ju-87 her. Siebenhundertfünfzig Kilometer gegen nicht einmal vierhundert. Verzweifelt schoss der nach hinten sehende Beobachter, was sein Maschinengewehr hergab. Doch der Jäger schien völlig unbeeindruckt zu sein. Flammen spuckten aus den Tragflächen, als der Pilot des Jägers den Abzug betätigte. Geschosse fraßen sich in das Heck des deutschen Flugzeuges wie eine Bandsäge. Aluminiumteile flogen in alle Richtungen. Das Maschinengewehr im Heckstand ratterte ziellos in den blauen Himmel, bis die Munition ausging. Aber der Schütze, der immer noch den Abzug hielt, war längst tot.

In einem letzten verzweifelten Versuch ließ der Pilot die Maschine auf den Strand sacken. Es war keine Notlandung, es war mehr ein flacher Aufschlag. Die Fahrwerksbeine blieben im Sand stecken, und die Maschine kippte vornüber, während noch immer die Feuerstöße aus den Brownings belferten. Der nach wie vor rasende Motor bohrte sich in den Strand und begann, seine Einzelteile in die Umgebung zu streuen. Dann explodierte der Tank und Augenblicke später auch eine der Fünfzig-Kilo-Bomben unter dem Rumpf. Die Sprengwolke, die in die Luft stieg, war nur eine von vielen in diesen Tagen am Strand zwischen Dünkirchen und De Panne.

Der dritte Stuka hatte Glück. Ungefähr ein Dutzend Bf-109, die schwarzen Balkenkreuze deutlich sichtbar auf den Tragflächen, raste vom Hinterland heran. An ihrem Rachedurst konnte kaum ein Zweifel bestehen. Frustriert sandte die dritte Hurricane einen Feuerstoß hinter der Ju-87 her. Dann konnte die beschädigte Maschine von dannen ziehen, einem fernen Feldflugplatz entgegen. Der Tod hatte erneut die Seiten gewechselt.

Der Kommandant klappte die Griffe des Sehrohres ein und ließ den Spargel im Schacht verschwinden. »Runter auf vierzig Meter, LI. Legen Sie uns auf Grund, nicht, dass die Burschen uns noch entdecken.« Er wirkte etwas abwesend. Noch immer wirkten die Bilder nach. Unwirkliche Bilder, wie aus einer anderen Welt. Er hatte es beobachten können, aber alles war wie in einem Stummfilm lautlos abgelaufen. Seine Gedanken verweilten bei dem kleinen trotzigen Trawler. Er blickte auf die Uhr. »Er wird etwa eineinhalb Stunden brauchen, um die Männer an Bord zu nehmen. GHG, melden, wenn er wieder ausläuft.«

»Sie wollen ihn angreifen, Herr Kaleun?«

Der Kommandant sah seinen IWO an. In seinem kantigen Gesicht zuckte kein Muskel. »Dazu sind wir hier, Herr Oberleutnant, nicht wahr?«

»Zu Befehl, Herr Kap'tän!« Der Oberleutnant salutierte steif. Es gab Tage, an denen hätte er seinem Kommandanten mit Freude ins Gesicht schlagen können. Irgendwie hatte er das Gefühl, es würde heute wieder einer dieser Tage werden.

Rückruf

Heinz-Georg von Hassel schenkte dem Läuten an der Tür wenig Beachtung. In einem großen Haushalt wie dem der von Hassels gab es Bedienstete, die sich um Besucher kümmerten. Stattdessen wandte er seine Aufmerksamkeit wieder seinen Papieren zu. Keine einfache Aufgabe. Mit einem Seufzen gestand er sich ein, dass er lieber ein Buch gelesen hätte.

An der Tür zum Salon klopfte es, und eines der Dienstmädchen steckte den Kopf zur Tür herein. »Verzeihung, Herr Kapitänleutnant, draußen wartet ein Herr von der Marine. Er sagt, es sei dringend.«

Von Hassel zog verwundert die Augenbrauen in die Höhe. »Von der Marine?« Er dachte kurz nach. »Bringen Sie ihn in den blauen Salon.« Er wandte sich um und nickte seinem Vater kurz zu. »Wir sehen uns das später an.« Mit einem etwas unglücklichen Blick auf die Gesetzesblätter auf dem Tisch schüttelte er den Kopf. »Das ist eine verdammte Geschichte.«

Sein Vater schüttelte das graue Haupt. Im Gegensatz zu seinem ältesten Sohn war er ein ziemlich großer und schwerer Mann, neben dem Heinz-Georg immer noch etwas zierlich wirkte. Ein Eindruck, der täuschte, mitunter sogar Bernhard von Hassel. »Mach dir keine Gedanken, Schorsch, wir kommen schon klar.«

Von Hassel hasste es, »Schorsch« genannt zu werden, aber er schluckte seine scharfe Erwiderung hinunter. Hier, im altehrwürdigen Familiensitz derer von Hassel, war er nicht mehr der Kommandant, lediglich der älteste Sohn. Und nach der langen Feindfahrt, die er gerade hinter sich hatte, kam ihm der plötzliche Urlaub immer noch vor wie eine andere Welt. Seit zwei Tagen war er jetzt hier, sein Boot der Werft übergeben, die Besatzung in Urlaub geschickt. Es hatte Verluste gegeben – und Erfolge. Aber wenn er es genau betrachtete, waren die Erfolge beinahe ebenso schrecklich gewesen wie die Verluste. Er sah sich kurz um. Vielleicht hätte er nicht nach Hause kommen, sondern seinen Urlaub irgendwo in einem Hotel an der Küste verbringen sollen. Allein mit sich selbst sein – möglicherweise war es das, was er jetzt brauchte.

»Dein Besucher wartet, Schorsch!« Die Stimme seines Vaters riss ihn aus den Gedanken. Er nickte langsam. »Ja, ich bin schon unterwegs.«

Mit langen Schritten ging er zur Tür und trat hinaus auf den zugigen Gang. Unwillkürlich lächelte er grimmig. Die von Hassels hatten sich im siebzehnten Jahrhundert hier angesiedelt. Der Familiensitz, rund dreihundert Kilometer östlich von Berlin, war keine richtige Burg, kein Schloss, aber auch kein normales Anwesen. Irgendetwas dazwischen, wie auch die von Hassels selbst. Und wahrscheinlich zog es hier auch schon seit dem siebzehnten Jahrhundert, jedenfalls war Heinz-Georg davon überzeugt.

Er erreichte die Tür zum blauen Salon und trat ein. Ein junger Leutnant zur See sprang vom Stuhl auf und grüßte zackig: »Leutnant Segemaier, mit Befehlen für Sie, Herr Kaleun!«

Von Hassel, in bequemen Hosen und einem alten Pullover, winkte kurz ab. »Na schön, Herr Leutnant. Woher kommen Sie und was bringen Sie mir?«

Der junge Offizier griff wortlos in die Aktentasche, die er unter den Arm geklemmt hatte, und zog ein Kuvert hervor, das er dem Kapitänleutnant reichte. »Ich komme direkt aus Berlin. Rückruf für alle U-Boot-Besatzungen, Herr Kaleun.«

Von Hassel sah ihn fragend an. »Etwas viel Aufwand, nicht wahr?« Er riss das Kuvert auf. Die Befehle waren säuberlich getippt. »Per Funkspruch vom BdU. Und dann hat man Ihnen das Ding in Berlin in die Hand gedrückt und Sie hierherfahren lassen?« Der junge Kapitänleutnant lächelte. »Ich sorge für eine Erfrischung!« Ohne auf einen Kommentar zu warten, ging er zur Wand und zog eine Klingel. Dann wandte er sich dem Funkspruch zu. Minutenlang herrschte Stille, nur unterbrochen vom Rascheln der Seiten.

Von Hassel runzelte die Stirn. »Sofortiger Rückruf, das Boot klarmachen, Besatzung wird zurückgerufen.« Er blätterte durch die restlichen Seiten. Der größte Teil des Textes handelte vom Frankreichfeldzug. Es schien dort gut voranzugehen, aber das wusste er bereits aus dem Radio. Er hoffte es, denn sein jüngerer Bruder Karl war mit seinem Panzer bei der 7. Panzerdivision, Rommels Gespensterdivision, wie man sie bereits nannte. Was Karl dazu gebracht hatte, zum Heer zu gehen, würde ihm immer ein Rätsel bleiben.

Ich schweife ab! Er riss sich zusammen. »Ich verstehe das alles nicht. Im Grunde steht hier nichts darüber, warum diese plötzliche Eile geboten ist.«

Leutnant Segemaier sah ihn ruhig an. »Es gibt, äh … sagen wir einmal … Meinungsverschiedenheiten, denke ich. Aber meine Befehle lauten, Sie so schnell wie möglich nach Wilhelmshaven zu bringen. Alles Weitere wird man Ihnen dort erläutern, Herr Kaleun.« Er lächelte entschuldigend. »Ihre Besatzung wird sofort zu U-68 gebracht.«

U-68 lag in Wilhelmshaven in der Werft. »Mein Boot ist beschädigt.«

»Die Werft arbeitet Tag und Nacht, wenn es sein muss.« Der Leutnant senkte die Stimme, als fürchte er unsichtbare Zuhörer. »Ich sollte nicht darüber sprechen, Herr Kaleun, aber es gibt gewisse Unstimmigkeiten in den höheren Stäben. Es gibt Gerüchte in den Stäben. Jedenfalls kommen die Befehle ursprünglich nicht vom BdU, sondern direkt aus dem OKM.«

Von Hassel horchte auf. Das OKM war das Oberkommando der Marine. Also von Großadmiral Raeder? *Seit wann pfuscht der dem Löwen ins Handwerk?* Er blinzelte kurz. Aber er wusste, dass Leutnant Segemaier kaum weitere Fragen beantworten würde. Er hatte bereits genug gesagt.

»Also gut! Und wie komme ich nach Wilhelmshaven?«

Der Leutnant lächelte verbindlich. »In Prenitz gibt es einen Flugplatz der Luftwaffe, dort erwartet Sie eine Ju-52.«

Nun war von Hassel wirklich verblüfft. Plätze in Flugzeugen waren seit Kriegsausbruch so rar wie Gold. Irgendjemand musste wirklich sehr viele Fäden gezogen haben. Nachdenklich blickte er aus den großen Fenstern hinaus auf die Weiden. So wie es aussah, war sein Urlaub schon wieder vorüber. Er lächelte nachdenklich. Vielleicht war das gut so. Wenn er zu lange weg von allem war, würde er möglicherweise nicht den Mut finden, wieder hinauszufahren.

Jens Lauer fühlte, wie der Frosch in seiner Kehle noch etwas mehr anwuchs. Dabei war das Mistvieh ohnehin schon groß genug. Immer wieder spähte er zu der Uhr über dem Bahnhofseingang. *Ulrike*. Hatte er den Namen laut ausgesprochen? Verdammt, nicht einmal, als der Tommy-Zerstörer hinter ihnen hergeschossen hatte,

hatte er so geschlottert. Wie machten die anderen das nur? Sie schienen nie Probleme zu haben.

»Wartest du schon lange?«

Beim unerwarteten Klang der Stimme hinter ihm schreckte er zusammen. »Äh ... uh ... nein!« Er rang sich ein Lächeln ab. Ulrike! Sie ist tatsächlich gekommen! Er wusste nicht, was er sagen sollte. Für Augenblicke nahm er nur einfach das Bild vor sich auf. Sie trug Uniform, wie er auch. Das Schiffchen der Marinehelferinnen saß keck in einem absolut unvorschriftsmäßigen Winkel auf ihrem schwarzen Haar. Jacke und Binder zeigten deutlich, dass sie offensichtlich in großer Eile aufgebrochen war. Verlegen reichte er ihr die Hand. »Nein, nicht lange.« Er räusperte sich.

Ulrike Hartmann sah den jungen Matrosen vor sich an. Na ja, eigentlich waren sie gleichaltrig. Oder wenigstens fast. Aber er wirkte irgendwie jünger. Verloren. Vielleicht war es das. Sie spürte, wie sie errötete. Normalerweise traf sie sich nicht mit irgendwelchen Seeleuten, eine Lektion, die den Marinehelferinnen als Erstes beigebracht wurde. Seeleute hatten einen Ruf, und U-Boot-Fahrer besonders. Sie musterte das U-Boot-Abzeichen. »Es tut mir leid, aber ich wurde aufgehalten.« Sie lächelte. »Der Funkmeister hat Sauerei mit dem Kaffee angestellt, und ich durfte mich hinterher noch mal umziehen.«

Er räusperte sich noch einmal. »Wie lange hast du Zeit?«

Sie sah auf die Uhr. »Ich muss um sechs zurück sein.«

»Um sechs?« Er sah sich um. »Zu kurz, um ins Kino zu gehen.« Ratlos sah er sie an.

»Ich kenne ein Café hier in der Nähe.« Sie sah ihn an. *Ins Kino? Warten wir es ab!*

Jens, der nichts von ihren Gedanken ahnte, nickte

eifrig. »Café klingt gut.« Er runzelte die Stirn. »Und Kuchen ...« Er grinste. »Ich hatte keinen anständigen Kuchen mehr, seit wir ausgelaufen sind. Das war im März.«

»Gut, dann Kuchen!« Sie nickte energisch. Eigentlich war dieser Jens Lauer ein ganz netter Kerl. Sie hatte ihn im Zug kennengelernt, als sie zurück zu ihrer Dienststelle nach Wilhelmshaven fuhr. Er war auf dem Weg nach Hause gewesen.

Der Moment der Befangenheit war vorüber. Fröhlich plaudernd spazierten sie in Richtung des Cafés. Jens Lauer fühlte sich wie von einer Last befreit. Es war einfacher, als er gedacht hatte, mit ihr zu reden. Und der Rest? ES? Er verdrängte den Gedanken. Bis sie wieder rausmussten, würde es Wochen dauern. Keine Panik!

Daheim wartete seine Mutter auf seine Rückkehr. In ihren Händen drehte sie immer wieder die kurze Notiz, die ein Feldjäger vorbeigebracht hatte. Rückruf!

Daniel Berger wurde von den Feldjägern kalt erwischt. Er hatte einfach nicht damit gerechnet, dass sie sich an ihn heranmachen würden. Normalerweise gingen sie den U-Boot-Fahrern aus dem Wege. »Freikorps Dönitz.« Er grinste breit.

Der Feldjäger sah ihn mit einer Mischung aus Abneigung und Belustigung an. »Du weißt genau, dass der Laden für Soldaten verboten ist, nicht wahr?«

Berger sah sich um. Es war eine miese Kaschemme. Aber es war immerhin die gleiche miese Kaschemme, in der Braunert, der Elektro-Willi und er selbst vor dem Auslaufen rumgehangen hatten.

Verboten! Wahrscheinlich, weil der Schuppen zur Verbreitung von Infektionskrankheiten aller Art beitrug. Ob ein Tripper als Selbstverstümmelung zählte?

Aber immerhin, Salvasan sollte ja auch bei Ariern gut wirken.

Er sah den Kettenhund müde an. »Alte Erinnerungen, nicht mehr, Unteroffizier!« Er griff nach seiner Jacke. »Ich verschwinde, es ist sowieso nicht mehr das Gleiche. Nur keinen Ärger!«

Der Kettenhund nickte. »Normalerweise in Ordnung, aber wir haben Befehl, alle U-Boot-Fahrer zusammenzusuchen.« Er blickte auf das Mützenband. »U-68? Wir liefern dich ab, Junge!« Der Unteroffizier zuckte mit den Schultern. Feldjäger wurden nicht gerade wegen ihrer mitleidigen Seelen ausgesucht, und die verdammte Marine konnte er schon gar nicht leiden. Aber in diesem Moment spürte er trotzdem etwas, das so nahe an einem Gefühl dran war, wie es einem Kettenhund nur möglich war. »Ihr seid noch nicht lange zurück?«

Resigniert sah Daniel sich um. Wie sagten die Tommies? *To absent friends!* Er leerte den Rest aus seinem Glas und warf ein paar Reichsmark auf den Tisch. Braunert war tot, der Elektro-Willi in der Klapse, und er selbst? Er grinste schmal. *Fast wie neu, aber das würde die Marine schon ändern!* Er sah den Kettenhund an. »Alarm?«

»Nichts Genaues weiß man nicht.«

Berger nickte. »Muss am Krieg liegen.«

Oberleutnant Wegemann, der Methusalem, und seines Zeichens LI von U-68, fluchte zum Gotterbarmen. Der Rückruf hatte ihn bereits am frühen Morgen erreicht. Und seither versuchte er, sich darüber klar zu werden, was als Erstes zu tun war. Nach und nach trafen seine Heizer ein, so, wie sie von den Feldjägern erwischt wurden.

Die Stimmung war saumäßig. Sogar das übliche Gefrotzel fehlte. Zwei Tage Urlaub, das war alles, was man ihnen gegönnt hatte.

Wegemann dachte kurz an seine Frau, die mit versteinertem Gesicht die Neuigkeit aufgenommen hatte. Vielleicht konnte er später noch mal kurz nach Hause. Es ihr erklären, oder so …

Er schüttelte den Gedanken ab und konzentrierte sich auf das Häuflein Elend, das vor ihm unruhig auf den Stahlgrätings des Dieselraumes von einem Fuß auf den anderen trat. »Also noch mal, was suchen Sie bei uns, Matrose?«

Der Junge – der LI weigerte sich, ihn als Mann zu bezeichnen – legte erneut grüßend die Hand an die Mütze. »Matrose Hänisch, abkommandiert auf U-68 als Ersatz.« Die großen Augen spiegelten das völlige Unverständnis der Situation wider. Verdammt, das Bordpäckchen von diesem Hänisch war nagelneu, er musste frisch von der TMS kommen. »Also schön, Hänisch!« Er sah sich suchend um und erspähte jenseits des Schotts eine Gestalt. »Dörfler!« Er grinste. »Dich hatte ich jetzt wirklich noch nicht hier erwartet!«

Alois Dörfler steckte den Kopf durch das Schott und verzog das Gesicht. »I mi aa ned, Herr Oberleutnant. Die damischen Kettenhund' ham mi in Hamburg auf'm Bahnhof derwischt!«

Zwei Tage, und Dörfler hatte immer noch in Hamburg gesteckt? Der Methusalem unterdrückte ein Grinsen. Über das »Warum« hatte er ganz genaue Vorstellungen. »Auf dem Bahnhof?«, echote er. »Ich habe eher gedacht, sie zerren dich aus 'nem Bordell, alter Bazi!«

Der stämmige Bayer zuckte kein bisschen. »Naa, Sankt Schorsch is jo aa ned weit, ned woar?«

»Auch wieder richtig!« Der Oberleutnant deutete auf den jungen Hänisch. »Wir haben einen Neuzugang, wie es scheint. Kannst du ihm eine Koje finden und ihn einweisen?«

»Jawoll, Herr Oberleutnant!« Dörfler tippte sich locker an die Schläfe und blickte auf den Neuen. Aber bevor er etwas sagen konnte, stoppte die Stimme des Oberleutnants ihn im Ansatz. »Und keinen Blödsinn, klar?«

»Völlig kloar!« Er grinste. *Verdammt, dem Kleinen wächst bestimmt noch kein Bart. Bald fahren wir mit einem Kindergarten zur See.*

Oberleutnant Wegemann sah den beiden Seeleuten nach, als sie durch das Schott nach vorn kletterten. Dann wandte er sich wieder den beiden Dieseln zu, die wie geduckte Tiere in der Enge des Motorenraums hockten. Hoffentlich kam Berger bald. Maschinenmaat Peters lag noch immer im Lazarett. Ob er je wiederkam? Wer wusste das schon?

Auch Oberleutnant Hentrich war schon wieder im Dienst. Allerdings noch nicht auf dem Boot selbst. Solange der Kommandant nicht zurückgekehrt war, lag die Verantwortung in seinen Händen. Das bedeutete, er musste sich um Vorräte und Torpedos kümmern. Er wandte sich zu Obersteuermann Franke um und nickte. »Also, Sie gehen und versuchen, Karten zu kriegen. Und wenn möglich, finden Sie raus, was hier vorgeht. Ich versuche dasselbe mit den Torpedoleuten.« Er zuckte mit den Schultern. »Vielleicht finde ich einen Grund, mal bei Kapitän Hartmann reinzuschauen.«

Der Obersteuermann verzog das Gesicht. »Wird nicht viel nützen.« Hartmann war der Flottillenchef der 2. U-Flottille. »Der Chef war lange genug Kommandant, um zu wissen, wie es ist. Wenn er eine Ahnung hätte, dann wüssten wir es auch schon.«

»Auch wieder richtig!« Hentrich verzog das Gesicht. »Im Augenblick scheint keiner zu wissen, was los ist, nur, dass wir alle seeklar machen sollen. Ich frage mich, ob das auch für die anderen Flottillen gilt oder nur für uns.«

Franke schüttelte den Kopf und tippte an seine Nase. »Das gilt für alle. Sind ja nicht viele Boote zur Hand im Augenblick.« Er musste es nicht aussprechen. Der Oberleutnant wusste auch so, was gemeint war. U-31 und U-44 waren im März versenkt worden, und nun versuchte die Funkstelle schon seit Tagen Kontakt mit U-64 aufzunehmen. Und das waren bisher nur die Verluste der 2. U-Flottille. Bei der 6. und 7. sah es nicht besser aus. Und natürlich waren die meisten Boote draußen. In Wilhelmshaven lagen nur eine Handvoll Boote. Und ob die alle in kürzester Zeit klargemacht werden konnten, bezweifelte Franke. Einige hatten ziemlich übel den Sack voll bekommen.

Auch Oberleutnant Hentrich nickte ruhig. »Wohin es auch geht, wir werden wie üblich zu wenige sein.«

Der Steuermann zuckte mit den Schultern. »Muss wohl so sein, Herr Oberleutnant!«

Neue Befehle

Kapitänleutnant von Hassel straffte sich unwillkürlich, als er von einem beflissenen Leutnant in das Dienstzimmer des BdU geführt wurde. Der höfliche Leutnant Segemaier hatte ihn schon verlassen, kaum, dass er ihn im Hauptquartier des Konteradmirals abgeliefert hatte.

Karl Dönitz, erst vor kurzer Zeit zum Konteradmiral befördert, war nicht mehr der junge U-Boot-Fahrer des großen Krieges. Verblüfft begriff von Hassel, dass der Löwe, selbst U-Boot-Kommandant am Ende des letzten Krieges, jünger gewesen war als er nun.

Aber der BdU, wie seine neue Dienstbezeichnung lautete, ließ ihm keine Zeit für Grübeleien. Dönitz war ein eher zierlich gebauter Mann, etwas kleiner als von Hassel selbst. Sogar die Mütze wirkte etwas zu groß. Aber all das war vergessen, wenn man in das Gesicht des Mannes blickte. Das kantige Antlitz wirkte hart und entschlossen. Jede Bewegung verriet die Energie des Mannes. Schon vor dem Krieg, noch als FdU im Range eines Kapitäns zur See, hatte er seine U-Boot-Fahrer gewonnen. Er war einer von ihnen, und sie gehörten ihm mit Leib und Seele. Seit 1935 hatte er die U-Boot-Waffe aufgebaut, hatte sie geschliffen und gedrillt. Sie hatten manches Mal geflucht, aber immer hatten sie auf ihn geschworen.

»Von Hassel!« Der Admiral stand auf und kam ihm um den Schreibtisch entgegen.

Der Kapitänleutnant legte die Hand an die Mütze.

»Kapitänleutnant von Hassel zum Befehlsempfang, Herr Admiral!«

Dönitz streckte ihm grüßend die Hand entgegen. »Tut mir leid, dass ich Sie aus dem Urlaub holen lassen musste, von Hassel.« Er musterte prüfend das Gesicht des jungen Offiziers vor sich. Aber wenn er darin etwas entdeckte, dann behielt er es für sich. Stattdessen deutete er auf einen Stuhl. »Setzen Sie sich, Kaleun!« Er deutete auf eine Karte an der Wand. »Ich fürchte, wir haben ein Problem.« Ein flüchtiges Grinsen glitt über sein Gesicht. »Und wenn Sie das, was ich Ihnen jetzt erzähle, weitertratschen, dann finde ich eine Verwendung für Sie!« Aber das Grinsen nahm den Worten die Schärfe. Genau wie die U-Boot-Fahrer dem Löwen vertrauten, vertraute der Löwe seinen Wölfen. Schließlich hatte er sie geschaffen!

Von Hassel lächelte, aber in seinem Inneren machte sich Besorgnis breit. Der Löwe wollte ihn wieder rausschicken, offenbar so schnell wie möglich. Aber selbst Dönitz schien bei der ganzen Sache nicht wohl zu sein. Der Kommandant von U-68 lächelte. »Mein Wort, Herr Admiral!«

»Gut!« Der BdU atmete tief durch. »Bereits gestern ging ein Funkspruch an alle auslaufenden Boote, die noch nicht zu weit westlich stehen. Wer immer kann, soll mit voller Kraft den Kanal ansteuern. Dünkirchen!« Der Admiral sah von Hassel an. »Und ich schicke auch jedes Boot raus, das wir klarkriegen. Auch Ihr U-68, von Hassel.«

Von Hassel atmete scharf ein. Nun war die Katze aus dem Sack! »Dünkirchen?« Er sah den Admiral fragend an. »Der Kanal ist zu flach und zu eng für unsere Boote.« Er verzog das Gesicht. »Besonders für die Seekühe, Herr Admiral!«

Dönitz sprang auf und deutete auf die Karte. »Ich weiß! Wir alle wissen es.« Er senkte seine Stimme wieder. »Ich bin mir über die Gefahren im Klaren, aber wir haben in dieser Sache nur wenige andere Möglichkeiten.« Wieder glitt sein Finger über die Karte. »De Panne, nur ein paar Kilometer von Dünkirchen. Guderians Panzer haben das britische Expeditionskorps in diesem Bereich eingekesselt. Aber nun gibt es Streit. Göring hat angeboten, dass die Luftwaffe den Kessel zerstören soll. Und so wie die Dinge aussehen, wird der Führer wohl zustimmen.«

»Ich sehe noch nicht ganz, wie wir ins Spiel kommen, Herr Admiral?«

Der Admiral schüttelte den Kopf. »Es ist ein Durcheinander. Das Heer zog es vor, den Frankreichfeldzug mehr oder weniger ohne tätige Mithilfe des Führers durchzuführen. Sie waren sehr erfolgreich.« Die Lippen des Admirals kräuselten sich eine Spur verächtlich. »Auch wenn ihre Panzer zeitweise so weit vorsprengten, dass die Infanterie nicht mithalten konnte. Vor allem dieser neue Mann, von dem jetzt alle sprechen. Romme, Rommel oder so. Panzergeneral. Hat gemacht, was er wollte, bis man ihm einen offiziellen Befehl schickte, endlich auf die Infanterie zu warten. War schon eingekesselt und hat ein paar Panzer verloren. Aber wird natürlich besonders von Goebbels als Held gefeiert.«

»Und was passierte dann?« Von Hassel lehnte sich zurück. Die Nennung der großen Namen machte ihn unsicher. Das war nicht seine Welt. Er wusste, dass Dönitz auch aus zweiter Hand berichtete. Was der Admiral erzählte, konnte nur von Raeder stammen, dem ObdM. Damit war auch klar, warum Segemaier ihn aufgestöbert hatte. Also stand der Großadmiral hinter der ganzen Sache. Und wenn die U-Boot-Fahrer auch dem Löwen vertrauten, Raeder war eine etwas andere Sache. Zu nahe an der Partei für den Geschmack etlicher Marineoffiziere. Nicht direkt unbeliebt, aber manchmal mit etwas Misstrauen betrachtet. Er hatte sich auf der politischen Schiene hochgearbeitet, und dabei waren ein paar andere, durchaus geachtete, Köpfe gerollt.

Dönitz schien einiges von den Gedanken des jungen Kommandanten zu ahnen. Er grinste. »Ja, es sieht so aus, als habe jemand den Führer brüskiert. Er greift anscheinend jetzt direkter in die Befehle ein. Hat ein paar Umgruppierungen rückgängig gemacht. Und dann kommt der Dicke daher und sagt, die Luftwaffe allein könne den Kessel zerstören.« Er schüttelte den Kopf. »Ich weiß nicht, was vorgeht, und der Großadmiral ist sich auch nicht klar darüber. Vielleicht will Hitler einen Separatfrieden mit England. Aber dann hat er die Engländer unterschätzt. Vor allem die Navy.«

»Die Navy?« Von Hassel blickte auf die Karte. »Sie glauben, die Navy wird versuchen, das Expeditionskorps zu evakuieren?«

»Ich bin ziemlich sicher.« Dönitz nickte entschieden. »Der Großadmiral ebenfalls. Es gibt keine offiziellen Befehle des Führers. Wir können nach wie vor angreifen und versenken, wo immer wir den Gegner finden.« Er grinste. »Wir wissen, wo wir ihn finden in den nächsten Tagen. Bei der Evakuierung der Truppen über den Kanal. Wie üblich haben wir zu wenig Boote, aber wir können nicht einfach zusehen.«

»Eine ganze Armee über den Kanal? Mein Gott, was für ein Unternehmen!« Der Kapitänleutnant schüttelte den Kopf. »Sie werden es schaffen, Herr Admiral. Wie Sie selbst sagen, haben wir zu wenig Boote.«

Dönitz lächelte schmal. »Immerhin, dieses Mal kämpfen wir unter dem Schirm unserer eigenen Luftwaffe. Das sollte doch auch etwas wert sein?« Er sah den Offizier auf der anderen Seite des Schreibtischs nachdenklich an. *Ein guter Mann, nicht der beste, aber ein guter Mann. Und er nimmt nicht alles für bare Münze. Er hat nicht einmal gefragt, ob die Luftwaffe den Kessel zerstören kann! Aber ich habe Raeder auch nicht gefragt.* Der Admiral grinste. »Zumindest sollten sie die Luftüberlegenheit haben. Das macht es für die Tommies schwer, unsere Boote zu jagen.« Er atmete tief durch. »Also, das ist Ihr Befehl, Kaleun! Auslaufen so schnell wie möglich. Ihr Einsatzgebiet ist der ganze Küstenbereich vor Dünkirchen und De Panne. Mit etwas Glück werden mehr Boote eintreffen, aber das ist im Augenblick noch nicht sicher.« Er zuckte mit den Schultern. »Die Werftberichte kommen in den nächsten Stunden. Also erhalten Sie Nachricht, noch bevor Sie auslaufen.«

Von Hassel stand auf und salutierte. »Zu Befehl, Herr Admiral!« Der Befehlsempfang war beendet – oder jedenfalls dachte von Hassel das. Dönitz erwiderte seinen Gruß und wandte sich wieder der Wandkarte zu. Von Hassel verharrte einen Augenblick unschlüssig, entschied sich dann jedoch, leise der Tür zuzustreben.

Die Stimme des Löwen hielt ihn zurück. »Und von Hassel … es gibt Gerüchte.«

Der Kapitänleutnant straffte sich. *Jetzt kommt's!*

Aber Dönitz gab nur ein unwilliges Knurren von sich. »Ich schätze es nicht, wenn die SS einen meiner Kommandanten belästigt!« Er senkte seinen Kopf wieder über die Unterlagen auf seinem Schreibtisch. »Sehen Sie zu, dass Sie Ihr Boot in Fahrt bringen.«

Auf dem Weg zum Stützpunkt dachte von Hassel über die Bemerkung von Dönitz nach. Sollte das bedeuten, er würde sich hinter ihn stellen? Und falls ja, was konnte er tun? *Zu dämlich, dass sich keiner mehr traut, klar zu sprechen in diesem neuen Deutschland. Was für eine verdammte Scheiße!* Wie viele Deutsche hatte von Hassel nie viel über eine spezielle Minderheit anderer Deutscher nachgedacht. Über Juden. Natürlich, sie alle hatten es mitbekommen, wie zuerst die SA und später die SS mit den Juden umgingen. Die Reichskristallnacht konnte schlecht unbemerkt bleiben, und später konnte jeder sehen, dass Juden verhaftet wurden und einfach verschwanden. Es gab Gerüchte über Konzentrationslager. Nicht nur für Juden, auch für Sozialdemokraten, Kommunisten, Zigeuner. Wer es sehen wollte, konnte es sehen. Aber die Deutschen schwiegen. Warum? Weil viele selbst Angst hatten, weil viele sich einfach keine Gedanken machen wollten?

Es gab viele Gründe.

Von Hassel selbst war kein Nazi, nicht einmal Parteimitglied. Aber er war auch nicht gerade ein überzeugter Demokrat. Aufgewachsen im Chaos der späten Zwanzigerjahre, in einer Atmosphäre, in der man immer noch der verlorenen Monarchie nachtrauerte, misstraute er den Politikern der meisten Parteien. Und das schloss die Nazis mit ein. Aber wie viele andere Deutsche auch sah er die Veränderungen. Es gab wieder Ordnung, Sicherheit. Und niemand konnte abstreiten, dass auch die wirtschaftlichen Verhältnisse besser geworden waren. Es gab so vieles. Nicht zuletzt, dass aus dem gebrochenen Land, in dem er seine Jugend verbracht hatte, wieder etwas geworden war. Deutschland war wieder wer! Aber nun hatten sie Krieg. Und Krieg bedeutete für Soldaten, Befehlen zu gehorchen, nicht, sie zu diskutieren. Um den Rest konnte man sich später kümmern.

Was für eine verdammte Scheiße! Und Karl hat ausgerechnet mit einer Jüdin anbändeln und dann in den Krieg nach Frankreich ziehen müssen. Heinz-Georg hoffte nur, dass sein Bruder gesund zurückkam. Nicht, dass U-Boot-Fahren ungefährlich gewesen wäre. Aber was er von den Aktivitäten des Heeres hörte, gefiel ihm gar nicht. Romme, Rommel oder so. Von Hassel musste grinsen. Erwin Rommel! Aber ehrlich gesagt, wenn er nicht Karls Divisionskommandeur gewesen wäre, hätte Heinz-Georg den Namen auch nicht gekannt. Ein Panzergeneral, dem seine Männer folgten wie die Wölfe ihrem Löwen. Aber manchmal vielleicht zu wagemutig? Und Karls Freundin? Von Hassel lehnte sich zurück. Auch da würde man sehen. Es gab nicht viel, was er im Augenblick tun konnte. Und er wusste genau, sein Vater würde nichts tun. Schon allein aus Angst vor dem Risiko nicht.

Zurück an Bord

Jens Lauer war verzweifelt. Schon seit dem Abend, als er heimgekommen war und den Befehl vorfand, sich umgehend zurück an Bord zu melden. Er hatte versucht, Ulrike zu erreichen. Aber eine gelangweilte Telefonistin hatte ihn einfach abgewimmelt.

Endlich hatte er es aufgegeben und den Zug nach Wilhelmshaven zum Stützpunkt genommen. Aber immer noch kreisten seine Gedanken um das dunkelhaarige Mädchen in der Uniform der Marinehelferinnen. Sie hatten sich für den nächsten Nachmittag wieder verabredet. Ulrike würde vergeblich warten.

»Nun wach mal auf und beweg deinen Allerwertesten, Lauer!«

Jens blickte auf und sah in die Augen des Bootsmannes. »'tschuldigung, Schmadding!«

»Mann, du siehst aus, als hättest du die ganze Nacht gesoffen!« Bootsmann Volkerts sah den jungen Matrosen prüfend an. »Hast du aber nicht?«

Jens schüttelte den Kopf. »Nein, Schmadding!«

»Gut! Dann schnapp dir mal den kleinen Hänisch. Auf der Pier stehen ein paar Kisten, deren Inhalt unbedingt an Bord will.« Der Bootsmann nickte langam. »Kennst dich ja inzwischen aus.«

»Jawoll, Herr Bootsmann!« Jens eilte von dannen. Hänisch hatte er irgendwo im Bugraum zuletzt gesehen.

Bootsmann Volkerts lehnte sich an den Kartentisch und sah dem Matrosen zu, wie er durch das Kugelschott nach vorn verschwand. Ein guter Junge. Die letzte Fahrt hatte ihn geformt. Braunert, der ihn unter seine Fittiche genommen hatte, war gefallen. Und der Junge selbst hatte das letzte verzweifelte Gefecht mit dem alten Tommy-Zerstörer hautnah auf dem Turm miterlebt. Selbst erfahrene Männer konnten so etwas nicht so ohne Weiteres wegstecken. Und nun musste er schon wieder raus, beinahe ohne Pause.

»Na, Schmadding? So in Gedanken?«

Bootsmann Volkerts blickte auf und grinste den IIWO an. »Keine Rast den Gerechten, Herr Leutnant!«

Die Lippen von Leutnant Schneider kräuselten sich spöttisch. »Ah ja! Und was bringt Sie auf die Idee, wir zählten dazu?«

»Wir müssen wohl, Herr Leutnant! Für uns gibt es auch keine Rast!«

Schneider zuckte mit den Schultern. »Irgendwie haben Sie recht. Wissen, Sie, wie uns die englische Propaganda nennt? Mörder und Schlächter, Piraten. Klingt nicht sehr gerecht.«

»Na ja, aber es kommt von den Tommies.« Volkerts griente freudlos. »Die kennen sich ja mit Piraterie aus, nicht wahr?«

Vorn im Bugraum schmachtete mal wieder die Dame an der Laterne vor dem Tor. Dieses Mal gesungen von Maria von Schmeder. Noch etwas mehr schmachten. Aber immerhin das erste Zeichen beginnenden Lebens. Noch immer fehlten zwei Seeleute der alten Besatzung sowie mehrere Ersatzleute für die Gefallenen der letzten Fahrt. So gesehen war es ein Wunder, dass die Männer überhaupt schon wieder Zeichen von Leben zeigten. Aber es war Krieg, und die erste Lektion des Krieges lautete, niemals zurückzublicken.

Jens fand Hänisch in seiner Koje. Er hatte, als er spät in der Nacht an Bord kam, nicht mit ihm gesprochen. Der Neuzugang war an seinem brandneuen Lederzeug leicht zu erkennen. Mit einem leichten Lächeln blickte Lauer an sich herab. Nur eine Fahrt, aber sein Lederzeug sah bereits aus, als sei es einmal durchgekaut worden. Das schmierige Gefühl würde nie wieder rausgehen, egal, wie oft es gewaschen wurde. *Altgefahren!* Er grinste. Das hätte Braunert gefallen.

»Was machst du hier? Nichts zu tun?«

Matthias Hänisch blickte von seinem Geschreibsel auf. »Oh?«

Jens grinste breit. »Es gibt Arbeit!« Er senkte die Stimme. »Und lass dich nicht vom Schmadding erwischen, wenn du schon Tagebuch führst.«

»Ich ... ich ...« Matthias brach ab. »Ich habe mich aus dem Weg geschlichen, irgendwie scheine ich überall im Weg zu sein.« Die Stimme des Jungen klang weinerlich.

Des Jungen! Verdammt, der ist nicht mal ein Jahr jünger als ich! Die plötzliche Erkenntnis verblüffte Jens so, dass er für einen Augenblick nichts zu sagen wusste. Endlich gab er sich einen Ruck. »Ich kenne das Gefühl! Wer hat dir das Boot gezeigt?«

»Dörfler, ein Bayer!«

»Oh, Dörfler?« Jens grinste. »Alois ist ein Charakterschwein. Mach dir nix draus, der ist mies zu allen!«

»Hob I meinen Namen g'hört?« Alois Dörfler steckte den Kopf durch das Schott. »Ah, die beiden Muttersöhnchen! Da kumm i ja grad rechtzeitig!«

Hänisch starrte den Bayern an wie ein hypnotisiertes Kaninchen. »Ich hab ...«

»Wos host, Bua? Nach deiner Mama g'heult?«

Jens spürte die eiskalte Wut in sich. Dörfler war gemein, dreckig und durch und durch ein Arschloch. Wenn ihm Braunert damals nicht geholfen hätte … *Verdammt, Braunert ist nicht mehr!* Er stellte sich etwas breitbeiniger zurecht. »Lass den Kleinen in Ruhe, Dörfler!«

»Wos denn, wos denn, hat unser Jens auf einmal Haare auf der Brust?«

Jens grinste. »Mehr als du am Sack! Also, lass es gut sein, Dörfler.«

Der Bayer sah ihn misstrauisch an. Er hatte offenbar nicht mit Widerstand gerechnet. »Wos is denn in di g'fahr'n, Kloaner? War ja nur a Witz!«

»Deine Witze sind Scheiße, Dörfler!« Jens wandte sich zu Hänisch um. »Komm, wir haben zu tun!«

Gehorsam schwang der junge Matrose die Beine aus der Koje. »Dann mal los!«

Dörfler grinste Jens an. »Du woaßt, dass i di überall auf Landgang d'erwisch'n ko?«

»Klar, Dörfler, klar!« Er erwiderte das Grinsen. »Aber du wirst nicht!« Zufrieden sah er, wie das Gesicht des Bayern länger wurde. Natürlich gab es Prügeleien an Land. Aber selten zwischen Besatzungsmitgliedern des gleichen Bootes. Was in Friedenszeiten nur einen Rapport beim Kommandanten bedeutet hätte, war nun Wehrkraftzersetzung. Kriegsgericht. Das würde Dörfler nicht riskieren.

Er deutete auf das Schott nach achtern. »Auf der Pier stehen Kisten. Mal sehen, was drin ist.« Als er hinter Matthias Hänisch her zum Küchenluk ging, fühlte Jens eine nie gekannte Stärke. Er hatte Dörfler die Stirn geboten. Das war etwas Neues, etwas Aufregendes. Obwohl er dafür einen Preis zu bezahlen hatte. Dörfler würde wiederkommen. Aber in diesem Augenblick war ihm das egal. Wenn er nur Ulrike erreichen könnte!

Auch Daniel Berger war während der Nacht an Bord gekommen. Natürlich waren keine Bootsstuben eingeplant. Also mussten sie bereits jetzt im Boot schlafen. *Verdammte Kasernenhengste!* Aber im Grunde hatte der Dienstbetrieb ihn wieder eingefangen, eingehüllt, wie eine dichte Wolke, die keinen Blick mehr auf die Welt dort draußen zuließ.

»Was meinst du?«

Berger bemühte sich, nicht in das Gesicht von Maschinenmaat Mohr zu blicken. Mohr war der Ersatz für Peters, aber noch immer erwartete er, das Gesicht des früheren Unteroffiziers zu sehen. Peters war stur gewesen und manchmal nicht halb so fähig, wie er glaubte. Doch nun stellte Daniel überrascht fest, dass er den alten Mistkerl vermisste.

Er schüttelte langsam den Kopf. Er musste schreien, um sich verständlich zu machen. »Klingt noch immer nicht gut. Wir sollten ...«

»Kummer?« Oberleutnant Wegemann kam von achtern aus dem E-Maschinen-Raum.

Berger nickte. »Irgendwas läuft nicht so rund, wie es sollte.«

Der LI nickte kurz und lauschte dem Brüllen des mächtigen Diesels. Missmutig nickte er und schrie: »Du hast recht, Berger. Ich glaube, da stimmt was mit der Dieselpumpe nicht. Der Sprit kommt nicht richtig.«

Berger, der aus den Lippenbewegungen des Oberleutnants das Wort Dieselpumpe herausgelesen hatte, nickte. Maat Mohr, der mit den speziellen Mucken der Maschinen noch nicht vertraut war, sah verständnislos von einem zum anderen. Berger drehte die Kraftstoffzufuhr ab, und mit einem letzten Husten erstarb der Lärm.

»Vielleicht steckt irgendwo Putzwolle drin. Die

Werftgrandis waren ja schon dran, und was die machen, wissen wir schließlich.« Daniel warf der Maschine einen Blick zu, der irgendwo zwischen mitleidig und angewidert schwankte.

Wegemann, der Methusalem, legte sein Gesicht in nachdenkliche Falten. »Der Alte kann jederzeit an Bord kommen, und ich habe so ein Gefühl …« Er riss sich zusammen. »Vier Stunden, um die Kraftstoffpumpe auszubauen, alles zu reinigen und dann wieder einzubauen. Schafft ihr beiden das?«

Mohr warf Berger einen fragenden Blick zu. »Du kennst die Böcke besser als ich.«

»Jawoll, Herr Oberleutnant!« Berger verzog das Gesicht. »Sehen Sie zu, dass uns nicht dauernd jemand hier durchlatscht, dann schaffen wir das.« Sein Blick wanderte bereits über den Steuerborddiesel. Sie hatten auf der letzten Fahrt schon genug Ärger damit gehabt. *Sieht nicht so aus, als würde es besser.* Berger verzog das Gesicht. »Wir machen das allein. Mehr Leute treten sich hier nur auf die Füße!«

Oberleutnant Wegemann verzog das Gesicht. »Ich glaube, dieses Boot wird nie besser! Und dieser Dieselbock hier schon gar nicht!«

»Da könnten Sie recht haben, Herr Oberleutnant!«

Maschinenmaat Mohr schlug die öligen Hände zusammen. »Dann wollen wir mal, sonst wird es noch später.«

Daniel Berger und Oberleutnant Wegemann sahen den Unteroffizier leicht verwundert an. Aber dann nickte Berger. »Also an die Arbeit!« Er grinste. »Wenn Sie es so eilig haben, hier rauszukommen, Herr Maat?«

Kapitänleutnant von Hassel erreichte sein Boot wenig später. Der Kübel, der ihn zum Stützpunkt gebracht hatte, hielt mit quietschenden Bremsen auf dem betonierten Anleger. Nur zwei Boote lagen dort im Päckchen, und das andere Boot würde kaum auslaufen können. Von Hassel blieb kurz stehen und musterte das andere Boot, obwohl der Anblick nicht neu war. Deutlich waren immer noch die Furchen an Deck zu erkennen, die wie mit feurigen Peitschen in die Beplankung gerissen worden waren. Bordwaffenbeschuss! Der Wintergarten des Bootes war nur noch teilweise vorhanden, und im Turm klaffte ein großes gezacktes Loch. Das Boot war übel zugerichtet worden, aber irgendwie hatte die Besatzung es zurückgebracht. Wenn es eines Zeichens bedurft hätte, dass der Krieg noch nicht vorbei war, dann lag es direkt hier vor ihm. Die Tommies waren zäh und einfallsreich.

Endlich riss sich von Hassel von dem erschreckenden Anblick los. Rein äußerlich sah sein Boot nicht besser aus. Auch das Deck von U-68 war aufgerissen, Löcher prangten im Turm, und ein Teil der Reling des Wintergartens fehlte. Aber noch während er sein Boot musterte, flammten die Schweißbrenner auf. Männer seiner eigenen Besatzung und Leute von der Werft begannen zu arbeiten. Er lächelte nachdenklich. So leicht war seine Seekuh nicht zu schlagen. Und was die Besatzung anging … Er verdrängte den Gedanken. Es war eine gute Crew. Die Teile seiner ersten Besatzung. Und auch die neuen Leute, die jetzt noch dazukamen. Ersatz. Ein einfaches Wort. Die Leute, die es erwischt hatte, wurden eben ersetzt – wie ein ausgeleiertes Maschinenteil.

Immer noch nachdenklich ging er über das andere Boot an Bord. Das Grüßen der müde herunterhängenden Flaggen, das Abwinken der Seite, alles geschah automatisch. Er stieg die Sprossen zum Turm empor und sah sich kurz um. Hier waren die Männer bereits an der Arbeit gewesen. Die Einschusslöcher waren geflickt und die Flicken mit einem Schlag frischer Farbe versteckt worden. Vorsichtig tastete er daran. Die Farbe war noch nass. Er zuckte mit den Schultern. Unwahrscheinlich, dass sie noch trocknen würde.

Unten auf der Pier blickte Matrose Hänisch dem schlanken Offizier hinterher, der sie nicht mal eines Blickes gewürdigt hatte. »Wer ist das?« Er deutete auf den Turm. »Er geht an Bord?«

Jens blickte kurz auf. »Das? Das war der Alte!« Er griente freudlos. »Wenn er so durch die Gegend hastet, dann liegt was an. Und nichts Gutes.«

Hänisch sah ihn aus großen Augen an. »Wir laufen aus?«

»Was glaubst du denn?« Lauer sah den jungen Matrosen erstaunt an. Aber dann wurde ihm klar, wie fremd dem das alles sein musste. Er holte tief Luft. »Alle arbeiten daran, das Boot so weit wie möglich klarzumachen. Sie haben uns aus dem Urlaub zurückgerufen. Die Sache stinkt! Wir sollen raus, so schnell wie möglich.« Er musterte nachdenklich die Kisten. »Aber das Arsenal hat nicht sehr viel Proviant geschickt, es wird also keine lange Fahrt.«

Matthias blickte unsicher hinter dem Kommandanten her, der sich anschickte, im Turmluk zu verschwinden. »Ist das gut oder schlecht?«

»Keine Ahnung, Matthias.« Lauer blickte ebenfalls von Hassel hinterher, dessen Mütze gerade im Luk verschwand. »Keine Ahnung. Wir werden es herausfinden müssen.«

Von Hassel, der keine Ahnung von der Verwirrung hatte, in die er die jungen Matrosen stürzte, rutschte an der Leiter hinab in die Zentrale. Unten fand er den LI und den IIWO, Leutnant Schneider, die sich über ein paar Pläne beugten.

»Guten Tag, die Herren!«

Die beiden Offiziere legten grüßend die Hand an die Mützen. »Willkommen an Bord, Herr Kaleun!«

»Und was machen Sie hier?« Der Kommandant sah den IIWO verdutzt an. »Sie haben ein Loch in der Schulter, Herr Schneider!«

Der Leutnant winkte ab. »Nicht mehr so schlimm, ist ja schon ein paar Wochen her, Herr Kaleun.« Er bewegte die Schulter prüfend. »Ich habe ja schon auf der Heimfahrt wieder Dienst gemacht. Und als ich die Schulter den Ärzten hier im Stützpunktlazarett zeigte, sagten die, ich könne in Urlaub fahren.« Er grinste mutwillig. »Ich darf nicht kegeln, Herr Kaleun!«

Der Kapitänleutnant nickte erschüttert. »Na, dazu werden Sie hier nicht kommen, IIWO!« Aber dann grinste er. »Jedenfalls schön, Sie wieder dabei zu haben.«

»Bedanken Sie sich bei Rückert. Er hat großartige Arbeit geleistet.« Der Leutnant nickte plötzlich ernst. »Es hätte auch übel ausgehen können.«

»Ist er schon an Bord?«

Der IIWO schüttelte den Kopf. »Er hat uns über die Feldjäger eine Nachricht zukommen lassen, dass er bei Hannover feststeckt, aber den nächsten Zug nimmt. Er und unser neuer Smut sind die Letzten, die noch fehlen. Der Smut ist im Arsenal unterwegs, Bordpäckchen und so weiter empfangen.«

Von Hassel zog die Brauen hoch. »Ein ganz neuer Mann?«

»Nicht neuer als der andere Ersatz.« Schneider schüttelte den Kopf. »Wir kommen klar. Und der Smut ist bereits auf einem anderen Boot gefahren. Dann hat man ihn zum Kochsmaat befördert. Er hat sich freiwillig wieder gemeldet.«

»Also ein erfahrener Mann?« Der Kommandant nickte. »Wenigstens was.« Er sah auf die Uhr. »Besser, ich sage es Ihnen gleich. Wir werden heute Nacht auslaufen. Bis dahin will ich, dass jede Minute genutzt wird. Offiziere in zehn Minuten zu mir in mein Kabuff.«

Die Augen des IIWO weiteten sich. Bisher war es nur eine Vermutung gewesen, aber nun stand es fest. »Darf man fragen, wohin es geht?«

Von Hassel lächelte schmal. »Fragen ja, Leutnant, aber eine Antwort gibt's erst später.« Er zuckte mit den Schultern. »Vielleicht machen die da oben ja doch noch alles auf null.«

Doch die da oben machten es nicht mehr auf null. Kurz vor Mitternacht liefen die Boote aus, ohne Kapelle, ohne große Verabschiedung und ohne Aufsehen zu erregen. Wie schwarze Schatten liefen sie hinaus in die Nordsee. Keines der Boote war völlig neu, überall wurde noch in den Druckkörpern gearbeitet. Es waren die Boote, die man in aller Eile wieder rausschicken konnte.

Verfügbarkeit! Das Schlüsselwort einer jeden Strategie. U-68, U-114 und U-54 waren verfügbar. Das reichte. Ob sie bereit waren, war nie die Frage.

Wolfsrudel

»Seit heute Nacht, ein Uhr, unterstehen wir dem Befehl von Korvettenkapitän Werner Linke.« Der Kommandant leistete sich ein kurzes Lächeln. »Einige kennen ihn vielleicht schon. Er war eine Zeit lang Ausbilder in den WO- und Kommandanten-Kursen in Mürwik.«

Zufrieden sah er das Grinsen auf den Gesichtern von Hentrich und Schneider. Beide mussten Werner Linke genossen haben. Er nickte. »Genau der.«

Oberleutnant Hentrich hob die Hand. »Ich verstehe trotzdem nicht. Wieso können wir unter seinem Befehl stehen? Werden wir einer neuen Flottille zugewiesen?«

»Nein.« Von Hassel schüttelte den Kopf. »Keine neue Flottille. Wir sind einem U-Boot-Rudel zugeteilt.« Er blickte auf seine Notizen. »Genauer, wir sind jetzt ein Teil der Gruppe Reissewolf.«

Leutnant Rudi Schneider blinzelte. »Nett! Gänseblümchen hätte es auch getan, aber …«

»Lassen Sie den Unfug, Herr Schneider!« Doch trotz der Zurechtweisung konnte der Alte ein Schmunzeln nicht verbergen. »Der wesentliche Punkt ist, dass wir versuchen sollen, Angriffe als geschlossene Gruppe durchzuführen. Dadurch sollen, so die Theorie, die Abwehrkräfte aufgesplittert werden.«

Der LI, der bisher schweigend zugehört hatte, rieb sich am Kinn. »Und wo soll das stattfinden?«

Aller Augen richteten sich neugierig auf den Kommandanten. Bisher steuerte das Boot noch entlang der Küste nach Westen. Das konnte alles Mögliche bedeuten. Von Hassel atmete tief durch. »Das, meine Herren, ist die schlechte Nachricht. Wir sollen die Evakuierung des britischen Expeditionskorps aus Dünkirchen verhindern.«

»Die Briten evakuieren? Über den Kanal?« Der IWO blickte seinen Vorgesetzten fragend an. »Was macht denn unsere Luftwaffe?«

»Das ...«, von Hassel griente, » ... ist eine wirklich gute Frage. Und weil die Marine die nicht beantworten kann, fahren wir hin.« Er wurde wieder ernst. »In ein paar Stunden laufen wir in den Kanal ein. Ich brauche Ihnen nichts über die Risiken zu sagen. Flachwasser, Strömungen, wenig Raum, feindliche Luftbedrohung und britische Zerstörer. Korrigieren Sie mich, falls ich etwas vergessen haben sollte.«

Natürlich war es Leutnant Schneider, der nickte. »Scheint vollständig zu sein, Herr Kaleun.« Er sah die beiden anderen Offiziere an, die nachdenklich ins Leere starrten. Dann nickte er entschlossen. »Und was ist unser Plan?«

»Wir greifen von Westen her exakt zur gleichen Zeit an. Da U-68 das größte der drei Boote ist, haben wir die äußerste Angriffsposition, zum Kanal hin.« Er deutete auf die Karte. »Tieferes Wasser, aber dafür haben wir das Problem, dass wir die Tommies erst halb an uns vorbeimarschieren lassen müssen, bevor wir unsere Aale loswerden. Andernfalls kommen die beiden anderen Boote nicht mehr zum Schuss, und mit dem Aufsplittern der Abwehr hat es sich was. Dann haben wir alle am Hals.«

»Moment mal, Herr Kaleun! Heißt das, alle drei Boote greifen von Westen her an?« Oberleutnant Hentrich schnappte erschrocken nach Luft. »Das heißt, die Tommies können sich auf eine Seite konzentrieren, und das bedeutet ...«

»Eben!«, unterbrach von Hassel ihn. Er sah sich in der Runde um. Auf seine Offiziere konnte er sich jederzeit verlassen. »Deswegen sollten wir so etwas wie einen Plan B in der Tasche haben, nur für den Fall, dass die Dinge nicht so laufen, wie sich Korvettenkapitän Linke das vorstellt.«

Der IIWO sah ihn aufmerksam an. »Sie rechnen damit?«

»Sie nicht?« Der Kommandant blickte nachdenklich auf die Karte. »Wir haben während der entscheidenden Phase des Angriffs keine Verbindung miteinander. Also bleibt alles beim Alten. Wenn es hart auf hart kommt, ist jedes Boot allein. Wenn es so weit ist, will ich, dass die Rohre so schnell nachgeladen werden wie noch nie. Und falls es zu Schäden kommt, muss alles so schnell und leise gerichtet werden wie irgend möglich.« Er sah die Männer ernst an. »Die Tommies werden unseren Skalp wollen. Also keine Spielereien. Sorgen Sie dafür, dass alles griffbereit liegt.«

Der IWO griff nach seiner Mütze. »Und wann teilen Sie der Besatzung die Neuigkeiten mit?«

Von Hassel sah auf die Uhr. »Gleich nach unserer Besprechung.« Er sah sich um. »Gibt es sonst noch Fragen?«

»... Der Engländer wird versuchen, seine eingeschlossenen Truppen auf die Insel zu evakuieren. Eine ganze Armee, die, wenn das gelingt, wieder für weitere Kämpfe zur Verfügung stehen wird. Männer, es geht hier um nicht mehr und nicht weniger, als dem Engländer den Schneid abzukaufen, ihm den Mut zu nehmen, weiter zu kämpfen. Ich verlange von jedem Mann an Bord vollen Einsatz. Wenn wir das hier erfolgreich durchziehen, steigen unsere Chancen, vielleicht Weihnachten wieder

Frieden zu haben. Das sollte uns ein Risiko wert sein! Und immerhin sind wir dieses Mal nicht allein.«

Die Männer im Bugraum hörten der Ansprache des Kommandanten schweigend zu. Erst als die Durchsage mit einem deutlichen Knacken aus dem Lautsprecher beendet wurde, machten sich die Ersten Luft. Der Allererste war natürlich Dörfler. »Kanal? Verdamm mi no a moal, wir san an Atlantikboot!«

Daniel Berger sah ihn aus rot geränderten Augen an. »Was meinst du damit? Dass wir da nicht hingehören?« Er nickte. »Da gebe ich dir recht, zum ersten Mal, Loisl!«

»Was ist so schlimm am Kanal? Immerhin müssen wir nicht monatelang irgendwo auf dem Atlantik nach Geleitzügen suchen.« Hänisch sah sich fragend um.

Lauer verdrehte die Augen. Für einen Augenblick spürte er den Impuls, eine scharfe Antwort zu geben. Aber Dörfler kam ihm zuvor. »Du bist ganz a Gscheiter, wos?«

»Wieso …?« Hänisch sah den Bayern erschrocken an. Er begriff, dass er etwas Falsches gesagt hatte, aber nicht, was. Es gab Dörfler die Gelegenheit, seine mühsam unterdrückte Wut an ihm auszulassen.

»Host's ned kapiert? Der Kanal is flach wie a Bad' wanne! Wo wuist denn da tauchen? Da ham uns die Tommies mit dem verdammten Suchgerät glei am Kanthaken!« Dörfler brüllte den kleinen Hänisch an. »Was moanst, da ham wer dann Weihnacht'n Frieden!«

Der junge Matrose erbleichte. So weit hatte er noch nicht gedacht. Jens spürte, wie seine Stimmung umschlug. Hänisch war ein Narr, ein grüner Narr. Eine genauso verdammte rote Bratze, wie er selbst auf der vorigen Fahrt gewesen war. Dörfler hatte recht, aber noch waren sie nicht geliefert! Er zwang sich zu einem Grinsen und legte dem zu Eis erstarrten Hänisch die Hand auf die Schulter. »Hör nicht auf ihn! Er hat die ganze letzte Fahrt schon geunkt.«

»Hob i ned recht g'habt? Wo isser denn, der Braunert? Oder der Schott?«

Wütende und betretene Blicke richteten sich auf den Bayern. Natürlich war es knapp gewesen, und sie hatten Männer verloren. Freunde und Kameraden. Aber niemand erwähnte sie mehr. So lautete das ungeschriebene Gesetz an Bord. Dörfler hatte es in seiner Wut verletzt. Und seine Wut entstand aus der Angst, der gleichen Angst, die sie alle teilten. Abgesehen vielleicht vom jungen Hänisch, der es noch nicht besser wusste.

Bergers Stimme klang rau. »Besser, du hältst jetzt das Maul. Jens hat recht, immerhin schwimmen wir noch.«

»Wos zum Deifi ...« Dörfler brach ab, als er die wütenden Blicke spürte. »Ah rutscht's mir doch alle mol den Buckel nunter!« Immer noch schäumend vor Zorn, schwang er sich in seine Koje und rollte sich demonstrativ zusammen.

»Ich wollt nicht ...«, stammelte Hänisch.

Jens legte ihm die Hand auf die Schulter, aber sein Blick war nach achtern zur Zentrale gerichtet. »Schon gut. Dörfler ist eine alte Unke.« Es überraschte ihn selbst, wie ruhig seine Stimme klang. »Der Kanal ist flach und eng, aber das ist nicht alles. Es gibt tausend Tricks, und der Alte kennt sie alle. Er wird uns schon irgendwie durch die Malaise bringen.« Für einen Augenblick spürte er wieder die Angst. Er konnte nur hoffen, dass er recht hatte. Wie jeder an Bord.

An Bord von U-114 herrschte ein schlimmerer Zustand. Das obligatorische Probetauchen nach dem Auslaufen war bereits nicht zufriedenstellend verlaufen. Die Manschette am Backbord achteren Tiefenruder machte Wasser. Die Techniker hatten zwar alles so weit angezogen, bis es dicht war, aber das war nur eine Lösung auf Zeit, wie die leisen Schleifgeräusche bei jeder Ruderbewegung verrieten. Trotzdem war das Boot auf Kurs geblieben.

Kurz nach fünf Uhr morgens wurde U-114 von einem Aufklärer erfasst und offensichtlich per Funk an eine Leitstelle gemeldet. Das Schicksal wollte es, dass die Maschine im Licht der aufgehenden Sonne nicht gesehen wurde.

Zwanzig Minuten später nahm das Unheil seinen Lauf. Die achteren Ausgucke entdeckten zwei Flugzeuge, die sich von der Küste her näherten. Unverkennbar glänzte das Morgenlicht auf den Glaskanzeln der Bomber. Die zweimotorigen Flugzeuge schienen regelrecht über das Wasser zu hüpfen.

Auf dem U-Boot, auf dem man sich der Identität der nahenden Kampfflieger bereits sicher war, wurde in aller Eile die Signalpistole mit den Patronen des gültigen ES auf den Turm gereicht. Sekunden später standen zwei grüne Sterne am Morgenhimmel. Der WO der Steuerbordwache erwartete nun, nicht ohne Grund, als Antwort einen roten und einen weißen Stern. Doch noch während er zu den beiden Bombern hinüberstarrte, die in weiten Kreisen um das Boot flogen, gesellten sich zu diesen drei weitere Maschinen. Mit aufheulenden Motoren gewannen die Flieger an Höhe.

Vom Turm wurden wilde Ruderbefehle gerufen, und das Boot drehte in einem engen Bogen nach Steuerbord. Männer verschwanden wie die Kaninchen im engen Loch des Turmluks und rutschten die Leiter hinab. Kaum berührten die Stiefel die Stahlplatten, da warfen sie sich auch schon zur Seite, um Platz für den nächsten zu machen, der die Leiter hinabraste.

Stimmen schrien durcheinander, Ventile wirbelten

unter den hastenden Händen. In die vorderen Zellen strömte bereits Wasser ein, und der Bug schnitt unter, noch bevor der WO, als Letzter der Wache, das Luk verschlossen hatte.

»Alle Mann voraus!« Der verzweifelte Befehl des LI hallte durch das Boot. Männer hasteten durch das Mannloch von achtern und durch die Zentrale und verschwanden wie die Affen durch das vordere Kugelschott. Mehr und mehr neigte sich der Bug nach unten, in die schützende Tiefe.

Angstvolle Blicke richteten sich auf die gerundete Decke. Sekunden zogen sich wie Gummi. Für die vierundfünfzig Männer in der Druckhülle schien die Zeit stillzustehen. Sie mussten kommen, die dumpfen Explosionen. Sie mussten doch irgendwann kommen. Und dann nur möglichst weit weg sein von den verräterischen Tauchkringeln an der Oberfläche, die den Bombenschützen genau verrieten, wo das Boot getaucht war. Vierundfünfzig Männer wiederholten die gleichen Gedanken, immer und immer wieder. Wie ein Gebet.

Die Bomber drehten einer nach dem anderen auf den weiß schäumenden Tauchpunkt ein. Der Punkt, an dem sie das Boot hatten unter Wasser verschwinden sehen. Zwanzig Sekunden brauchten sie für den Anflug. Zwanzig Sekunden brachten das verzweifelt drehende und abtauchende Boot gerade einmal fünfundsechzig Meter von dieser Stelle weg. Fünfundsechzig Meter, ein Abstand, der gerade so reichen konnte. Aber das fliehende Boot hatte keine fünfundsechzig Meter Abstand von den Bomben. Vielleicht, unter guten Bedingungen, hätte U-114 eine Chance gehabt. Gegen einen oder zwei Bomber. Vielleicht gegen drei. Aber nicht gegen fünf.

Als die Bomben endlich fielen, klatschten dreitausend Kilo Bombenlast in Form von einem Dutzend Wasserbomben aus den Schächten der beiden ersten Maschinen ins Wasser. Ein ganzer Bombenteppich aus Wasserbomben. Urgewalten rissen Wassersäulen in die Höhe, als ein urweltliches Grollen die Tiefen erfüllte. Aber die beiden angreifenden Maschinen waren längst weitergerast, während ihre Kameraden darauf warteten, ob das U-Boot an die Oberfläche kommen würde.

Etliche Herzschläge lang geschah gar nichts. Dann endlich hob sich der scharf geschnittene Bug aus dem Wasser, steiler und immer steiler, während der Rumpf über das Heck in einer Wolke auftreibenden Öls absackte. Niemand mochte sich auch nur vorstellen, welche Szenen sich in dem sinkenden Rumpf abspielten. Und es sollte auch niemand erfahren, denn keiner der vierundfünfzig U-Boot-Fahrer kam aus der sinkenden Röhre heraus.

Am Himmel kreisten die Bomber noch ein paar weitere Minuten unschlüssig, bevor sie in Richtung des nahen Festlandes verschwanden. Die Morgensonne glänzte auf den großen Balkenkreuzen, die die Leitwerke zierten. Noch am Nachmittag wurde die Vernichtung eines feindlichen U-Bootes durch Heinkel-He-111-Bomber der Luftwaffe im Großdeutschen Radio gemeldet.

Auf U-68 bekam man von dem Drama, das sich nur einige Seemeilen entfernt abspielte, nichts mit. Der Morgenalarm ging wie üblich nach Sonnenaufgang zu Ende, und für die meisten der Männer lohnte es sich kaum noch, sich bis zum Frühstück noch einmal aufs Ohr zu legen.

Am GHG saß Funkmaat Rückert und versuchte, aus den vielfältigen Geräuschen schlau zu werden. Aber was er zu diesem Zeitpunkt nicht wusste, war, dass etliche der Druckdosen des Gerätes wieder einmal schlicht und ergreifend abgesoffen waren. So konnte er die schweren Explosionen, die mit der Vernichtung von U-114 einhergingen, nicht hören.

»Irgendetwas dort draußen, Rückert?«

Der Maat sah den Alten nicht an, während er das Stellrad des GHG bewegte. »Nichts! Gar nichts, Herr Kaleun!«

»Gar nichts?« Von Hassel schüttelte den Kopf. »Wir sind gerade einmal zehn Meilen weg von der holländischen Küste. Die können doch nicht den ganzen Verkehr gestoppt haben?«

Willi Rückert zuckte mit den Schultern. »Immerhin hat die Wehrmacht die Holländer erst vor ein paar Wochen überrollt.«

»Trotzdem!« Der Kommandant sah ihn zweifelnd an, zuckte dann aber mit den Schultern. »Wir hören nichts, wir sehen nichts. Scheint, wir haben unser Rudel verloren.« Er grinste mutwillig. »Das wird unserem verehrten Korvettenkapitän Linke aber gar nicht gefallen.« Immer noch grinsend nickte er dem Funker kurz zu und verschwand in seinem Kabuff.

Obersteuermann Franke, der dem Zwischenspiel von der Zentrale aus zugesehen hatte, blinzelte den Leitenden verdutzt an. »Scheint ihn zu freuen!«

»Was?« Der Methusalem blickte fragend auf. Er war so in seine Trimmberechnungen vertieft gewesen, dass er gar nichts mitbekommen hatte.

Franke blickte auf den geschlossenen Vorhang zur Kommandantenkammer. Ein großer Ausdruck für ein kleines Kabuff, aber der einzige Raum, in dem man mal allein sein konnte. Das Privileg des Kommandanten, auch wenn die Privatsphäre nur durch einen dicken

Vorhang geschützt war. »Er scheint sich zu freuen, dass wir unser Rudel verloren haben. Die anderen Boote, meine ich.«

»Der Kommandant?« Wegemann schmunzelte amüsiert. »Ich glaube, er ist kein Freund dieser ganzen Rudelidee.« Er runzelte die Stirn. »Oder vielleicht schon der Rudelidee, aber nicht der, die Linke sich vorstellt. Alle drei Boote von Westen ...«

Die Stimme des Kommandanten hinter dem Vorhang unterbrach ihre Unterhaltung. »Meine Herren, wenn Sie schon mutmaßen wollen, dann tun Sie das bitte etwas leiser. Hier wollen Leute schlafen!«

Der Leitende und der Steuermann sahen sich kurz an. So laut war ihre Unterhaltung nicht gewesen. Aber natürlich konnte der Kommandant es nicht zulassen, dass sie öffentlich Vorgesetzte kritisierten.

Oberleutnant Wegemann grinste. »Verzeihung, Herr Kaleun!« Dann blinzelte er dem Steuermann zu. »Gehen wir wieder an unsere Arbeit.«

Der Kommandant schlief nicht. Stattdessen brütete er über der Karte. In Friedenszeiten war der Ärmelkanal eine der am stärksten befahrenen Wasserstraßen der Welt. Tonnen wiesen den Schiffen den Weg, der nach Westen führende Verkehr näher an der englischen, der nach Osten fahrende Verkehr näher an der französischen und holländischen Küste. Aber der Frieden war vorbei. Die Leuchttonnen waren gelöscht, ebenso wie die Leuchtfeuer. Und Verkehr gab es ohnehin nicht mehr so viel.

Von Hassel blickte auf ein kleines Kreuz und dann auf die Uhr. Sie würden in knapp zwei Stunden den Treffpunkt erreichen, zwanzig Meilen nordöstlich der Fairy Bank, einer bekannten Untiefe. Aber die Zahlen auf der Karte verrieten die unangenehme Tatsache, dass sie gerade noch vierzig Meter Wasser unter dem Kiel hatten. Wenn sie erst einmal weiter nach Westen vordringen würden, dann würden es selbst unter guten Bedingungen gerade noch dreißig sein, und auch die nur in der Mitte des Kanals. Wenn sie also gejagt würden, hätten sie nicht einmal genug Wassertiefe, um dem englischen U-Boot-Ortungsgerät, jener geheimnisvollen Kiste mit dem Namen ASDIC, aus dem Wege zu gehen. Sie würden also ein paar neue Tricks brauchen. Aufmerksam studierte er die Berichte über Versenkungen der letzten Tage. Wenn die Meldungen der Luftwaffe stimmten, musste dort unten eine ganze Flotte auf Grund liegen. Was natürlich nicht sein konnte. Mit einem Seufzen machte er sich an die Arbeit.

»Aaaaaalarm!« Stiefel, die hart auf das Deck knallten, plötzliches Stimmengewirr und das scheinbar langsame Abkippen des Bootes rissen von Hassel aus seiner Grübelarbeit. Er konnte sich nicht erinnern, wie er in die Zentrale gekommen war.

»Luk ist dicht!« Der IWO kam als Letzter die Leiter runtergerutscht und nahm vor dem Kommandanten Haltung an. »Eine Biene, Herr Kaleun! Typ nicht erkannt, aber ich dachte, Vorsicht ist die Mutter der Porzellankiste.«

Der Kommandant nickte. »Gut gedacht, IWO!« Er grinste. »Die Flugplätze der Briten sind ja nicht weit entfernt.«

»Es könnte natürlich auch einer von Unseren gewesen sein, Herr Kaleun.« Oberleutnant Hentrich zuckte mit den Schultern. »War schwer auszumachen gegen die Morgensonne.«

»Es könnte. Sind schließlich 'ne Menge von denen unterwegs.« Von Hassel verzog das Gesicht. »Aber ich will nachher nicht herausfinden, dass wir uns getäuscht haben. Also, wenn es nicht tausendprozentig sicher ist, verschwinden wir im Keller.«

»Dreißig Meter gehen durch!« Die warnende Stimme des LI unterbrach den kurzen Wortwechsel. Von Hassel riss die Augen auf. »Abfangen, LI, sofort!« Mit zwei Schritten war er am Kartentisch und blickte kurz auf die Karte. »Auf Drei-Drei-Null gehen!«

»Drei-Drei-Null! Jawoll, Herr Kaleun!« Leutnant Schneider, der IIWO, legte dem Rudergänger die Hand auf die Schulter. »Steuerbord fünfzehn!« Aufmerksam beobachtete er den tickenden Kompass. Stille senkte sich über das Boot. Sekunden verstrichen, während der Bug langsam wieder aufkam.

»Stützruder! Drei-Drei-Null ein …«

Der Knall kam ganz plötzlich. Eine Druckwelle schüttelte das Boot durch! Immer noch aufgebackte Mahlzeiten kamen ins Rutschen und polterten auf das Deck.

»Schäden melden!« Von Hassels Stimme klang scharf. »Außenbordsverschlüsse prüfen!« Er zwang sich zu einem Grinsen. »War nicht so nahe, wie es sich angehört hat, Männer!«

»Genau auf die Tauchstelle, Herr Kaleun!« Leutnant Schneider erwiderte das Grinsen des Kommandanten etwas verkrampft. »Muss wohl doch ein Tommy gewesen sein.«

Der Alte nickte langsam. »Scheint so. Aber nur eine Bombe. Er wird oben warten.« Er seufzte. »Also gut, Schleichfahrt, neuer Kurs wird erst mal Drei-Null-Null. Steuermann, ich brauche später Kurs und Geschwindigkeit, um den Treffpunkt zu erreichen.« Seine Finger klopften ungeduldig auf den Kartentisch. »Wo bleiben die Schadensmeldungen? IIWO, gehen Sie mal nach achtern und fragen Sie nach.«

Der junge IIWO verschwand durch das Kugelschott. Augenblicke später erschien er wieder. »Keine Schäden, außer etwas zerdeppertem Geschirr!« Er salutierte zackig. »Außenbordsverschlüsse sind auch dicht, Herr Kaleun!«

»Danke, Herr Schneider!« Von Hassel tippte sich kurz an die Mütze. »Dann also weiterschleichen. Wenn mich jemand braucht, ich bin in der O-Messe und sehe nach dem Frühstück.« Mit einem letzten Grinsen in die Runde verschwand er durch das Kugelschott.

Matrose Hänisch, der an dem Christbaum mit den vielen Ventilen Posten stand, blickte ihm hinterher. Als die Bombe explodiert war, hatte er sich vor Angst beinahe ins Hemd gemacht. Pfeifend stieß er die Luft aus und wandte sich an Jens Lauer, der neben ihm begann, sich aus dem Ölzeug zu schälen, das die Wache wegen des Spritzwassers trug. Er raunte: »Der Alte scheint das alles ganz lockerzunehmen, Jens.«

Lauer blickte ebenfalls zum Kugelschott, aber der Kommandant war bereits verschwunden. Ebenso leise wie Hänisch flüsterte er: »Er ist eben ein ziemlich erfahrener Alter. Was ich dir gesagt habe.« Und du hast noch eine Menge zu lernen, Matthias! Das war Glück. Pures Glück!

»Und wer hat jetzt den Vogel richtig gesehen?« Oberleutnant Hentrichs Stimme durchbrach das Schweigen in der Zentrale. »Ich habe ihn nur als schwarzen Schatten gesehen.«

Jens schob sich nach vorn. »Ich glaube, ich habe ihn zuerst gesehen, Herr Oberleutnant!« Er zuckte mit den Schultern. »Zweimotorig mit einer Glaskanzel, aber die Abzeichen hab ich natürlich auf die Entfernung nicht erkennen können.«

»Könnte also alles Mögliche gewesen sein.« Der IWO rieb sich nachdenklich am Kinn.

Im Funkschapp nahm Funkmaat Rückert den Kopfhörer ab und kam in die Zentrale. »Herr Oberleutnant, wir haben ein Problem mit dem GHG!«

»Wie?«

Der Funker zuckte mit den Schultern. »Ich habe keine Ahnung, warum, aber das Ding tut nicht!«

Hentrich sah Rückert prüfend an. Wie alle an Bord war er an technische Kalamitäten gewöhnt. Aber ohne Horchgerät im Flachwasser? »Was können wir tun?«

Lauer lauschte der Unterhaltung neugierig, während er sein Ölzeug dem Zentralemaat reichte. Also mal wieder das Horchgerät!

Der Funker zuckte mit den Schultern. »Im Augenblick geht gar nichts, Herr Oberleutnant. Wir müssten auftauchen, dann kann ich es mir mal ansehen.« Er senkte seine Stimme. »Melden Sie es dem Kommandanten, oder soll ich?«

Der IWO zögerte nur einen winzigen Moment. »Ich sage es ihm.« Er wandte sich um und sah den IIWO, der gelangweilt auf der Apfelkiste hinter dem Christbaum hockte. »Leutnant Schneider, können Sie einen Augenblick übernehmen?«

Schneider rappelte sich von der Kiste auf und salutierte zackig. »Mach ich doch glatt, Herr Oberleutnant.« Er grinste mutwillig. »In der Zwischenzeit können sich die Männer Ihrer Turmwache vielleicht mal unsere Flugzeugerkennungstafeln ansehen?«

»Gute Idee!« Aber die Stimme des Oberleutnants klang abwesend. Mit zwei schnellen Schritten war er am Mannloch und jumpte hindurch.

Leutnant Schneider sah ihm kurz hinterher. Der Alte würde über die Sache mit dem Horchgerät nicht erfreut sein. Er wandte sich den wartenden Seeleuten zu. »Also, ihr könnt euch die Tafeln ja beim Frühstück ansehen. Vielleicht findet ihr den Vogel.« Er griff in das Schapp über dem Kartentisch und holte das Buch mit den Erkennungstafeln hervor, um es Lauer in die Hand zu drücken. »Wegtreten!«

Einer nach dem anderen verschwanden die Männer nach vorn in den Bugraum. In der Enge ihrer Wohnstatt, zwischen Torpedorohren, Reserveaalen und muffigen Matratzen, würde es Frühstück geben. Vielleicht hatten die Backschafter ja noch nicht abgeräumt, und sie würden nicht einmal mit dem Zeug durch das Boot hangeln müssen.

In der O-Messe war ein Backschafter gerade damit beschäftigt, das Frühstück zu bringen. Natürlich den Kaffee zuerst, war es doch an Bord von U-68 ein offenes Geheimnis, dass der Alte deutlich liebenswerter war, wenn man ihn gut unter Koffein hielt.

Von Hassel saß auf einer der Unterkojen und sah dem Treiben mit einem gewissen Maß an Zufriedenheit zu. Das Brot war noch frisch, genauso wie die anderen Lebensmittel. Es roch auch in der Röhre noch nicht so streng wie üblicherweise nach einigen Fahrtwochen. Offenbar war die Werft wenigstens zum Putzen gekommen, obwohl einiges nie wieder rausgehen würde. Er bewegte seine Schultern. Das schmierige Gefühl des Lederzeuges, das er auf der letzten Fahrt Wochen am Körper gehabt hatte zum Beispiel, oder der Öldunst, der sich nun, nach nur einigen Fahrtstunden, an der Oberfläche wieder breitmachte. Trotzdem, entschied von Hassel, den Umständen nach noch so gemütlich, wie es hier sein kann.

Er blickte auf, als Oberleutnant Hentrich, gefolgt vom LI, in die Messe kam. »IWO? Ich dachte, Sie haben Wache?«

»Der IIWO hat kurz übernommen.« Er zuckte mit

den Schultern. »Damit ich den Boten schlechter Nachrichten machen kann.«

Von Hassel spürte, wie der Moment der Zufriedenheit verflog. »Was gibt es?«

»Das Horchgerät! Rückert sagt, es funktioniert nicht.«

Der Alte richtete sich unwillkürlich auf. »Teilweise oder Totalausfall?«

»Mehr oder weniger Totalausfall, wenn ich seine Miene richtig deute. Er überprüft es, soweit es unter Wasser geht. Aber wahrscheinlich kann er erst etwas machen, wenn wir auftauchen.«

Der Kommandant schob sich die Mütze etwas weiter nach hinten. »Verdammter Mist!« Er dachte nach. »Wir bleiben trotzdem getaucht. Wenn wir am Treffpunkt mit dem Rudelführer sind, sehen wir weiter. Rückert und seine Funkenpuster sollen sich bereithalten, sich das Ding sofort vorzunehmen, sowie wir wieder oben sind.«

»Jawoll, Herr Kaleun!« Hentrich tippte kurz an die Mütze. »Dann bin ich wieder auf Wache!« Er drehte sich um und quetschte sich am wartenden LI vorbei. Der Leitende ließ sich in kalter Berechnung neben dem Kommandanten auf die Koje fallen. Die andere Seite der Back war klappbar. Wer dort saß, würde jedes Mal, wenn jemand nach achtern musste, aufstehen, seinen Teller festhalten und die Mahlzeit unterbrechen müssen, bis der- oder diejenigen sich durchgequetscht hatten.

Der LI erwiderte den fragenden Blick des Kommandanten mit einem Achselzucken. »Die anderen Sorgenkinder haben sich noch nicht gemeldet.«

Von Hassel wusste, was mit »die anderen Sorgenkinder« gemeint war. Der Steuerborddiesel, ein paar der

Außenbordsverschlüsse – das Horchgerät gehörte natürlich auch in diese Liste – und ein paar der weniger wichtigen Ausrüstungsteile. U-68 war das zweite Boot eines neuen Typs. U-64, der erste Typ IXB-Boot, so viel hatten sie inzwischen aus dem Radio erfahren, war vor Norwegen durch Bomben versenkt worden. Auch ein echtes Montagsboot.

Der Kommandant rang sich ein etwas gequältes Lächeln ab. »Warten wir es ab, irgendwas wird schon kommen.« Er lauschte dem leisen Summen, das mehr wie ein Gefühl als ein echtes Geräusch das ganze Boot zu erfüllen schien. Die E-Motoren. Um ihn herum waren die vier Kojen, die Back, die gerundete Decke. Überall zogen sich Rohre entlang, und trotz der Bemühungen der Werft, die ja nicht lange gedauert haben konnten, hatte sich überall Dreck angesammelt. Alle Oberflächen fühlten sich immer etwas schmierig an vom allgegenwärtigen Öl. Und bereits jetzt, nachdem sie nur ein paar Stunden unterwegs waren, meinte von Hassel, er rieche auch wieder ungewaschene Männerkörper. Aber vielleicht hing der ganze U-Boot-Mief noch von der letzten Fahrt in der Röhre. Er zuckte mit den Achseln. »Verdammt, LI. Es stinkt, es hinkt manchmal auf einem Bein daher, und es ist zickig wie eine Diva, aber es ist unser Boot. Also halten wir es zusammen, so gut es geht!« Er grinste mutwillig.

Der Leitende erwiderte das Grinsen. Ein kurzer Blick hinter die Maske des immer beherrschten Kommandanten. Sie waren schon zusammen auf dem ersten Boot von Hassels gefahren und hatten dessen Untergang überlebt. Viele andere hatten weniger Glück gehabt. Nun war U-68 ihre Heimat und ihr Lebensinhalt geworden. *Der Alte liebt den Zossen!* Aber dann korrigierte er sich. *Nein, er braucht ihn!* Mit einem scheinbar gleichmütigen Achselzucken winkte er ab. »An mir soll es nicht liegen, Herr Kaleun!«

Vierzig Minuten später, nach einem sorgfältigen Rundblick durch das Sehrohr, tauchte das Boot wieder auf. Kaum kam die Meldung von oben, dass der Himmel frei sei, stürmten Rückert und Henke, einer seiner Funkgasten, an Deck, um sich das Horchgerät näher anzusehen. Das Rätsel war schnell gelöst. Als Rückert eine der Druckdosen prüfend anfasste, fiel ihm der Deckel gleich in die Hand. Verblüfft sahen die beiden Funker sich an. »Die Dinger sind nicht richtig zugeschraubt!«

»Alle?« Henke griff prüfend nach einer anderen, und wieder löste sich der Deckel nach spätestens einer halben Umdrehung.

Rückert holte tief Luft. »Das muss die Werft verbockt haben!« Er schüttelte den Kopf. »Verdammte Werftgrandis! Das kann uns umbringen, während die gemütlich daheim hocken!« Fassungslos starrte er auf den Rahmen mit den Druckdosen. »Wie kann das nur passieren?«

Gustav Henke blickte kurz über die Schulter, aber der Turm mit der Wache war weit weg. »Willi, du weißt, dass das nicht zufällig passiert sein kann.« Er griff nach einer weiteren der Dosen. Dieses Mal waren es fast zwei Umdrehungen. »Jemand hat die Dinger aufgeschraubt und locker wieder aufgesetzt. Manche mehr, manche weniger locker, damit nicht alle auf einmal absaufen.« Auf seinem Gesicht zeichnete sich der Zorn ab. »Das ist kein Fehler, das ist Absicht.«

»Sabotage?« Rückerts Augen wurden groß. »Das kann doch nicht …« Er hielt inne. »Natürlich kann es sein.« Prüfend griff er nach mehreren der Dosen. »Sabotage! Der Alte wird richtig begeistert sein.« Er blickte zum

Turm. »Ich sag's ihm! Du kannst schon mal anfangen, die Dinger wieder trockenzulegen.«

»Vierundzwanzig Stück! Das wird etwas dauern.« Henke sah sich die Bescherung missmutig an.

Rückert zuckte mit den Schultern. »Dann fang besser mal an.« Er wandte sich ab und ging zum Turm. Nur ein paar Meter, aber dieses Mal erschien ihm der Weg unendlich lang. Immer noch in Gedanken kletterte er den Turm empor.

Die weiße Mütze des Kommandanten leuchtete zwischen den Köpfen der anderen Wachgänger. Als er den Funkmaat sah, nickte er ihm zu. »Also, Rückert, was ist mit dem GHG?«

»Wir kriegen es wieder hin, aber ich würde Ihnen gern etwas zeigen, Herr Kaleun!«

Von Hassel sah Rückert irritiert an. Etwas in der Stimme des Maates warnte ihn, hier, inmitten der Turmwache, zu viele Fragen zu stellen. Nach einem tiefen Atemzug wandte er sich an den IIWO, der inzwischen die Wache übernommen hatte. »Sie übernehmen, ich seh mir den Kram mal selbst an.«

Leutnant Schneider nickte langsam. »Jawoll, Herr Kaleun!« Nachdenklich beobachtete er, wie Rückert und der Alte nach vorn zum Rahmen des GHG gingen. Für eine Weile sprachen die Männer miteinander. Der Kommandant schraubte an dem Gerät herum, um es zu überprüfen. Die Gesten verrieten dem Leutnant nicht viel. Aber Rückerts Gesicht war alles andere als glücklich gewesen. Schneider spürte ein mulmiges Gefühl im Magen. Als ob sie nicht bereits genug Probleme hätten.

Kurze Zeit später hatten sie den Treffpunkt erreicht. U-54, das Boot des Rudelführers Werner Linke, wartete bereits. Mit kleiner Fahrt drehten die beiden U-Boote Kreise. Schließlich kam es bei diesem Einsatz nicht auf den Brennstoffverbrauch an. Während die Wachen aufmerksam den Himmel und die See absuchten, tauschten sich die beiden Kommandanten über ihre Pläne mit der Klappbuchs aus. Eigentlich nicht ungefährlich, schließlich lag die britische Küste nur ein paar Meilen nordwestlich, aber anscheinend hatte die Royal Navy andere Sorgen. Unten im Rumpf von U-54 riefen die Funker nach U-114. Aber sie erhielten keine Antwort. Endlich, nach zwei Stunden, gaben sie es auf.

Auf U-68 wurde nicht gefunkt. Der zweite Funkgast, der Gefreite Olm, saß einsam im Funkschapp und fischte aus dem Äther, was er erwischen konnte. Überwiegend den britischen Rundfunk mit den Wettermeldungen. Währenddessen trockneten Rückert und Henke die Druckdosen mit einem Heizlüfter und verschraubten sie wieder. Erst beim nächsten Tauchen würde sich zeigen, ob das GHG wieder funktionierte. Reichspatent mit Strippe! Aber noch während all das geschah, machte das erste Gerücht die Runde. Keiner wusste, wer zuerst etwas gesagt hatte. Wie alle Gerüchte, so war auch dieses bar jeden erkennbaren Ursprungs. Dabei war es ein besonders hässliches Exemplar seiner Gattung. Sabotage – ein Wort, das bei den Männern, die tagtäglich abhängig von ihrer künstlichen Umgebung waren, Furcht auslöste und Hass. Und Misstrauen, denn schließlich wusste keiner, ob nicht einer von der Besatzung … Man wusste ja schließlich nie. So gesellte sich das Misstrauen zu den sonstigen Dünsten in der engen Röhre und vergiftete die Atmosphäre. Doch viel Zeit blieb den Männern nicht, sich die Köpfe zu zerbrechen – die Boote liefen in den Kanal ein.

Anlauf beginnt …

Theoretisch waren es von der Fairy Bank nicht weiter als eineinhalb Stunden Fahrt bis Dünkirchen und bis Dover; auf der britischen Seite des Kanals wären es gerade einmal zwei Stunden gewesen. Aber in der Praxis brauchten sie länger. Beide Boote tauchten gemäß dem befohlenen Plan bereits knappe zehn Meilen vor der französischen Küste. Mehr war nicht vertretbar, und selbst diese Distanz war eigentlich schon zu kurz. Immer wieder hatten die Turmwachen in der Ferne Flugzeuge gesehen. Sie sahen aus wie glitzernde Splitter am Himmel. Zu weit entfernt, um die Typen oder die Nationalität zu erkennen. Aber wenigstens drehte keine der fernen Maschinen auf sie ein. Wahrscheinlich hatten sie die dunkelgrau gepönten Boote gar nicht entdeckt, und da sie nur kleine Fahrt liefen, zogen sie auch kein breites Kielwasser hinter sich her.

Korvettenkapitän Werner Linke lauschte den vielfältigen Geräuschen seines Bootes. Die Männer waren schon seit einer Weile auf Gefechtsstation. Aber es gab nicht viel, was sie tun konnten.

»Frage: Wassertiefe?«

Der Steuermann hob den Kopf. »Ab hier dreißig Meter, Herr Kaptein! In zwei Meilen beginnen die Sandbänke.«

»Danke, Steuermann!« Linkes Gesicht verriet keine Regung. Wenn es ihn beunruhigte, dass sie mehr oder weniger dicht über den Meeresboden krochen, dann zeigte er es zumindest nicht.

Ein eiskalter Mistkerl! Der IWO beobachtete seinen Kommandanten aus den Augenwinkeln. Erst Minuten zuvor hatte Linke einen unglücklichen Seemann abgekanzelt, der einen Schraubenschlüssel versehentlich hatte fallen lassen. Natürlich, es war Ruhe im Boot befohlen, und jedes Geräusch konnte sie einem lauschenden Zerstörer verraten. Trotzdem, die Art und Weise, wie Linke den Mann in den Senkel gestellt hatte, war übertrieben. Die Augen des Oberleutnants suchten den Seemann, aber der hatte sich wie ein ertappter Sünder auf seine Gefechtsstation im Bugtorpedoraum zurückgezogen.

»Gehen Sie auf Zwo-Null-Fünnef, IWO! Das sollte uns parallel zu den Sandbänken bringen.« Linke lächelte schmal. »Irgendwo müssen die Tommies ja stecken!« Er spähte zum Funkschapp. »Funker? Was im Horchgerät?«

»Nichts Großes. Ein oder zwei kleine Kolcher weiter draußen. Klingen wie Fischerboote, Herr Kaptän!«

Linke verzog missmutig das Gesicht. »Irgendwo müssen ein paar große Pötte unterwegs sein! Lauschen Sie, Mann! Die Tommies evakuieren eine Armee!«

Der kann die Dampfer ja auch nicht herbeizaubern! Wehmütig erinnerte sich der IWO an ihren letzten Kommandanten. Der war zwar so grün gewesen, wie sie alle, als der Krieg losging. Aber wenigstens wusste er, was ging und was nicht. Linke hingegen …

Ein paar Seemeilen weiter im Norden lief U-68 ebenfalls auf Westkurs, oder genauer, es kroch mit Schleichfahrt über den Grund des Kanals. Knappe zwei Knoten machten sie noch über Grund. Nicht einmal das Tempo eines normalen Fahrradfahrers. Aber das spielte keine Rolle, da sie ohnehin nicht wussten, wo die Tommies waren.

»Also, Ihr Zauberkasten funktioniert wieder?« Von Hassel sah Willi Rückert grinsend an.

Der Obermaat nickte. »Scheint so, Herr Kaleun. Auf jeden Fall höre ich Maschinengeräusche.«

»Fischdampfer oder so, sagen Sie? Keine großen Schiffe?« Von Hassel schob sich die Mütze nach hinten und kratzte sich in den Bartstoppeln. »Die werden ja jetzt nicht gerade fischen, oder?«

Der Funker lauschte in seine Kopfhörer. »Nein, glaube ich nicht. Die fahren. Der eine hierhin, der andere dorthin.« Rückert verzog verwirrt sein Gesicht. »Ich komme nicht dahinter, was sie machen. Maschinen, Schrauben, aber keine Winschen. Ich glaube nicht, dass die Netze ausgebracht haben.«

Der Kommandant dachte kurz nach. »Das wird unseren Rudelführer aber gar nicht freuen.« Er rappelte sich von seinem Stammplatz im Schott auf. »Steuermann, wie sieht es aus mit den Wassertiefen?«

»Knappe vierzig, Herr Kaleun!« Franke studierte die Karte. »Und auch das nur in den Tiefwasserwegen.«

»Verstehe!« Von Hassel sah sich in der Zentrale um. Irgendwie war der enge Raum ziemlich vollgepfercht. Aber das war kein Wunder. Jeder fand einen Grund, hier mal kurz etwas zu tun. Natürlich in Wirklichkeit nur, um mitzubekommen, was vor sich ging. Er grinste träge. Klar gab es noch einen Unterschied. Die letzte Feindfahrt war eine Tiefwasserunternehmung gewesen. Wenn da etwas passiert wäre, dann wäre das Boot sowieso auf Tiefe gegangen, und es hätte keine Chance mehr gegeben. Hier im Ärmelkanal war das anders. Wenn das Boot auf Grund ging, gab es immer noch eine Möglichkeit, auszusteigen. Aber natürlich nur für die, die sich nahe einem Luk befanden. Helden mit Netz und doppeltem Boden, aber von Hassel konnte seinen Männern keinen Vorwurf machen. Ein jeder wollte den Krieg überleben.

»Schön, Rückert, dann sehen wir uns Ihre Fischdampfer mal an.« Er trat ans Sehrohr und nickte dem Methusalem zu. »Bringen Sie uns auf Sehrohrtiefe, LI!«

Oberleutnant Wegemann wandte sich an seine Tiefenrudergänger. »Vorn unten zehn, hinten unten fünf.« Er fragte den Kommandanten: »Sollen wir mit der Fahrt etwas hochgehen? Oder soll ich das Boot am Sehrohr aufhängen?« Er grinste breit.

Von Hassel sah ihn verblüfft an. »Das Boot am Sehrohr aufhängen?«

»Ein netter Trick, der LI von U-114 hat mich drauf gebracht.« Sein Grinsen wurde noch breiter. »Allerdings hat es noch keiner mit einer Seekuh probiert.«

Der Alte nickte langsam. »Die sind weit genug weg. Solange Sie keinen Lärm machen, LI!«

Der LI fuhr das Sehrohr aus. Ziemlich weit, aber das Boot war ja noch ein ganzes Stück unter der Wasseroberfläche. Trotzdem begann das Boot auf einmal schneller aufzusteigen.

»Tiefenruder vorn und achtern null!« Wegemann ließ den Papenberg nicht aus den Augen. »Maschinen stopp!«

Nur noch von der Restfahrt getrieben, tauchte das Boot langsam der Oberfläche entgegen. Der LI fuhr das Sehrohr wieder ein Stück ein. »Der Trick ist ...«, dozierte er, »... dass durch das ausgefahrene Periskop unser Volumen und damit unser Auftrieb minimal größer wird.« Er schielte auf den Papenberg. »Hänisch, Zellen vier und fünf langsam anblasen, gaaaaanz langsam!« Die Wassersäule in der Glasröhre, die gerade wieder im Begriff war, zu steigen, kam beinahe zum Stillstand. Nur ganz langsam schien das Boot wieder abzusacken. Der LI fuhr das Sehrohr wieder etwas weiter aus. »Bitte schön, Herr Kaleun!« Er warf einen prüfenden Blick durch den Spargel. »Stimmt so!«

Von Hassel schob die Mütze zurück. »Sie sind ein Spaßvogel, LI!« Er grinste. »Aber eigentlich ist das Manöver ganz nützlich. Kein Geräusch, wir hängen einfach so da!« Er presste das Gesicht gegen die Gummimanschette und drehte am Handgriff. Ein schneller Rundblick genügte. »Der Himmel ist frei!« Er drehte den Spargel in die Peilung, in der Rückert den nächsten der Fischdampfer gemeldet hatte. Der stumpfe Rumpf war schwarz gepönt. Hinter einer kleinen eckigen Brücke ragte ein dürrer Schornstein in die Höhe. Aber an den beiden Auslegern hingen keine Netze. »Fischdampfer, eindeutig. Steuert beinahe Ost!« Er drehte die Vergrößerung voll auf und studierte den kleinen Dampfer aufmerksam. Dann pfiff er schrill durch die Zähne. »Der Bursche hat schon ein bisschen was abgekriegt. Außerdem hat er eine Art Gestell an einem der Ausleger aufgeriggt.«

Er spürte, wie die Männer in der Zentrale sich unruhig bewegten. Das war ungewöhnlich, und ungewöhnlich war normalerweise nicht gut. Von Hassel dachte nach. »Er hat auch Netze an der Bordwand heruntergelassen! Sieht aus, als wolle er Leute an Bord hieven!« Er hob den Kopf vom Sehrohr. »Rückert, haben Sie noch einen?«

»In Zwo-Null-Null kommt einer auf. Er hört sich etwas seltsam an, Herr Kaleun!« Rückerts Stimme klang abwesend, als wolle der Mann in sein Gerät hineinkriechen. Wieder einmal wurde von Hassel klar, dass nur Rückert und er selbst etwas von der Außenwelt wahrnahmen. Alle anderen hockten blind und taub in der Stahlröhre und konnten nichts weiter tun als abzuwarten.

Er drehte das Periskop nach Backbord achteraus. »Da haben wir den Vogel ja!« Verwundert blinzelte er. »Kein Wunder, dass der sich anders anhört.« Erstaunt nahm er den Kopf zurück. »Das ist 'ne Motorjacht, Männer! Ein hübsches modernes Schiffchen!« Er presste den Kopf wieder gegen die Gummimanschette. »Er kommt langsam auf!«

Allmählich begann sich ein Bild in von Hassels Kopf zu formen. Routinemäßig nahm er wieder einen Rundblick am Himmel. »Da kommt was!« Er sah genauer hin. »Stukas! Unverkennbar!« Gedanken reihten sich selbstständig in seinem Kopf aneinander. Die Walform des Bootes war aus der Luft gut auszumachen, wenn nur der Winkel stimmte. Nur konnten die Flieger bei einem getauchten Boot kaum die Nationalität erkennen. Mit einer entschlossenen Bewegung fuhr er den Spargel wieder ein. »Runter auf dreißig Meter, LI. IWO, neuer Kurs Nordwest, der Steuermann soll uns einen Weg zwischen den Untiefen finden!«

Befehle wurden gegeben, aber von Hassel hörte nur mit halbem Ohr zu. Sowie wieder etwas Fahrt in das Boot kam, senkte sich der Bug nach unten. Nicht sehr steil, sie hatten hier ja kaum Wassertiefe zur Verfügung. Aber dreißig Meter würden reichen. Mussten reichen!

Von Hassel atmete tief durch. »Das ist ein Ding!«

»Was?« Leutnant Schneider, der IIWO, sah ihn fragend an. »Was ist ein Ding, Herr Kaleun?«

»Wir hätten daran denken sollen«, murmelte der Kommandant abwesend. »Die Tommies sind ein Inselvolk. Wenn es hart auf hart kommt, dann haben sie nicht nur genügend Seeleute, sondern auch genügend kleine Schiffe!«

»Ich verstehe nicht.«

Der Alte lächelte schmal. »Das macht nichts, das ist

uns allen passiert.« Er schüttelte den Kopf. »Es gibt keine Geleite über den Kanal, oder wenn es sie gibt, sind sie die Ausnahme.« Er deutete auf das Funkschapp, in dem Rückert immer weitere Peilungen notierte. »Es gibt nur diese kleinen Schiffe. Wir hören nur einen winzigen Teil von ihnen. Es müssen in Wirklichkeit Hunderte sein.« Er schüttelte den Kopf.

Leutnant Schneider sah seinen Kommandanten immer noch verständnislos an. »Mit Verlaub, Herr Kaleun, ich verstehe immer noch nicht ...«

»Es bedeutet, dass wir ziemlich aufgeschmissen sind.« Die Stimme des IWO klang hart. »Selbst wenn wir mit jedem Torpedo einen dieser kleinen Fischdampfer unter Wasser treten, wir können damit nichts Wirksames ausrichten. Es sind einfach zu viele! Fragt sich, was U-54 jetzt macht. Die werden den Salat ja auch schon mitbekommen haben.«

»Es reicht, IWO!« Der Alte zwang sich zu einem Grinsen. »Noch ist nicht aller Tage Abend. Aber Sie haben recht, IWO, wir brauchen einen neuen Plan.« Er sah in die Runde. »Einfallsreich sind die Burschen ja, aber einen Haken hat die ganze Sache für die Engländer.« Zufrieden sah er die plötzliche Erwartung in den Gesichtern. Nachlässig zuckte er mit den Schultern. »Hunderte von kleinen Schiffen, auf ein ziemlich großes Gebiet verstreut. Sage mir doch mal jemand, wie man diese Schiffe alle schützt.«

Er sah das Begreifen von Gesicht zu Gesicht aufleuchten. Ein paar Männer stießen sich verstohlen in die Rippen, als sei das alles ein großer Spaß. Beinahe konnte er ihre Gedanken hören. *Der Alte kriegt die Tommies doch wieder am Arsch!* Er griente. *Hoffentlich!*

* * *

Korvettenkapitän Wilke und mit ihm die ganze Crew von U-54 hatten ebenfalls begriffen, dass etwas mit dem ganzen Plan nicht stimmte. Es gab keinen einzelnen großen Rettungskonvoi, es gab keine Einzelgeleite großer Schiffe. Es gab nur viele kleine Schiffchen, Fischerboote, Schlepper, Jachten, von denen keines unter normalen Bedingungen einem Kommandanten einen Aal wert gewesen wäre. Unter normalen Bedingungen, aber galten die hier?

Korvettenkapitän Linke kochte innerlich vor Zorn. Ein erfolgreicher Rudelangriff, der die Theorien des Löwen als richtig bewies, wäre das Tüpfelchen auf dem i seiner Reputation gewesen. Er hatte das richtige Alter und den richtigen Rang. Nun kam es nur darauf an, befördert zu werden und einen gemütlichen Platz in einem Stab zu finden, bevor die Gegenmaßnahmen der Engländer griffen. Und greifen würden sie, so viel stand für Linke fest. Nicht, dass der Ausgang des Krieges für ihn schon festgestanden hätte, aber dass es so oder so Opfer kosten würde, zur See gegen die erfahrenste und größte Seemacht der Welt anzutreten, musste jedem klar sein, der auch nur etwas von der Sache verstand. Zur See waren die Engländer von Deutschland nicht zu besiegen, davon war Linke überzeugt. Die einzige Hoffnung auf einen Sieg bestand in einem Separatfrieden oder in einer Invasion Englands. Beides war möglich, und tatsächlich setzte er auf den Endsieg. *Nur will ich ihn auch erleben, verdammt noch einmal.*

Mühsam konzentrierte er sich wieder. »Ich werfe noch einmal einen Blick auf den Kerl, der sich da zwischen den Sandbänken rumdrückt. LI, bringen Sie uns auf Sehrohrtiefe!«

Die Männer in der Zentrale sahen sich verdutzt an. Nicht weit entfernt donnerten Explosionen durch das

Wasser. Seltsam flach, und es gab keine Erschütterungen. Es musste die Artillerie sein, die auf den Fischdampfer schoss, den sie kurz zuvor erfasst hatten.

Langsam glitt das Boot an die Oberfläche, und Linke fuhr das Sehrohr aus. »Verdammt, halten Sie den Zossen doch mal genau auf Tiefe!«

Der LI zuckte ob des plötzlichen Anschisses unbeeindruckt mit den Schultern. »Zelle zwo, fünf Liter fluten!«

Hinter ihm hatte der IWO Mühe, seine Erheiterung zu verbergen. Der LI war frech. Fünf Liter, was machte das schon aus? Man konnte ja gar nicht genau fünf Liter fluten. Aber Linke nahm die kleine Bosheit hin. Wahrscheinlich hörte er sie gar nicht, so sehr nahm ihn das Geschehen dort draußen gefangen.

Eine Kette Stukas nahm den Fischdampfer aufs Korn. Krepierende Bomben rissen Wasser und Sand in die Höhe und verrieten dem verborgenen Beobachter, wie flach das Wasser unter dem wild zackenden Trawler bereits war. Aber als die Wassersäulen wieder in sich zusammenfielen, als die britischen Jäger heranhetzten wie verärgerte Racheengel, straffte sich Linke. *Er schwimmt noch! Das gibt's doch nicht!*

Der verzweifelte Kampf der Stukas gegen die britischen Jäger, der plötzliche Wechsel des Kriegsglücks, als die deutschen Flieger in Übermacht am Himmel erschienen, alles das interessierte ihn nur am Rande. Linke presste sein Gesicht fester gegen die Gummimanschette. Der kleine Fischdampfer hing in seinem Fadenkreuz, als sei er in einem Netz gefangen. Doch trotz der vermeintlichen Hilflosigkeit, er war außer Reichweite. Die Sandbänke zwischen ihnen würden einen Torpedo auflaufen lassen, bevor er auch nur in die Nähe des Ziels kam.

Linkes Gesicht verzog sich zu einem verächtlichen Lächeln. Der Tommy würde sein Schiff mit Soldaten vollpacken. Bis zum Schanzkleid voll, wohin er auch immer noch einen Mann stecken konnte. Wenn er einen Aal in den kleinen Dampfer jagte, würde es einem Massaker gleichkommen. Es war kein Kriegsverbrechen, es war irgendwie so an der Grenze. Aber, und mit dem Gedanken wurde sein Lächeln zufriedener, es würde sich gut in der Wochenschau machen. Nicht, was er erhofft hatte, der überwältigende Sieg, aber ein Anfang. Nur mit Mühe riss er seinen Blick von dem kleinen Trawler los und kontrollierte noch einmal den Himmel. Doch der Spuk war bereits vorbei. Die Engländer hatten nach Norden abgedreht, und die Deutschen waren wütend hinter ihnen hergehetzt. Der Himmel war wieder leer, als sei nichts geschehen.

Der IWO hatte das Gesicht seines Kommandanten beobachtet. Natürlich hatte er nicht sehen können, was vorging, aber wie jeder im Boot hatte er die Explosionen der Fliegerbomben gehört. *Wenn ich nur wüsste, was er vorhat!*

Der Kommandant klappte die Griffe des Sehrohres ein und ließ den Spargel im Schacht verschwinden. »Runter auf vierzig Meter, LI. Legen Sie uns auf Grund, nicht, dass die Burschen uns noch entdecken.« Er wirkte etwas abwesend. Noch immer wirkten die Bilder nach. Unwirkliche Bilder, wie aus einer anderen Welt. Er hatte sehen, aber wie in einem Stummfilm nichts hören können. Seine Gedanken verweilten bei dem kleinen trotzigen Trawler. Er blickte auf die Uhr. »Er wird etwa eineinhalb Stunden brauchen, um die Männer an Bord zu nehmen. GHG, melden, wenn er wieder ausläuft.«

»Sie wollen ihn angreifen, Herr Kaleun?«

Der Kommandant sah seinen IWO an. In seinem kantigen Gesicht zuckte kein Muskel. »Dazu sind wir hier, Herr Oberleutnant, nicht wahr?«

»Zu Befehl, Herr Kaleun!« Der Oberleutnant salutierte steif. Es gab Tage, an denen hätte er seinem Kommandanten mit Freude ins Gesicht schlagen können. Und irgendwie hatte er das Gefühl, es würde heute wieder einer dieser Tage werden. *Nun will ich es gar nicht mehr wissen!* Aber sein Geist konnte die Bilder eines kleinen, mit Verwundeten beladenen Schiffs nicht mehr verdrängen.

Arthur »Art« Miller, von Beruf Fischer aus Deal an der englischen Küste, fluchte, dass sogar seine an ihn gewöhnte Besatzung nicht anders konnte, als den kreativen Wortschöpfungen zu lauschen. Besatzung? Sein Neffe war gerade einmal sechzehn, und sein Maschinist war bereits nahe der sechzig. Der Teufel mochte wissen, wie nahe. Aber nun standen Jung und Alt verblüfft beieinander und starrten ihren Skipper an. Dabei hatten sie genug anderes zu tun. Die Zeit drängte.

»Nun mal schneller, Lieutenant!«

Der angesprochene Lieutenant vom Royal Engineer Corps blickte nach achtern zu dem kleinen Steuerhaus, hinter dem der Schornstein spindeldürr in die Höhe ragte. Noch immer qualmte es aus dem Rohr, und das Tackern der Maschine im Leerlauf zeigte an, dass der Skipper es kaum abwarten konnte, wieder auszulaufen.

»Wir brauchen mehr Zeit, Miller!« Der junge Offizier wischte sich den Schweiß aus den Augen. Wie die meisten seiner Männer hatte er mit angefasst, die Verwundeten in Schlauchboote zu tragen und zu dem wartenden Trawler zu rudern. Er verstand den Fischer, aber es ging eben nicht besser oder schneller.

Miller wandte den Blick nicht vom Himmel. »Wie viele sind es jetzt?« – »Sechsundfünfzig!«

Miller riss die Augen auf. »Sechsundfünfzig?« – Lieutenant Baxter, dem jungen Pionier, blieb der Mund offen stehen. Hatte er etwas Falsches gesagt? »Verzeihung, aber es sind so viele hier und …«

»Letzte Nacht habe ich eine Fahrt nach De Panne gemacht.« Millers Armbewegung deutete am Strand entlang. »Ihre Kameraden haben einundachtzig an Bord gebracht. In knapp eineinhalb Stunden!« Die blauen Augen im gegerbten Gesicht des Fischers schienen zu funkeln. »Also, kommen Sie in die Hufe, Mann!«

Unwillkürlich blickte der Pionier über das lange Arbeitsdeck. Wo in Friedenszeiten Fische aus den Netzen genommen wurden, lagen nun stöhnende, blutende Männer. Die meisten hatten ihre Waffen verloren und nur das nackte Leben gerettet. Die Uniformen hingen in Fetzen von den Körpern. Meistens handelte es sich um Splitterverletzungen aus Fliegerangriffen oder aus den gnadenlosen Bombardements der deutschen Artillerie, Panzergranaten inklusive. Ein Panoptikum menschlichen Leids genauso wie menschlicher Grausamkeit. Noch mehr Männer auf das Boot zu quetschen würde das Leid nur erhöhen, aber am Ende standen die weißen Klippen von Dover, die Sicherheit. Doch wohin mit den Leuten?

Miller schien die Gedanken des Lieutenants zu erahnen. Er deutete nach unten. »Die Fischlast, verdammt noch mal! Und ein paar Leichtverletzte bringen sie hier rauf. Sie können die Maschinengewehre bedienen.« Er zeigte auf die beiden alten Lewis-Maschinengewehre, die auf beiden Seiten des Steuerhauses über die Reling ragten, und grinste. »Sind von der ersten Fahrt zurückgeblieben.«

Lieutenant Baxter sah einen Augenblick in die Augen des Fischers. Dann nickte er. »Die kommen recht praktisch, nicht wahr?« Er erwiderte das Grinsen des Skippers etwas schüchtern. »Ich mache mich dann mal wieder an die Arbeit. Einundachtzig, sagten Sie?«

»Einundachtzig. Tun Sie Ihr Bestes!« Aber der Skipper hatte bereits wieder zum Fernglas gegriffen und begann, den Himmel abzusuchen.

Lieutenant Baxter wandte sich ab. Wenn ein Fischer, ein Zivilist, trotz der deutschen Luftwaffe sein eigenes Boot über den Ärmelkanal bringen konnte, um sie zu holen, verdammt, dann konnte er auch sein Möglichstes tun, damit die Mühe sich lohnte!

Es dauerte zwei Stunden. Lieutenant Baxter hatte den Rekord seiner Kameraden in De Panne gebrochen. Dreiundachtzig Mann drängten sich auf dem schmalen Deck, in der engen Kammer, auf dem Dach des Steuerhauses und in der Fischlast. Als die Amelia wieder auslief, lag sie tiefer im Wasser, als die auf den Rumpf gemalten Belademarken eigentlich erlaubten.

Die See war etwas kabbeliger geworden, und von Westen zogen mehr und mehr dunkle Wolken auf. Kein richtiger Sturm, aber schlechteres Wetter. *Vielleicht verdirbt es den Krauts ja die Lust am Fliegen!*

Das GHG hatte die Schrauben des kleinen Fischdampfers erfasst, kaum dass diese angelaufen waren. »Er macht sich auf die Socken, Herr Kaptein!«

Werner Linke nickte. »Frage: Kurs und Abstand?«

»Ungefähr fünf Meilen, Kurs kann ich noch nicht auskoppeln, ich höre nur die Schrauben. Peilt in Zwo-Sechs-Acht, Herr Kaptein!«

Der Kommandant nickte. »Dann mal los! Kleine

Fahrt voraus, LI, Sehrohrtiefe!« Er räusperte sich. »Anlauf beginnt!«

Das Boot nahm langsam Fahrt auf. Nach etlichen Stunden am Grund war immer noch genügend Saft in den Batterien. Nur die Luft in der Röhre schmeckte verbraucht und ölig. U-Boot-Mief. Aber noch nicht zu schlimm. Linke riss sich zusammen. Entweder er machte es ganz oder gar nicht. Soweit das Horchgerät reichte, war kein Zerstörer in der Nähe. Alles, was er vermeiden musste, war eine Verfolgungsjagd zwischen den Sandbänken.

»Boot ist auf Sehrohrtiefe!«

Die Meldung des LI riss ihn aus seinen Gedanken. Mit automatischen Bewegungen fuhr er das Sehrohr aus. Auch der übliche Rundblick war reine Routine. »Himmel ist frei!« Er runzelte die Stirn. Im Westen zogen schwarze Regenwolken auf. Aber da würde kaum ein Flieger drinstecken wollen. Er hakte den Gedanken ab und schwenkte den Spargel in die angegebene Peilung. »Da haben wir den Burschen ja!«

Seine halblaute Bemerkung wurde von Mund zu Mund weitergegeben. Im ganzen Boot wurde jede noch so kleine Information gierig aufgenommen.

Aber die einzigen Informationsquellen waren die Bemerkungen des Kommandanten und die Meldungen des Funkers am Horchgerät – nicht allzu viel, um sich ein Bild von der Situation zu machen.

»Er läuft geradewegs über das Westende der Gravelines!« Linke grinste breit. »Auf dem Kurs läuft er uns genau vor die Rohre!«

Der Steuermann an der Seite der Zentrale koppelte den Kurs mit. »Noch fünf Minuten, dann müssen wir den Kurs ändern, Herr Kap'tän!«

Die Sandbänke! Linke hob den Kopf vom Sehrohr.

»Wir drehen und nehmen ihn mit den Heckrohren!« Er überdachte sein Manöver kurz. Achtern lag ein Torpedo mit Aufschlagzünder in Rohr fünf und einer mit Magnetzünder in Rohr sechs. Schade um den guten Aal, aber vielleicht reichte ja der altmodische Aufschlagzünder. »Rohre fünf und sechs fluten! IWO, bringen Sie das Boot auf Gegenkurs.«

Es schien eine Ewigkeit zu dauern, bis das Boot auf neuem Kurs lag. Aber der Fischdampfer brauchte noch länger, um sich seinen Weg durch die Sandbänke zu suchen. Erwartungsvolles Schweigen senkte sich über die Zentrale. In der starken Vergrößerung konnte Linke erkennen, dass am Bug immer wieder ein Log ausgeworfen wurde. *Klar, in Friedenszeiten hat der hier nicht fischen dürfen. Ich wette, die britische Seite kennt er wie seine Westentasche*. Er sah auf die Uhr. *Noch fünf Minuten, dann ist er genau da, wo ich ihn haben will!*

Die Minuten zogen sich wie Gummi. »Er steht jetzt genau Steuerbord querab, Abstand vielleicht zwei Meilen!« Die Stimme des Horchers war nur ein Flüstern, aber in der Stille des Bootes klang sie unwirklich laut. Genauso wie die Wassertropfen, die irgendwo regelmäßig auf den Boden prallten. Wie in einer Tropfsteinhöhle.

»Danke!« Linke nahm das Gesicht nicht vom Sehrohr. Unter anderen Bedingungen wäre es Selbstmord gewesen, den Spargel so lange oben zu lassen. Und gut war es hier auch nicht, aber Linke konnte den Blick nicht von dem kleinen Dampfer wenden. Das Wissen, was geschehen würde, nein, was er tun würde, vermischte sich mit dem Wissen, wie es auf dem kleinen trotzigen Schiff aussehen mochte. Vollgepackt würde es sein, mit Verwundeten und mit erschöpften Soldaten.

Aber in ein oder zwei Tagen, noch bevor sie nach Wilhelmshaven zurückkehrten, würde sich das in eine nüchterne Zahl getöteter Feinde verwandelt haben. Etwas, das man in einer Wochenschau verwenden konnte. Etwas, das seiner Karriere förderlich sein würde. Mit morbider Faszination betrachtete der Korvettenkapitän seine Opfer.

Immer weiter wanderte die Peilung achteraus. Knapp zwei Knoten Geschwindigkeit entfernten das Boot mit jeder Minute sechzig Meter von der gedachten Kurslinie des Trawlers. Knapp vier brachten ihn mit jeder Minute näher an den Punkt heran, an dem der Abstand zwischen den beiden Fahrzeugen am kürzesten sein würde, den Punkt, an dem ihn der Aal treffen würde.

»Beide halbe Fahrt voraus!« Linke runzelte die Stirn. Denken! Er schalt sich einen Narren. *Der Abstand ist zu eng, wenn der Aal hochgeht!* »Beide AK!«

Das Bild in der Optik veränderte sich. Die Silhouette des Trawlers schien etwas länger zu werden, aber das war eine optische Täuschung. »Er wechselt Kurs!«

»Muss das Ende der Untiefe sein, Herr Kaptein!« Der Steuermann betrachtete seine Koppelnavigation mit einem misstrauischen Blick. Aber wenn er jetzt den Alten nach Landpeilungen fragte, würde der nur in die Luft gehen. Also besser darauf vertrauen, dass die Koppelei stimmte. »Danach hat er freie Fahrt bis rüber nach England.«

»Vergessen Sie es!« Linke griente unter der Gummimanschette. »IIWO, Werte eingeben! Gegner Bug links, Fahrt vier. Abstand Zwei-Sieben-Hundert.« Er dachte nach. »Torpedogeschwindigkeit hoch, Tiefe zwei! Wir feuern aus Rohr fünf!« Der ATo mit Aufschlagzünder sollte aus dem Zossen Kleinholz machen.

Wieder verstrichen Minuten. Alles schien eine Ewigkeit zu dauern. Der IWO, der bei alledem zu einem Beobachter degradiert war, verglich Linke mit dem alten Kommandanten. Bei dem wäre alles schon erledigt. Linke hingegen manövrierte, als müsste er sich durch einen Sicherungsverband an ein verdammtes Schlachtschiff heranarbeiten.

Endlich hob der Kommandant die Hand. »Achtung … Rohr fünf … los!« Ein Ruck ging durch das Boot, als der Aal auf seine tödliche Reise ging.

Linke, der kurz aufgeblickt hatte, presste das Gesicht wieder an das Periskop. Auf dem Trawler blitzte es auf. Verdutzt blinzelte Linke. Aber was geschah, begriff er erst, als das erste Geschoss aus dem alten Lewis den Kopf des Sehrohrs traf. Das Bild vor ihm schien in Scherben zu zerbersten. Er sprang erschrocken zurück und versuchte, den Spargel einzufahren, aber die Optik glitt nicht halb in den Schacht zurück, bevor sie mit einem metallischen Knirschen stecken blieb.

»Runter! Dreißig Meter!« Linke schüttelte immer noch den Kopf. »Der Mistkerl hat das Sehrohr entdeckt!«

Ventile wurden gedreht, Luft zischte aus den Entlüftern, als das Boot in die Tiefe glitt. Der Alte ignorierte die Befehle, die rund um ihn herum gegeben wurden. Alles, was er wahrnahm, war die Meldung des Horchers. »Er dreht, er dreht auf uns zu!«

»Laufzeit endet … jetzt!« Der IIWO blickte auf die Stoppuhr in seiner Hand. Aber keine donnernde Explosion hallte durch die See. Die Männer sahen sich gegenseitig an.

»Boot auf dreißig Meter festgeblasen!« Der LI machte eine korrekte Meldung und legte die Hand sogar andeutungsweise an die Mütze. In seinem Gesicht zuckte kein Muskel. Aber wie jeder dachte er dasselbe. Da lässt er den Spargel drei Ewigkeiten oben und wundert sich, dass er entdeckt wird. Bei deeeeem Abstand?

Plötzlich, ganz unerwartet, knallte es doch. Kein lautes Geräusch, nicht so laut, wie man es bei so viel Sprengstoff erwarten sollte. Irgendwie klang alles seltsam gedämpft. Aber, daran konnte kaum ein Zweifel bestehen, der Aal musste irgendetwas getroffen haben. Und was sollte das anderes sein als der Fischkutter?

Der Kommandant hastete die Leiter hoch, um im Turm an das zweite Angriffssehrohr zu kommen. Aber noch bevor er sich durch das untere Luk gezwängt hatte, schien eine Riesenfaust das U-Boot zu greifen und aus dem Kurs zu drängen. Vom Bug her kamen knirschende Geräusche, und plötzlich schien sich die Vorwärtsfahrt zu verlangsamen. Nicht abrupt, als wären sie gegen ein Hindernis geprallt, sondern mehr langsam, als würde das Boot in eine weiche Masse eindringen. Trotzdem kamen die Männer ins Taumeln, und die E-Maschinen heulten gequält auf in dem Bemühen, den Widerstand zu überwinden.

Linke selbst verlor den Halt und stürzte zwischen seiner Zentralecrew auf das Stahldeck. Fluchend rappelte er sich auf und rieb sich die Rippen. »Meldungen! Wo bleiben die Meldungen?« Mit schmerzverzerrtem Gesicht humpelte er zum Kartentisch und hielt sich daran fest. »Maschinen stopp!«

Der Steuermann blickte auf seine Karten und erblasste. Seine Koppelnavigation hatte beinahe gestimmt. Aber eben nur beinahe. Vielleicht gab es eine Strömung, die im Seehandbuch nicht vermerkt war, vielleicht hatten die Sandbänke sich auch verlagert. Es konnte viele Gründe geben, aber das Ergebnis war immer das gleiche – U-54 war in dreißig Metern Tiefe auf eine Sandbank gelaufen!

Schnelle Rache

Auf U-68 nahm das Horchgerät die Explosion des Torpedos wahr. Willi Rückert lauschte angestrengt in die Kopfhörer. Aber alles, was er nach dem Verhallen der einzelnen stärkeren Explosion hören konnte, waren die fernen Echos der kleineren Artilleriegranaten, die manchmal ins Wasser schlugen. Ein seltsam gedämpfter ferner Klang, der daher rührte, dass die Granaten meist auf den Sandbänken krepierten, wo die Schlauchboote der Pioniere in Sicherheit gebracht wurden.

»Herr Kaleun, ich bin nicht sicher, aber ich glaube, da ist ein Aal hochgegangen!« Rückert runzelte die Stirn. *Mit der Meldung kann der Alte bestimmt nichts anfangen!*

Von Hassel, gerade mal wieder mit seiner unvermeidlichen Kaffeetasse von der kleinen schrankähnlichen Kombüse in der Zentrale angekommen, erstarrte. »Ein Aal? Welche Peilung?«

»Zwei-Sieben-Fünnef, Herr Kaleun!«

Der Kommandant nickte schweigend. Aber Oberleutnant Hentrich konnte nicht den Mund halten. »Den muss U-54 geschossen haben!«

»Sind ja keine anderen Boote in der Nähe, Herr Kaleun!« Auch Leutnant Schneider sah den Alten an, der mitten in der Zentrale stand und in seine Kaffeetasse starrte.

Der IWO grinste. »Dann gibt es irgendwo also doch noch dickere Pötte!«

»Dickere Pötte?« Von Hassel blickte auf. »Nein, die

hätten wir gehört.« Er versuchte sich vorzustellen, was Linke denken mochte. Aber obwohl die Marine und vor allem die U-Boot-Waffe eine kleine in sich abgeschlossene Welt darstellte, kannte er seinen Rudelführer doch nicht gut genug, um vorherzusagen, wie er reagieren würde. *Er wird enttäuscht sein! Linke ist karrieregeil, und nun, mit diesem neuen Orden, hat er auch noch die Halskrankheit!* Von Hassel verzog das Gesicht. »Entweder, unser verehrter Korvettenkapitän hat auf einen der kleinen Zossen gefeuert, oder jemand hat auf ihn gefeuert und nicht getroffen!«

»Wer ...« Hentrichs Augen wurden groß. »Sie denken, die Tommies haben hier auch ein Boot operieren?«

Der Alte hörte gar nicht zu. Sein Kopf war bereits mit anderen Dingen beschäftigt. »LI, auf Sehrohrtiefe! Schleichfahrt, Ruhe im Boot!«

Beinahe augenblicklich verstummten alle anderen Gespräche. Das Summen der Elektromotoren wurde leiser, beinahe unhörbar. Automatisch sah von Hassel auf die Uhr. »Zwei Uhr. Noch sieben Stunden bis zur Dunkelheit!«

Dunkelheit! Alle wussten, was gemeint war. In sieben Stunden konnten die Flugzeuge sie nicht mehr sehen. In sieben Stunden würden sie in ihrem dunkelgrau gepönten Boot auch an der Oberfläche unsichtbar sein. Dunkelheit, die Zeit der U-Boote. Aber jetzt schien draußen noch die Sonne. Das ließ die Silhouette des U-Bootes selbst auf Sehrohrtiefe für ein Flugzeug klar sichtbar werden, und es ließ Wasserspritzer am Spargel weiß aufleuchten. Die Schiffsbesatzung konnte selbst die Blasenbahnen der ATos erkennen, die an der Oberfläche wie mit der Hand gezogene Linien aussahen. Wie die meisten Kommandanten bevorzugte auch von Hassel den Nachtangriff über Wasser. Diejenigen U-Boote, die am Tage getaucht angegriffen hatten, wurden hingegen immer weniger.

»Boot kommt auf Sehrohrtiefe, Herr Kaleun!«

Von Hassel kletterte in den Turm und setzte sich auf den Hocker am oberen Angriffsperiskop. »IWO, Sie nehmen das Luftzielsehrohr und suchen den Himmel ab.«

Zwei Sehrohrköpfe verursachten mehr Spritzer, mehr verräterische Spuren. Aber wenn Rückert recht hatte, war ohnehin kein Kriegsschiff in der Nähe. Die Gefahr drohte aus der Luft.

Von unten kam das Zischen, als das Luftzielsehrohr ausfuhr. Von Hassel drückte den Knopf und presste den Kopf gegen die Gummimanschette. Der übliche Rundblick, alles frei. Dann richtete er das Sehrohr in die angegebene Peilung. Zwei-Sieben-Fünnef, eine Daumennageldicke vorlicher als Backbord querab. Mit leiser Stimme gab er nach unten weiter, was er sah. Die Männer hungerten ja geradezu nach Informationen. »Eine Rauchwolke, sieht mehr aus wie eine kleine Dampferfahne! Ziemlich dunkel!«

Unten in der Zentrale verzog Leutnant Rudi Schneider das Gesicht. »Wenn der noch dampft, dann hat U-54 ihn jedenfalls nicht getroffen.«

»In Zwo-Sieben-Fünnef läuft eine Maschine!« Willi Rückert konzentrierte sich. »Komisch, dass ich die früher nicht gehört habe!«

Oben im Turm hörte von Hassel die Meldung. Es war zwar Ruhe im Boot befohlen, aber Rückert hatte trotzdem laut genug gesprochen. Genau wie Schneider. Nicht sehr respektvoll, aber recht hatte der Mann! Der Alte leistete sich in der Einsamkeit des Turms ein Grinsen. Wenn Linke tatsächlich geschossen hatte, war er ein Idiot, höherer Dienstrang hin oder her.

Die Dampferfahne wurde noch eine Winzigkeit

dunkler und dichter. »Ich glaube, Sie können ihn nicht gehört haben, weil er gerade erst wieder anläuft, Obermaat!«

Der Kommentar aus dem Turm wurde geflüstert weitergegeben. Obermaat Rückert lächelte schmal. Der Alte verstand nicht viel von der Funkerei, aber wenigstens hörte er hin, im Gegensatz zu vielen anderen Seeoffizieren, die nur »Volldampf voraus« kannten. »Wir haben noch ein paar andere in der Nähe!«

Natürlich haben wir! Von Hassel rang mit einer Entscheidung. *Wir haben die ganze Zeit Peilungen kleiner Schiffe! Also gut!* »LI, können Sie uns etwas höher rausbringen? Ich kann die weiter entfernten Schiffe nicht sehen!«

Von unten ertönte die Stimme des Methusalem. »Machen wir, Herr Kaleun!« Ein paar halblaute Befehle wurden gegeben, und etwas Pressluft zischte in die Zellen. Für von Hassel sah es aus, als wäre er eine Treppenstufe raufgestiegen. Der Sichtwinkel kam höher über die Wasseroberfläche. Der Sehrohrkopf musste nun schon einen halben Meter rausragen. Nicht gerade verstohlen, aber er konnte etwas weiter sehen. Abermals ein Rundblick. »GHG, ich habe drei. Die Jacht, einen Trawler und einen Schlepper oder so etwas.«

Von unten kam prompt die Rückmeldung. »Habe ich auch, und einen Vierten in Null-Drei-Neun, mindestens zehn Meilen entfernt. Kleiner Zossen, Kolbenmaschine!«

»Na, der ist zu weit weg für mich!« Der Kommandant richtete das Sehrohr wieder nach Backbord. Aber er kam nicht dazu, sich die Lage in Ruhe zu betrachten.

»Flieger! Mindestens drei an Steuerbord!«

Von Hassel drückte den Knopf, der das Sehrohr einfahren ließ. »Runter auf dreißig Meter!«

Von oben ertönte ein neues Geräusch. Ein rasend schnelles Pitsch-pitsch-pitsch in unendlicher Folge. Der Bug senkte sich steil nach unten. Aber noch bevor sie tiefer kamen, schlug etwas mit einem metallischen Geräusch gegen den Turm. *Bordwaffenbeschuss!* Wieder ertönte das Pitsch-pitsch-pitsch, und dieses Mal konnte sich von Hassel gut vorstellen, wie die Einschlagbahnen der Maschinenkanonen ihre parallelen Linien über das Wasser zogen. Ein Zeichen hilfloser Wut, denn sowie sie auch nur zwei Meter Wasser über sich hatten, waren die Geschosse völlig unwirksam. Das härtere Element Wasser wirkte bei der Geschwindigkeit, mit der die Kugeln kamen, wie ein Betonpanzer. Er entspannte sich etwas. Sein Spargel war rechtzeitig drinnen gewesen. »IWO? Haben Sie ihren Spargel rechtzeitig einholen können?«

»Nichts passiert, Herr Kaleun!«

»Zwanzig Meter gehen durch!« Der Leitende machte sich mal wieder bemerkbar. »Ich fange das Boot ab!« Er zögerte. »Es sei denn, Sie wollen sich auf Grund legen!«

»Negativ, LI, wir bleiben mal schön in Bewegung!« Von Hassel griente. »Auf Bombenangriff vorbereiten!« Die Flieger mussten erst einen Bogen ziehen und konnten dann ihre Bomben in die verräterischen Tauchkringel werfen. Nur gab es dieses Mal keinen großen Kringel. Vielleicht ein winziges bisschen Schaum, da, wo die beiden Sehrohre verschwunden waren. Aber das musste man bei ein paar Hundert Kilometern in der Stunde erst mal sehen. *Nein, sie werden es versuchen, aber Glück haben sie keines!*

Lautlos schlich das Boot von dannen. Die See war etwas kabbelig gewesen. Nicht genug, um den schweren Rumpf in Bewegung zu versetzen, aber genug, um den Blick in die Tiefe zu verschleiern. »IWO, Kursänderung auf Drei-Zwo-Null! Bringen Sie uns weiter in die Mitte!« Er stieg langsam die Leiter in die Zentrale hinunter. Hentrich nickte ihm kurz zu. »Ruder liegt steuerbord zwanzig, neuer Kurs wird Drei-Zwo-Null!«

»Danke, IWO!« Von Hassel spürte hilflosen Zorn in sich aufsteigen. Das letzte Bild, bevor die Flieger kamen, stand immer noch vor seinen Augen. »U-54 muss auf den Trawler geschossen haben. Er hat Schlagseite, schwimmt aber noch.«

Rudi Schneider trat zu seinen beiden Vorgesetzten und sah seinen Kommandanten neugierig an. »Warum gibt er ihm dann keinen Fangschuss?«

»Gute Frage!« Der Alte verzog grimmig das Gesicht. »Auf jeden Fall hat er genug Zeit gehabt, um zu funken. Nun wissen die Tommies, dass hier deutsche U-Boote rumgurken!« Er spürte die aufsteigende Betroffenheit. Klar, ein Torpedo war so gut wie eine Visitenkarte. Ein deutlicheres Zeichen für ein lauerndes U-Boot gab es nicht. Und für die Engländer, die genau wussten, dass es nicht allzu viele deutsche U-Boote gab, war es eine Einladung, die sie nicht ignorieren würden.

»Ich verstehe sowieso nicht, wieso der kleine Zossen den ersten Torpedo überstanden hat. Das müsste ihn eigentlich mit eingeklemmtem Schwanz zerrissen haben!« Leutnant Schneider blickte von einem zum anderen.

Von Hassel nickte säuerlich. »Müsste … sollte … hat es aber nicht!«

Die Männer in der Zentrale blickten sich unruhig gegenseitig an. Keiner sprach es aus, aber alle dachten dasselbe. Es hatte Gerüchte gegeben, und sie selbst hatten ja auch auf der letzten Fahrt ein paar sehr rätselhafte Torpedoversager erlebt. Andere Boote hatten Ähnliches berichtet.

Von Hassel spürte die Unruhe der Männer. Es war eine Sache, in den Krieg geschickt zu werden, eine andere, mit einer stumpfen Waffe rausgeschickt zu werden. Das ergab überhaupt keinen Sinn.

Betretenes Schweigen erfüllte die Zentrale und breitete sich über das Boot aus. Die Stimmung war bereits schlecht gewesen, zuerst der Rückruf, dann ein Einsatz, den man mit gesundem Menschenverstand betrachtet nur als Himmelfahrtskommando bezeichnen konnte, ein sabotiertes Horchgerät und nun auch noch die Aale. Alles innerhalb weniger Stunden. Von Hassel fühlte die Stimmung seiner Männer und wusste nicht, was er sagen sollte. Er fühlte doch auch nicht anders. Nur erlaubten Rang und Pflicht es ihm nicht, einfach nachzugeben. Abgesehen davon konnte man, wenn er jetzt Heimatkurs befehlen würde, das Ganze als Feigheit vor dem Feind auslegen. Nicht nur ihm, sondern auch seinen Männern.

»In Null-Sieben-Null läuft eine Maschine an. Zehn oder elf Meilen Abstand, Herr Kaleun!« Rückerts Stimme klang plötzlich gepresst. »Da ist noch eine, gleiche Peilung, ich kann sie kaum trennen!«

Von Hassel spürte einen kalten Schauer seinen Rücken hinunterrieseln. »Was für Maschinen?«

»Kolbenmaschinen! Klingen recht kräftig!« Der Funkmaat zögerte. »Sie klingen wie die Bewacher, die wir auf der letzten Fahrt getroffen haben. Die kleinere Sorte.«

Der Alte nickte nachdenklich. »Korvetten nennen die Tommies die. Sie haben ein paar bereits vor dem Krieg gebaut. Angeblich sollen jetzt neue kommen.« Er seufzte. »Es können natürlich auch größere Trawler sein.«

Oberleutnant Hentrich sah den Kommandanten ruhig an. »Zwei? In genau der gleichen Peilung?«

»Sie haben recht, vergessen wir das!« Von Hassel grinste gezwungen. »Die würden nicht in Dwarslinie fahren!« Sein Gehirn setzte die Peilungen automatisch in ein Bild um. Der Fischdampfer, der qualmend und mit Schlagseite immer noch Kurs England lief. Nicht weil er wollte, sondern weil er keine andere Wahl hatte. Und nun zwei unbekannte Schiffe, die in enger Formation auf ihn zuliefen, trotz der Bedrohung durch die Flieger, die jederzeit wieder auftauchen konnten. Natürlich würden die Tommies versuchen, das Boot zu jagen, das den Torpedo geschossen hatte. Nur, zwischen den beiden Jägern und U-54 befand sich sein eigenes Boot. Angreifen oder fliehen? Von Hassel spürte den Drang, den Kurs erneut zu wechseln und den Burschen einfach aus dem Weg zu gehen. *Das Wasser ist zu flach, zu verdammt flach!* Aber wenn er floh, dann war U-54 allein, gefangen im noch flacheren Wasser zur Küste hin. *Totes Fleisch!* Er runzelte die Stirn. Und wenn er seine Torpedos auf die beiden Schiffe abfeuerte, dann konnte es sein, dass die Aale nicht hochgingen.

Art Miller wischte sich den Schweiß von der Stirn. Er hatte das Ruder seinem Neffen übergeben und war selbst unter Deck gegangen, um sich die Bescherung anzusehen. Noch immer konnte er es nicht fassen. *Ich habe den verdammten Blechfisch gesehen!*

Ian »Duffy« Sutter, der Maschinist der Amelia, zog den Kopf ein und spähte in die Bilge. »Zwei Fuß, und es steigt weiter.« Er gab einen Fluch von sich.

»Was machen wir?« Der Skipper senkte automatisch die Stimme. Aber das war sinnlos. Im Halbdunkel der Fischlast starrten ihn Dutzende von Augen angsterfüllt an. Soldaten lagen oder hockten, wo immer sie einen

Platz gefunden hatten. Der metallische Geruch von Blut, das Stöhnen und Seufzen der Verwundeten, selbst das Schweigen der Schwerstverletzten, die hier unten zwischen Leben und Tod dahindämmerten, alles mischte sich mit dem Geruch toter Fische zu einer unwirklichen, düsteren Atmosphäre. »Wir können nicht zurück zum Strand, Duffy!«

Der alte Maschinist kratzte sich im Bart. »Verdammter Mist!« Duffy hatte schon einmal gegen die Deutschen gekämpft. Damals nannte man sie »die Hunnen«, heute »die Jerries« oder »die Krauts«, aber viel geändert hatte sich nicht. Als junger Unteroffizier hatte er 1916 die Schlacht im Skagerrak erlebt. Er war einer der vielen Tausenden gewesen, die geflucht hatten, als die Granaten die Decks rund um sie herum aufrissen, die betroffen geschwiegen hatten, als der Schlachtkreuzer Tiger in die Luft flog und seine Besatzung mit auf den Grund des Meeres nahm, und die gejubelt hatten, als sein deutsches Gegenstück Lützow von den Deutschen aufgegeben werden musste. Und er hatte den Rest des Krieges erlebt. Duffys Neigung, sich in Dünkirchen von den Deutschen kriegen zu lassen, war gleich null.

»Schöpfen! Wir müssen das Wasser rausbringen, irgendwie! Mugs, Töpfe, Pützen, was immer zur Hand ist. Die Leichtverletzten sollen eine Eimerkette bilden!« Duffy griente schwach. »Wir haben Glück gehabt, nun müssen wir auch was draus machen, Skipper!« Noch immer spürte er den donnernden Schlag der Explosion und die Erschütterung, die ihn in seinem engen Maschinenraum von den Füßen gerissen hatte, als der Blechfisch krepiert war. Zum Glück nicht im Ziel. Er war unter dem Trawler durchgelaufen und ein Stück entfernt in die Luft geflogen. Sonst würden sie jetzt alle bei den Fischen liegen und bräuchten sich keine Gedanken mehr zu machen. »Ich kümmere mich darum. Lös du den Kleinen ab, Art!«

»Aye. Nicht, dass da noch was anbrennt!« Er nickte dem Maschinisten kurz zu und stieg den schmalen Niedergang empor an Deck. Hinter sich hörte er die krächzende Stimme des alten Duffy. »Also, Männer, dann wollen wir mal ...«

Oben, im Ruderhaus, stand der Kleine, sein Neffe Thomas, am Ruder und ließ den Himmel nicht aus den Augen. In einer Ecke hinter ihm kauerte ein Korporal mit einem Arm in einer blutigen Schlinge und sprach in ein Funkgerät. »Verstanden, Goosefoot! Ich bleibe auf Sendung! Die Seeleute sagen, wir sind über der mittleren Dyck Bank, was immer das ist.«

Art hörte eine Stimme aus dem kleinen Lautsprecher, konnte aber nur ein paar Worte über dem Rauschen hören. Wie viele ältere Fischerboote hatte auch die Amelia kein Funkgerät, aber anscheinend hatte der Korporal mit einem tragbaren Gerät jemanden erreicht.

Der Skipper wandte sich an Thomas. »Mit wem spricht er?«

»Er hat zwei Kriegsschiffe erreicht, Korvetten, Onkel!« Thomas grinste übermütig. »Sie kommen, um den Krauts einzuheizen.«

»Soso ...«, brummte Art. Aber als er in die leuchtenden Augen des Jungen sah, brachte er es nicht fertig, ihm die brutale Wahrheit vor den Kopf zu knallen. Stattdessen brummte er nur noch einmal. »Duffy organisiert eine Eimerkette, um das Wasser aus der Bilge zu kriegen. Wird schon schiefgehen, Tom!« Er zögerte kurz. »Ich übernehme hier. Kannst du Tee und Sandwiches machen?«

»Aye, Onkel!« Der Junge grinste. »Wir schaffen das

schon. Tee und Sandwiches, kommt sofort.« Mit der Geschicklichkeit eines Affen verschwand er nach unten in das Logis.

Art blickte dem Jungen nach. Das U-Boot musste immer noch in der Nähe sein. Vielleicht würde es noch einmal schießen, lange bevor die Kriegsschiffe sie erreichten. *Korvetten! Pah! Bessere Walfangboote!* Er sah auf die Uhr. Mindestens eine Dreiviertelstunde, bis Hilfe kam. In der Zeit konnte die verdammte Nazi-Röhre sie dreimal umlegen.

U-54 hatte keine echten Probleme. In dreißig Meter Tiefe aufzulaufen, vor allem, wenn es nur eine Sandbank war, bedeutete rein technisch lediglich, dass man eben etwas weiter auftauchen musste. Kritischer war dagegen der Zeitverlust. Sie mussten wenden und nachsehen, was mit dem Trawler war. Was auch immer sie getroffen hatten, es war nicht der kleine Fischdampfer gewesen, denn dessen Maschine hörte der Funker im GHG wieder.

Wütend rieb sich Linke die Rippen. Noch immer spürte er einen stechenden Schmerz, der von seinem Sturz von der Leiter herrührte. »Los, LI, auf Sehrohrtiefe!« Er dachte nach. »IWO: Neuer Kurs wird Zwo-Neun-Fünnef, zumindest, bis uns der Steuermann einen neuen Abfangkurs gibt.«

In die Männer kam Bewegung. Der LI verteilte seine Aufmerksamkeit gleichermaßen auf Tiefenruder und den Heizer am Christbaum. »Zellen eins und zwo anblasen!« Er wartete einen Augenblick ab. »Festblasen! Vorn unten zehn, hinten unten fünf! Beide Maschinen kleine Fahrt!« Er nickte dem wartenden Oberleutnant zu. »Sie gehört Ihnen, IWO!«

Korvettenkapitän Linke spürte plötzlich den Hustenreiz. Unwillkürlich hielt er die Hand vor den

Mund, als der krampfartige Husten ihn schüttelte. Endlich, nach einer Zeit, die ihm ewig vorkam, holte er wieder Luft. Entsetzt starrte er auf seine Hand. Im düsteren Licht der Zentralebeleuchtung sah das Blut fast schwarz aus. Es war nicht viel, aber es sprach eine deutliche Sprache.

Auch wenn der Anschein trog, HMS Goosefoot und HMS Brambleberry waren nagelneue Schiffe, Korvetten der Flower-Klasse. Sie waren sogar so neu, dass sie theoretisch noch in der Erprobung waren. Aber was bedeutete »Erprobung« in Kriegszeiten? Oben, im fernen Schottland, so hatte der Kommandant der Goosefoot gehört, wurde eine spezielle Basis eingerichtet, in der die Geleitfahrzeuge und ihre Crews ihr Handwerk lernen sollten. Wahrscheinlich ein paar Wellblechhütten mit einem abgehalfterten Admiral als Kommandeur, den man aus dem Ruhestand geholt hatte. Improvisation, wie so vieles in diesem Krieg. Aber der Kommandant der kleinen Korvette wäre froh gewesen, wenn er die Möglichkeit gehabt hätte, seine Leute in Ruhe zu drillen.

»War doch gar nicht so schlecht, Sir!«

Lieutenant Commander Keith Frazier wandte sich um und starrte seinen Ersten ausdruckslos an. Der Mann war vor vier Monaten noch Gazettenschreiber gewesen, bei irgendeiner drittklassigen Zeitung. Genau wie sein Zweiter zu dieser Zeit noch Gebrauchtwagen verkauft hatte. Die beiden waren manches Mal noch grüner als ein paar der Matrosen und Unteroffiziere, die sie an Bord hatten.

Der Kommandant wandte sich ab und ließ den Blick über das Deck schweifen. Ein paar der Einschusslöcher in den Aufbauten rauchten noch immer. Genauso wie der Schornstein sich immer mehr in einen Pfefferstreuer verwandelte. Er zuckte mit den Schultern. Frazier war mit sechzehn zur See gegangen. Holzfrachter von Kanada, Eisenerz von Skandinavien und Kühlschiffe von Fernost. Im Laufe der Jahre hatte er sein Patent gemacht, auf die harte Tour. Nun, mit vierzig, wäre er so weit gewesen, ein eigenes Schiff zu bekommen. Stattdessen war der Krieg ausgebrochen, und die Royal Navy hatte beschlossen, die Reserveoffiziere von der Handelsmarine für den Krieg zu holen. Angewidert blickte er auf die gewellten Streifen auf seiner Uniformjacke. Aushilfsoffiziere, so nannten die Berufsoffiziere die Reservisten. Dabei waren die meisten von den sogenannten Profis genauso grün wie seine eigenen Offiziere. Oder, was das anging, sein Schiff.

Seine Augen zogen sich zusammen. Auf dem Batteriedeck hinter dem Schornstein arbeiteten ein paar Männer am Vierpfünder. Das verdammte Ding hatte während des letzten Luftangriffs plötzlich Ladehemmung gehabt.

Frazier zwang sich zu einem Lächeln. »Wir schwimmen noch, IO, aber es war ein verdammtes Chaos! Wie geht es unserem Verletzten?«

Jason Philipps, Lieutenant der Reserve und IO auf Seiner Majestät Schiff Goosefoot, konnte ein Grinsen nicht unterdrücken. »Er wird eine Weile auf dem Bauch liegen müssen. Natürlich sparen seine Kameraden nicht mit Spott!« Er gluckste. »Einen Splitter in den Allerwertesten zu bekommen scheint mehr peinlich als schmerzhaft zu sein.«

»Na!« Frazier sah Philipps strafend an. »Probieren Sie es trotzdem nicht aus!« Er sah auf die Uhr. »Noch eine halbe Stunde, wenn uns nicht die Krauts dazwischenfunken. Halten Sie alles bereit, was wir eventuell brauchen können. Ich bleibe auf der Brücke.« Demonstrativ hob er das Fernglas. »Brambleberry scheint mit den Reparaturen durch zu sein.«

Der Erste blickte zu der zweiten Korvette, die in Dwarslinie folgte. Es gab viele Verbindungen zwischen den beiden Schiffen. Nicht nur, dass sie aus der gleichen Werft stammten und im Abstand weniger Tage am Clyde vom Stapel gelaufen waren. Der Alte und der Kommandant der Brambleberry waren auch in Friedenszeiten schon zusammen gefahren. Beide hatten den gleichen Rang. Eigentlich waren sie gar kein Verband, sondern hatten sich nur zufällig getroffen. Jetzt, in diesen Tagen im Kanal, machte ohnehin jeder, was ihm einfiel. Aber die Zusammenarbeit funktionierte.

Das Pfeifen aus einem der Sprachrohre störte den Moment der Ruhe. Frazier beugte sich über das Rohr. »Kommandant?«

»Ich glaube, ich habe einen Kontakt, Sir!« Die Stimme des Able Seaman am ASDIC klang, als könne er es selbst nicht glauben. »Rot Vier-Null, aber es bewegt sich nicht. Wenn wir weiter auf diesem Kurs laufen, verliere ich es wieder.«

Rot Vier-Null? Frazier rief sich ins Gedächtnis, was er über das U-Boot-Ortungsgerät, das ASDIC, wusste. Es arbeitete nur bei kleiner Fahrt zuverlässig, und nur in einem Winkel von Backbord Vier-Fünf bis Steuerbord Vier-Fünf. Und eigentlich arbeitete es auch nur zuverlässig in tiefem Wasser, wenn nicht tausend Reflexionen die Ortung störten. Kein Wunder, dass der Mann besorgt war, er könnte den Kontakt wieder verlieren, aber …

»Es bewegt sich nicht? Vielleicht eine Reflexion?« Er ließ dem Mann Zeit. Wie alle an Bord war er unerfahren. »Learning by doing« lautete die Devise.

»Nein, Sir!« Der Mann räusperte sich. »Es bewegt sich

nicht, aber ich glaube nicht, dass es eine Reflexion ist. Vielleicht ein Wrack oder so ...«

Vielleicht ein Wrack? Oder ein U-Boot, das am Grund auf uns wartet, bis wir ihm mundgerecht vor die Rohre laufen? Frazier fuhr herum. »Geben Sie U-Boot-Alarm! Backbord zwanzig!« Er stieß den wartenden Signalgasten an. »Signal an Brambleberry, Kontakt in Grün Vier-Null, greife an!«

Wie zur Bestätigung begannen die Alarmklingeln in den Gängen zu rasen. Männer rasten auf ihre Stationen. Das überfüllte Logis unter der hohen Back blieb leer und verwaist zurück, die Reste der spartanischen Mahlzeit noch auf den Backs der Messen. Auf der Brücke kamen in rascher Folge die Meldungen aus den Sprachrohren. »Achterdeck klar!«, »Geschütz klar!«, »Maschinenraum klar!«, und endlich, als Letztes: »Batteriedeck klar!« HMS Goosefoot war bereit. Mit einem schiefen Grinsen beobachtete Frazier, wie Brambleberry nach Steuerbord ausscherte. Gute Improvisation war eben alles! Auf dem Achterdeck der anderen Korvette konnte er bereits erkennen, wie die Seeleute Zünder an den Wasserbomben einstellten.

Jäger und Gejagte

Von Hassel drehte das Sehrohr in die angegebene Peilung. Backbord voraus. Die Silhouette des Kriegsschiffes wurde sichtbar. Ein hochgezogenes Vorschiff, eine kantige Brücke und ein einzelner dürrer Schornstein … und *davor* ein Mast. Eine für englische Kriegsschiffe ungewöhnliche Anordnung. Eigentlich erinnerte das Ganze mehr an einen Walfänger, von dem der Schiffstyp wohl auch abgeleitet war. Es war die erste der neuen Korvetten, von denen die Geheimdienstberichte für die U-Boot-Kommandanten schon seit einiger Zeit berichteten.

»Sieht aus wie ein Walfänger. Eine Kanone auf dem Vordeck, schätze zehn Zentimeter. Außerdem Flak auf dem Aufbaudeck.« Er fuhr das Sehrohr wieder ein.

Die Männer in der Zentrale sahen ihn erwartungsvoll an. »Wir müssen näher ran, aber stellen Sie schon mal ein. Fahrt sechzehn, Bug rechts, Abstand jetzt drei Meilen. Lauftiefe … ja, was mag der haben?«

Leutnant Schneider runzelte die Stirn. »Walfänger? Vielleicht vier Meter?«

Von Hassel nickte. »Schätze ich auch so. Also, nehmen Sie fünf für den Magnettorpedo, IIWO!«

Leutnant Schneider stellte die Skalen am Vorhaltrechner ein.

»Was machen wir wegen dem zweiten?« Oberleutnant Hentrich verzog das Gesicht. »Wir können natürlich einen Fächer feuern, aber …«

Der Kommandant konnte ein Schmunzeln nicht unterdrücken. Als der IWO an Bord gekommen war, hatte er noch an alles geglaubt, was man ihnen in WO-Kursen und an der Agru-Front eingepaukt hatte. Eine Fahrt nur, aber Hentrich fing an, den viel gepriesenen Fächer in Zweifel zu ziehen! Er nickte. »Vor allem, wenn wir nur zwei ETos in den Rohren haben. Die ATos würden sich bei dieser ruhigen See durch ihre Blasenbahn verraten. Einer von den beiden würde es garantiert schaffen, in die Laufbahnen zu drehen.«

»Aber was dann?« Der IWO sah dem Gesicht des Alten an, dass er einen Plan hatte.

Von Hassel griente. »Wir hängen den Zweiten ab. Wenn die Aale treffen, dann drehen wir nach Backbord und gehen über die Sandbank.«

Die Augen des Oberleutnants weiteten sich, und auch ohne sich umzuwenden, wusste der Kapitänleutnant, dass alle Männer in Hörweite die Ohren spitzten. Sein Grinsen wurde breiter. »Er hat zwar ein Buggeschütz, aber bevor das zum Tragen kommt, verschwinden wir auf der anderen Seite von Dyck wieder. Wenn er uns hinterherkommt, können wir ihn in aller Ruhe mit den Heckrohren unter Wasser treten.«

Die Männer in der Zentrale stießen sich vergnügt an. Also hatte der Alte doch noch etwas in petto. Die Tommies würden sich noch wundern. Nur auf einigen wenigen Gesichtern stand immer noch die Skepsis.

Leutnant Schneider grinste. »Ja, wenn man das sooo macht!«

Von Hassel blickte den Leutnant an. Die gute Stimmung seines IIWO hatte nicht dessen Augen erreicht. Der Kommandant hatte es auch nicht erwartet. Schneider war ein erfahrener Mann, bei ihm seit ... von Hassel verdrängte den Gedanken an sein erstes Boot. Wichtig war nur, Schneider hatte begriffen, genau wie

Hentrich oder der Methusalem. Und sie hielten zu ihm, mit ihrer schweigenden Zustimmung.

Von Hassel zwang sich zu einem erneuten Grinsen. »So machen wir es!« Er sah auf die Uhr. »GHG, was haben Sie?«

»Beide noch immer stur auf Kurs. Sechzehn Knoten.« Der Horcher versteifte sich. »ASDIC! Aber da ist auch noch etwas anderes!«

»Was?«

Rückert nahm sich Zeit. »Ich weiß nicht genau, klingt wie eine langsam laufende E-Maschine, aber da ist kein Schraubengeräusch dabei!«

Von Hassel blickte auf die Uhr. Fast fünf Minuten waren vergangen. Es wurde Zeit. »Könnte U-54 sein. Der soll wirklich zusehen, dass er wegkommt!« Demonstrativ hob er die Hand. »Jetzt aber Ruhe im Boot! Anlauf beginnt!« Er fuhr das Sehrohr wieder aus. Beiläufig nahm er die ersten Pings wahr, die aus weiter Ferne zu kommen schienen, so gedämpft klangen sie. Mochte der Teufel wissen, was die Tommies mit ihrer Zauberkiste orteten, bei all den Echos hier zwischen den Sandbänken. Sein Boot jedenfalls nicht.

Der Himmel war immer noch frei, aber die Wolkenfront im Westen war wieder ein Stück näher gerückt. Zu dumm, dass sie nicht auftauchen konnten, um einen Wetterbericht zu empfangen. Aber das alles interessierte von Hassel jetzt nur nebenbei. Wichtig war nur das vordere der beiden Kriegsschiffe. »Gegner Bug rechts, Fahrt sechzehn, Abstand achthundert Meter.« Er wartete ab, bis Leutnant Schneider »eingestellt« meldete. Ein letzter Blick auf das Ziel. »Rohr eins looos! Zwei looos!« Noch während der zweite Ruck durch das Boot ging, klappte er die Griffe ein und fuhr den Spargel zurück in seinen Schacht. Achthundert Meter, das bedeutete etwa dreißig Sekunden Laufzeit! »Steuerbord zwanzig!« In einem engen Bogen drehte U-68 auf die Sandbank zu.

Auch U-54 hatte die nahende Gefahr lange erkannt. Korvettenkapitän Linke hielt sich immer mühsamer auf den Beinen. Er hatte sich bei dem Sturz offensichtlich schwerer verletzt, als er zugeben wollte. Immer öfter hustete er, und mehrere Männer hatten gesehen, dass das Taschentuch, das er inzwischen benutzte, rot war. Aber solange er nicht freiwillig abgab, konnte man wenig tun.

Linkes Atem ging schwer, besonders wenn er sich vorbeugte, um durchs Sehrohr zu sehen. »Gegner Lage null! Abstand eintausendzweihundert. Lauftiefe zwo!« Trotz der Schmerzen musste er lächeln. Also ein Kriegsschiff. Das war vielleicht sogar noch besser als ein Trawler. Die Maschine war ausgekuppelt, lief aber bereits rückwärts. Er gab dem LI ein kurzes Handzeichen, während er kommandierte: »Rohr eins los, Rohr zwei los!«

Das vertraute Bocken ging durch die Röhre, als die beiden Aale unter dem Zischen von Pressluft aus den Rohren schossen. Zwei Meter Lauftiefe, damit kamen sie bestimmt über die Sandbank! Er spürte, wie das Boot rückwärts Fahrt aufnahm und der IWO die vorher besprochenen Kurse befahl. Das Boot sackte tiefer in die Rinne zwischen den beiden lang gestreckten Untiefen hinein. Immer weiter drehte das Achterschiff nach Südwesten.

»Torpedos!« Rückert brüllte die Meldung. »Torpedos voraus, Lage null!«

Die Meldung traf die Männer in der Zentrale wie ein Schlag! Innerhalb von Sekundenbruchteilen wurde von Hassel die Situation klar. Das andere U-Boot hatte ebenfalls gefeuert, mit flacher Lauftiefe über die Sandbank hinweg! Doch U-68, das nun auftauchte, um die Sandbank zu überwinden, war genau in die Bahn der beiden todbringenden Aale geraten!

Männer schrien erschrocken durcheinander, und er musste brüllen, um sich Gehör zu verschaffen. »Hart Steuerbord! Steuerbordmaschine AK rückwärts, Backbord dreimal Wahnsinnige voraus!« Seine Augen suchten den LI. »Runter! Wenn's sein muss, durch den Dreck!«

Aus dem Durcheinander kamen verschiedene Jawolls. Der Kommandant konnte gar nicht ausmachen, wer bestätigt hatte und wer nicht. Aber die Zeit fehlte, es festzustellen. Er musste sich eben drauf verlassen, dass jeder zuhörte. »Alle Mann voraus!«

Unter seinen Füßen begann sich das Boot in eine enge Drehung zu legen. Genau in die Blasenbahnen hinein! Ein kleines Ziel bieten!

Männer rannten wie von Furien gehetzt nach vorn und verschwanden durch das Mannloch, um mit ihrem Körpergewicht den Bug schwerer zu machen. Lebender Ballast! Er spürte, wie das Vorschiff sich absenkte und wappnete sich gegen den Aufprall. Der Sandboden konnte nicht mehr weit entfernt sein. Wenn er sich verschätzt hatte, steckten sie gleich fest. Dann war es egal, ob die Aale oder die Wasserbomben der Tommies sie erwischten.

»Die Aale wandern nach Backbord aus!« Rückert musste ebenfalls schreien. Ein Knirschen ging durch das Boot. Der Bug streifte die ersten Ausläufer der Sandbank. U-68 erzitterte, als sich die Kraft der E-Maschinen gegen den Widerstand des Sandes stemmte. Aber gleichzeitig brachten Drehmoment, Maschinenleistung und das letzte bisschen Ruderwirkung das Boot immer weiter herum. Irgendwo polterte etwas.

»Der Tommy dreht nach Backbord!« Rückerts Stimme war beinahe ein Schluchzen der Erleichterung! »Er dreht ab!«

Er wird auch wieder zurückkommen! Er oder sein Kamerad! Der Bug erzitterte erneut, und dieses Mal rumpelte es irgendwo am Vorschiff, aber gehorsam drehte der lange Bug weiter, schob Sand und kleine Felsen wie eine Sense seitlich weg.

»Torpedos querab!«

Von Hassel atmete tief durch. Eine Gefahr gebannt. Das Boot drehte weiter und begann, seitlich an der Sandbank wieder hinunterzurutschen. »Beide kleine Fahrt rückwärts, Ruder mittschiffs! IWO, wenn wir weiterrutschen, dann gegensteuern und runter! Aufpassen, nicht, dass wir uns Dreck in die Wellen ziehen!«

Oberleutnant Hentrich wollte bestätigen, aber ein neues Geräusch schlug gegen ihre Stahlröhre. Ein gedämpftes Donnern. Einer der Aale musste hochgegangen sein.

Von Hassel fuhr herum. »Laufzeit!«

»Zu früh!« Leutnant Schneider ließ die Stoppuhr keinen Augenblick aus den Augen. »Zu früh, Herr Kaleun!«

Auch das noch!

Im Bugraum lagen die Männer so durcheinander, wie sie gerade angekommen waren. Nach und nach versuchten sie, ihre Glieder zu sortieren.

Aber aller Augen waren auf die Bordwand gerichtet. Hier vorn waren die Geräusche viel schlimmer als in der fernen Zentrale. Sie hörten richtig, wie der Sand am Boot rieb, seitlich und vor allem unter ihnen!

Erst als die ferne Detonation ertönte, begannen ein paar zu grinsen. Auch Hänisch, der halb vergraben unter Daniel Berger und Jens Lauer in diesem Haufen menschlicher Körper zwischen den Torpedorohren vergraben lag. »Den haben wir erwischt!«

»Halt die Klappe! Jetzt kommt der andere, mach bloß keinen Lärm!«, raunte Lauer dem Jungen zu und richtete sich etwas auf.

Berger griente. »Halt dich nur weg von der Bordwand! Wenn die Tommies ihre dicken Koffer schmeißen, dann kann das dein Kreuz brechen, wegen der Druckwellen!«

Der junge Heizer kämpfte sich unter seinen Kameraden hervor und schlängelte sich in eine Koje. Unsicher sah er die beiden anderen an. »Wieso, glaubst du …?« Er schluckte. »Der wurde getroffen, da kann er doch nicht hinter uns herkommen.«

»Es sind zwei!« Jens, der, wenn das Boot getaucht war, oft dem Steuermann über die Schulter schaute, hatte mehr mitbekommen als Berger und Hänisch im Maschinenraum. Er seufzte. »Zwei Korvetten, hat der Alte gesagt.«

Berger verzog das Gesicht. »Au Backe, und dann so flaches Wasser! Das kann spannend werden.« Er sah sich um. »Ich warte jetzt eigentlich auf Loisls Kommentar!«

Aber Alois Dörfler hatte nicht zugehört. Wie gebannt starrte er an die gerundete Decke. Und dann hörten sie es auf einmal alle. Wisch-wisch-wisch. Nur eine Schraube, aber die schlug energisch. Noch war sie weit entfernt. Und das Geräusch ging im Schaben und Kratzen des Sandes auf der Untiefe beinahe unter. Aber es kam näher, ohne Zweifel. Dann wummerten die ersten Wasserbomben zwischen den Sandbänken, rissen gewaltige Fontänen aus Dreck und Wasser in die Höhe und schüttelten Jäger wie Gejagte gleichermaßen durch. Die kleine abgeschlossene Welt im Bugraum versank in Chaos.

HMS Goosefoot drehte mit gegenlaufenden Schrauben zwischen den Sandbänken. Keith Frazier hatte sich in die Brückennock gequetscht, auf seinen Stammplatz, und zählte die Sekunden im Geiste mit, obwohl der Cox'n das Manöver auch ohne ihn gut im Griff hatte. Eigentlich hätte er bei Gefechtszustand hier oben einen weiteren Offizier haben sollen. Theoretisch stand er ihm auch zu, aber er war eben nicht mehr rechtzeitig vor dem Auslaufen eingetroffen. So weit also zu den perfekten Kriegsvorbereitungen der Royal Navy. Aber ein erfahrener Gefechtsrudergänger mochte ohnehin mehr wert sein als ein weiterer grüner Subbie.

Ein urweltliches Grollen beendete die Zählung. Die Korvette wurde durchgeschüttelt wie eine Ratte im Maul eines Terriers. Hinter dem Achterdeck und zu beiden Seiten wurde das Wasser emporgerissen. Wasser? Alles, Wasser, Sand, Fische.

Frazier verzog das Gesicht. Wenn das hier oben schon so schlimm war, musste es unter Wasser noch viel schlimmer sein. Er wandte sich an einen der Posten an den Sprachrohren. »Melden, wenn nachgeladen!« Er zwang sich zu einem Grinsen, als der die blassen Gesichter der Männer sah. *Verdammt, ich fahre mit einem Kindergarten zur See!* »Wir müssen das bei Gelegenheit wiederholen!«

Einer der Männer lachte nervös, aber der Kommandant ignorierte ihn. Stattdessen blickte er nach achtern. Auf dem Seitendeck schwang bereits eine neue Wasserbombe in den Taljen. »Cox'n, wir drehen weiter, auf Kurs Null-Sieben-Null!«

»Aye, Sir!« Der Rudergänger nickte gelassen.

Ein leises Pfeifen ertönte, und der Posten an den Sprachrohren lauschte in eine der Röhren. Dann hob er den Kopf. »Sir, der Leitende!«

Der Leitende? Chief Engine Room Artificer Gervase Franton war einer der wenigen erfahrenen Männer an Bord. *Zu erfahren! Er sollte bei seinen Enkeln an Land sitzen!* Aber Franton hätte den Gedanken wahrscheinlich erbost zurückgewiesen. Nur, weil man ihn aus dem Ruhestand geholt hatte, hieß das für den alten Unteroffizier nicht, dass er zum alten Eisen gehörte. Frazier beugte sich über das Sprachrohr. »Kommandant!« – »Was gibt's, Chief?«

»Probleme! Die Erschütterungen sind zu stark, Sir! Ich glaube, ein Wellenlager hat sich verzogen! Sie läuft heiß!«

Frazier blinzelte. »Müssen wir stoppen?«

»Einer meiner Heizer kippt derzeit von Hand Öl drauf. Aber wenn noch mehr Bomben so nahe hochgehen, dann garantiere ich für nichts.«

Unten im Maschinenraum muss es noch viel heftiger gewesen sein. »Gut, halten Sie mich auf dem Laufenden. Stoppen geht jetzt nicht, Chief!«

Ein weiteres Grollen zerriss die See. Unwillkürlich blickte der Kommandant nach Backbord achteraus. Brambleberry schien beinahe in den Gischtwolken der eigenen Ladungen zu verschwinden. *Verdammt, wir sollen die Wasserbomben bei Höchstfahrt werfen! Mit Brassfahrt los, raus mit den Dingern und weg.* Er rieb sich am Kinn. *Als ob wir hier zwischen den Sandbänken AK laufen könnten!* Frazier spürte, wie die Druckwellen der Explosionen unter seinem Schiff hindurchliefen. Bei dieser flachen Einstellung und der halben Fahrt, die sie draufhatten, pokerte er damit, dass die eigenen Wasserbomben ihnen das Heck abreißen konnten.

Auf U-68 wurden die Männer durchgeschüttelt wie Spielzeugsoldaten in einer Kiste. Die Lampen flackerten, fielen aus und wurden durch den gespenstischen Schimmer einiger Taschenlampen ersetzt. Der gläserne Tiefenmesser, der Papenberg, zersprang in tausend kleine Splitter. Und der herausspritzende Wasserstrahl durchnässte die Rudergänger, bis der Zentralemaat das Ventil abgedreht hatte.

Von achtern kamen weiter Schadensmeldungen, aber von Hassel erkannte, dass die meisten Dinge Bagatellen waren.

Der LI nickte ihm kurz zu. »Alle Außenbordsverschlüsse halten, Herr Kaleun!«

»Danke!« Er grinste. »Die Lampen müssen warten, bis wir Ruhe haben, jetzt zerfetzt es die sowieso nur!«

»Der Zweite läuft an!« Rückerts Stimme durchbrach die Unterhaltung. Als ob sie die Maschinen des zweiten Schiffes nicht schon ohne Horchgerät hätten hören können.

Das Stampfen der Maschinen über ihnen wurde lauter und lauter. Von Hassel wartete ab. Erst im letzten Moment hob er die Hand und rief: »Backbord zwanzig! LI, wenn er passiert, rauf und sofort wieder runter.«

Leutnant Schneider saß wie üblich auf der Apfelkiste. Es gab nichts, was er tun konnte. *Und es sieht beschissen aus!* Auch ohne die Karte zu sehen, wusste er, dass an Backbord die Untiefe lag. Das Boot war gefangen in einer flachen Rille, und das war auch den Tommies klar. Deshalb wollte der Alte über die Sandbank, in die nächste Senke. Es kostete Schneider Mühe, nicht das Gesicht zu verziehen. Es würde nur Zeit schinden.

Und wenn die Tommies aufpassten? Die Kanonen auf dem Vorschiff hatten die ja schließlich auch nicht zur Zierde.

Wieder dröhnten die Explosionen. Aber dieses Mal kam die Druckwelle mehr von Steuerbord. Der Tommy hatte zu clever sein wollen. Im letzten Moment vor dem Angriff verlor das Suchgerät den Kontakt, weil der Winkel zu stumpf wurde. Es war also reine Glückssache, vorherzusehen, wohin das U-Boot flüchten würde. Der Haken nach Steuerbord war dem Kommandanten der zweiten Korvette wohl am wahrscheinlichsten erschienen. Nur war U-68 dabei, genau zur anderen Seite zu drehen.

Die Druckwellen packten das Boot und schoben es höher und höher auf die Sandbank hinauf. »Anblasen! Eins, zwo!« Die Stimme des LI drang durch das Durcheinander. Pressluft zischte in verschiedene Zellen. Der Bug schien einen Satz nach oben zu machen. »Alle Mann achteraus! Maschinen AK!«

Getrieben von der Restfahrt, den rasenden Schrauben und der Gewalt der Wasserbomben, durchbrach das Boot die aufgewühlte Wasseroberfläche. Auf der flachsten Stelle der Sandbank lagen nur noch ein paar Handbreit Wasser unter dem Ballastkiel. Aber U-68, oftmals wenig liebevoll als »Montagsboot« oder »Seekuh« bezeichnet, schaffte es. Schüttelnd und rüttelnd schob sich das immer noch tiefer hängende Heck über die Sandbank. Kein Schraubenblatt brach, kein Sand wurde in die Wellentunnel gesaugt. Auch wenn das Boot seiner Besatzung für gewöhnlich einen Haufen Scherereien bereitete – wenn es darauf ankam, war es ein glückhaftes Boot.

Brambleberry wurde völlig überrascht. Die Korvette hatte nach Steuerbord gedreht, um dem vermeintlich logischen Ausweichmanöver des Boots zuvorzukommen. Als der Turm genau auf der anderen Seite, gerade einmal zwei Kabellängen entfernt, aus dem Wasser brach, war die Drehung schon zu weit. Nutzlos zeigte der Vierzöller auf dem Vordeck in die falsche Richtung. Nur das Flakgeschütz konnte wütend hinter dem U-Boot herballern. Wie eine eiserne Geißel stiegen die Leuchtspurgeschosse in einem flachen Bogen empor, bevor sie Funken sprühend in das Deck des Bootes schlugen. Teile der Decksbeplankung, die noch von der vorigen Fahrt her übel aussahen, wurden weiter ruiniert. Aber der bauchige Satteltank erwies sich als immun, hauptsächlich, weil die Örlikon mit Splittergranaten gegen Flugzeuge statt mit Panzerspreng geladen war.

Das Geschütz der Goosefoot konnte feuern, aber das U-Boot wurde nur knapp hinter der drehenden Brambleberry sichtbar. Die Gefahr, die eigenen Kameraden zu treffen, war zu hoch. Als die Korvette endlich freies Schussfeld hatte, begann das Boot bereits wieder, unter Wasser zu verschwinden. Zwei Schuss bekam die Geschützbedienung noch hinaus. Der eine lag weit an Backbord achteraus, von dem anderen sollten die Männer nie erfahren, wo er hingegangen war.

Schleichfahrt

U-54 hatte sich nach den beiden Torpedoschüssen still und leise abgesetzt. Da sich die Aufmerksamkeit der Tommies ganz auf U-68 konzentrierte, konnte das kleinere U-Boot einfach zwischen den Sandbänken entlangschleichen. Jedenfalls schien es so.

»Da ist etwas, Herr Kaptein!« Der Horcher hob den Kopf. »Leises Schraubengeräusch in Eins-Sieben-Null!«

Werner Linke fuhr herum. »Was für ein Geräusch?«

»Schrauben, Herr Kaptein!« Der Horcher sah ihn ruhig an. »Ich glaube, es ist ein getauchtes U-Boot!«

»Eines von unseren?«

Der Funkmaat zuckte mit den Schultern. »Keine Ahnung!«

»Bleiben Sie dran!« Linke musste sich am Schott festhalten. In der Zwischenzeit war es offensichtlich, sogar für ihn selbst, dass er sich beim Sturz von der Turmleiter sehr unglücklich verletzt hatte. Aber noch hielt er sich auf den Beinen! *Der IWO würde das hier nie packen! Und von Hassel würde die Lorbeeren einheimsen!* Linke grinste gequält. »Ein U-Boot, sagen Sie?«

Der IWO trat einen Schritt auf ihn zu. Immer noch grollten die Ladungen der Wasserbomben durch die See. »Die Tommies machen U-68 ganz schön fertig!« Er zögerte. »Mit Verlaub, Herr Kap'tän, ich glaube, wir sollten die Korvetten angreifen!«

Linke kämpfte gegen den Hustenreiz an. »Von Hassel kann auf sich selber aufpassen!« Er runzelte die Stirn, aber bevor er etwas sagen konnte, verlor er den Kampf.

Krämpfe schüttelten ihn, und er konnte nicht weitersprechen. Besorgt betrachtete ihn der IWO. Der Kommandant war nicht mehr dienstfähig, aber ... Er schob den Gedanken von sich. Schon allein die Idee schmeckte nach Kriegsgericht. Andererseits ...

»Von Hassels Boot kriegt den Segen ab, der uns zugedacht war!«

Linke holte tief Luft. Auf seinen Lippen war Blut, und der ganze Mund schien von dem metallischen Geschmack angefüllt zu sein. Ein Schwindel befiel ihn, und unwillkürlich suchte er an einem der vielen Rohre nach Halt. Das Summen der Elektromotoren klang ungewöhnlich laut. *Ich hatte doch Schleichfahrt befohlen!* »Schleichfahrt! Ruhe im Boot, verdammt noch einmal!« Seine Stimme wurde leiser, als hätte der plötzliche Ausbruch seine letzten Kräfte verbraucht. Aber seine Augen funkelten, als er den IWO anblickte. »Was erwarten Sie? Dass ich dieses Boot auch noch von den Tommies versenken lassen? Flaches Wasser, zwei Jäger, kein Raum zum Ausweichen.« Er holte tief Luft. »Von Hassel muss sehen, wie er klarkommt! Unser Problem ist jetzt der Kerl, der hier rumschleicht. Es könnte ein Boot sein, dass uns der BdU als Verstärkung schickt. Wenn es so ist, wäre der arme Kerl mitten ins Fegefeuer gelaufen.«

»Herr Kaptein!« Dem Horcher blieben die Worte im Hals stecken! Verdutzt schüttelte er den Kopf. »U-68, ganz sicher ... es kommt über die Sandbank!«

Linke fuhr herum. »Was?«

»U-68 scheint die Sandbank zu passieren. E-Maschinen auf AK in Eins-Vier-Null, Artillerieeinschläge!«

Linke starrte den Mann an und brachte kein Wort hinaus. Von Hassel versuchte, sein Boot über die Sandbank zu bringen. Wahrscheinlich würde er es nicht schaffen, aber zumindest hatte er es geschafft, die Tommies zu ihnen zu locken, und zu jenem anderen noch unbekannten U-Boot.

Die Piloten beobachteten die Bewegungen der Schiffe unter sich mit professioneller Distanz. Vor dem dunklen Hintergrund der nahenden Wolkenwände waren die Maschinen nahezu unsichtbar.

Im Funkgerät knackte es. »Tommies, ganz sicher! Wir gehen auf viertausend ran, und dann Sturzflug!«

Feldwebel Dachsmeier zuckte mit den Schultern und stellte auf BzB. »Du hast ihn g'hört? Aufi geht's!«

»Na, dann bau mal bloß keinen Mist!« Unteroffizier Walter Himmel blickte seitlich aus der Kanzel. Da er mit dem Rücken zum Piloten saß, bekam er meistens als Letzter mit, was gespielt wurde. Er versteifte sich plötzlich. »Da! Schau mal!«

Auch Dachsmeier schaute auf die etwas kabbelige Wasserfläche des Kanals. »Wos moanst?«

»Da, da is' was! Neben der langen Sandbank!«

Der Feldwebel starrte hinunter. Aus dieser Höhe konnten sie regelrecht ins Wasser hineinsehen. Die Sandbänke zeichneten sich als große längliche Formen klar unter der Wasseroberfläche ab. Und Himmel hatte recht! Da war etwas. Die Finger des Feldwebels tasteten nach dem Schalter der Funkverbindung. Schon drehten die Maschinen in einem weiten Bogen auf die beiden kleinen Tommy-Schiffe ein, die von ihrem Glück noch nichts zu ahnen schienen. Wahrscheinlich waren alle zu beschäftigt mit ... *ja, womit?* Er drückte den Schalter. »Falke zwo an eins! Abbruch, Abbruch!!!«

Die Maschine des Staffelführers vollführte einen Rechtsruck. Dachsmeiers Füße traten automatisch ins Pedal, um der Kursänderung des Anführers zu folgen.

Auch ohne Himmel zu fragen, wusste er, dass die dritte Maschine der Kette ebenfalls folgte. Die ersten dünnen Wolkenfetzen zeigten bereits das Nahen der Wolkenfront an. Aber das war jetzt nicht das Problem. Abbruch war Abbruch. Das Stichwort allein bedeutete bereits Gefahr. Leutnant Gellert in der vorderen Maschine klang dementsprechend eher besorgt als verärgert. »Falke eins an zwo! Was gibt's?«

»Da ist etwas unter Wasser, Herr Leutnant! Könnte ein U-Boot sein.« Er spähte wieder nach unten und schluckte. »Das gibt's doch nicht!«

»Doch!« In der Stimme des Leutnants schwang Fassungslosigkeit mit. »Noch eines, und da hinten schwimmt noch ein drittes! Sie müssen dicht unter der Wasseroberfläche sein.«

»Und was nu?«

Leutnant Gellert, gerade einundzwanzig Jahre alt, dachte angestrengt nach. Es war sein erster Flug als Staffelführer, und auch das nur kommissarisch. Sein alter Staffelkapitän war erst ein paar Tage zuvor mit seiner brennenden Maschine in den Kanal gestürzt. Gar nicht weit von hier. Gellert fragte sich, was der Hauptmann wohl zu der Sache hier gesagt hätte. Aber er war nicht mehr da, um etwas zu sagen. Der Leutnant spürte, wie sein Mund trocken wurde. »Wir greifen an. Die beiden Tommies müssen eines von unseren Booten am Haken haben! Folgt dem Vater!« Er grinste. Dachsmeier war beinahe vierzig, aber der Spruch würde ihn amüsieren. Auch eines der geflügelten Worte ihres Hauptmannes.

Seine Bauchmuskeln verkrampften sich, als er die schwere Maschine mit ausgefahrenen Klappen in den Sturzflug kippen ließ. Die Sirenen begannen ihr heulendes Lied, das in der Kabine gegen den rasenden

Wind kaum zu hören war. Nur Sekunden dauerte das Gefühl des fast freien Falles jedes Mal, und dennoch eine Ewigkeit. Glänzende Perlenschnüre schienen sich in den Himmel aufzuschwingen, aber es waren keine Perlen. *Leuchtspur!* Haben die Tommies doch aufgepasst! Aber es war nur ein beiläufiger Gedanke des Leutnants, zu viel geschah gleichzeitig. Er zog den Auslösehebel, und die schwere Bombe unter dem Rumpf löste sich. Die Maschine machte, befreit von einer Vierteltonne Last, einen Satz nach oben. Leutnant Gellert zog den Steuerknüppel eng an sich heran und trat gleichzeitig vorsichtig ins Seitenruder. Da raste auch schon Dachsmeier heran! Noch mehr Leuchtspur stieg von den Schiffen auf und wollte die heranstürzende Maschine in ein glühendes Netz verstricken.

In Dachsmeiers rechter Tragfläche erschienen ein paar kleine Löcher. Aber nichts, was den Stuka ernsthaft in Bedrängnis gebracht hätte. Der Bomber ruckte, als die Bombe sich löste. Mit der Routine Hunderter von Flugstunden zog der Feldwebel die Maschine wieder nach oben. Hinter ihm ratterte Himmels Maschinengewehr, als der Unteroffizier das Deck des Kriegsschiffes unter Feuer nahm.

Mehr Leuchtspur stieg zum Himmel empor, aber ganz plötzlich, als sei nichts gewesen, brach das Abwehrfeuer ab. Dachsmeier spürte, wie ihm der Schweiß ausbrach. *Jäger! Sie feuern nicht mehr, weil ihre Jäger dran sind!* Hektisch sah er sich um. Aber hinter sich konnte er keinen verräterischen Schatten ausmachen.

Das plötzliche Rattern ließ ihn zusammenzucken. Gellert! Die Maschine des Leutnants wurde von dem plötzlichen Maschinengewehrfeuer nur gestreift. Kleine Funken hüpften über die Nase der Maschine, bevor der Feuerstoß ins Leere abglitt. Dachsmeier, der seinem

Staffelführer gefolgt war, zerquetschte einen Fluch. *Aus der Sonne! Sie kamen immer aus der Sonne!* Für einen Augenblick hob sich die Silhouette eines Jagdflugzeugs vor ihm gegen den grellen Ball ab. Die gestreckte Form, das blasenförmige Cockpit, die waffelförmigen Tragflächen, alles vereinte sich zu dem finstersten Albtraum deutscher Piloten in diesen Tagen. *Spitfire!* Mit spielerischer Leichtigkeit zog der englische Pilot seine Maschine in die Höhe und stellte den Vogel auf die Tragfläche.

»Runter und weg!« Die Stimme Gellerts im Kopfhörer klang gepresst! »Mich hat's erwischt! Ich gehe runter!«

Dachsmeier warf einen kurzen Blick auf die Führungsmaschine. Dichter Qualm quoll aus dem Motor, ein sicheres Zeichen für einen tödlichen Treffer. Schon sackte die Ju langsam durch.

Wieder zersägte ein Feuerstoß die Luft. Dachsmeier reagierte mehr instinktiv. Ein kräftiger Tritt ins Seitenruder, dann die Klappen auf und die Nase nach oben. Von hinten kam ein erschreckter Aufschrei. Es fühlte sich an, als wolle die Maschine in der Luft stehen bleiben. Dann ratterte Himmels Maschinengewehr wieder los, als die Spit aus dem toten Winkel auftauchte. Nur ein kurzer Feuerstoß, der den überraschten Engländer kalt erwischte. Aus dem sicheren Abschuss war für den Tommy ein Fiasko geworden. Der Jäger kippte über die Tragfläche ab und verschwand nach unten. Dachsmeier ließ den Bomber in einer Linkskurve gleiten. Der Tommy würde keinem mehr wehtun. Trudelnd schlug die Spit in die See.

»Hast du einen Fallschirm gesehen?«

Dachsmeier verzog das Gesicht. »Nein! Aber halt die Augen auf, da sind noch mehr!«

Widerwillig fasziniert betrachtete er den Kreis, den

die Spitfires zogen. Einer deckte den anderen. Die Burschen wussten, was sie taten! Er sah sich kurz um, aber von der dritten Maschine war keine Spur mehr zu entdecken. Und mit jedem Atemzug entfernten sie sich weiter.

Die Zeit war abgelaufen. Im Kopfhörer erklang eine neue Stimme. Scharf und angespannt. »Elbe eins für Falke! Wir geben Ihnen Deckung!« Ein halbes Dutzend MEs stürzte aus großer Höhe auf die Engländer. Dachsmeier schluckte. »Danke, Elbe eins! Ich mache mich vom Acker!« Beinahe widerwillig richtete er die Nase auf das nahe Festland zu. Durch den Schimmer des rasenden Propellers sah er Rauchwolken vor sich aufsteigen. Dünkirchen! In diesen Tagen eine bessere Navigationshilfe als jeder Funkpeiler. In dreißig Minuten würde er in seinem Fliegerhorst sein und Kaffee trinken. Bis zum nächsten Mal. Aber hinter ihm würden die Jagdflieger ihren Kampf auf Leben und Tod gegen die überlegenen Spitfires austragen müssen.

Der verzweifelte Ausbruchsversuch endete so abrupt, wie er begonnen hatte. Nicht, weil etwas in den Weg kam, einfach nur, weil die Sache entschieden zu sein schien. U-68 glitt beinahe sanft wieder in die Tiefe, als plötzlich ein anderer Laut erklang. Ein dumpfer Schlag, wie von einer Wasserbombe, aber mit einem metallischen Scheppern und einem hässlichen Fauchgeräusch untersetzt. Die Männer in der Zentrale sahen sich an.

»Das ist was Neues!« Von Hassel schob die Mütze etwas nach hinten. »Schleichfahrt, wir gehen auf Westkurs! Steuermann, suchen Sie uns mal was Nettes. LI, halten sie uns auf Sehrohrtiefe!« Ohne die Bestätigungen abzuwarten, fuhr er den Spargel aus. Ein schneller Rundblick. Für den Bruchteil einer Sekunde brannte sich das Bild einer britischen Korvette in sein Gehirn ein. Dann fuhr er das Sehrohr auch schon wieder ein. »Dreißig Meter, LI! Schleichfahrt und weg!« Er grinste schwach. »Zeit, dass wir hier verschwinden! Die Firma Meier übernimmt jetzt!«

»Was ist mit U-54?« Oberleutnant Hentrich sah seinen Kommandanten fragend an.

Von Hassel zuckte mit den Schultern. »Schleicht hier auch irgendwo rum! Rückert soll zusehen, ob er sie irgendwo hören kann!« Nachdenklich rieb er sich den Bauch. »Vielleicht kann unser Smut in der Zwischenzeit ein paar Stullen produzieren? Wann gab's auf diesem Dampfer das letzte Mal was zu essen?«

Der Smut winkte kurz. »Ich mache mich an die Arbeit, Herr Kaleun!«

Fasziniert beobachtete Leutnant Schneider von seinem sicheren Beobachtungsplatz auf der Apfelkiste seinen Kommandanten. *Wie macht der Alte das nur? Gerade dem Teufel von der Schippe gesprungen, und schon denkt er wieder daran, dass die Männer was zu essen brauchen!*

Oberleutnant Hentrich grinste zufrieden. »'ne schöne Stulle … und Kaffee!«

Die Nachricht machte im Boot die Runde. Langsam entspannten sich die Männer etwas. Noch immer donnerten Explosionen verschiedenster Art durch das Wasser, aber sie waren raus. Für den Augenblick. Wenn der Alte schon wieder an Futter dachte, dann mussten sie das Schlimmste überstanden haben. Und später war später.

Nur ein Mann konnte sich der plötzlichen Ausgelassenheit an Bord nicht anschließen. Obermaat Willi Rückert saß hinter seinem Horchgerät und drehte mit der Sorgfalt eines Pianisten am Stellrad. Er musste sehr genau hinhören, und selbst dann war er sich nicht ganz sicher. »Herr Kaleun!«

Von Hassel wandte sich um und kam zum Funkschapp. »Was gibt's?«

»Ich weiß es nicht genau.« Rückert zuckte mit den Schultern. »Ich glaube, ich habe U-54 gefunden. In ungefähr Eins-Neun-Fünf. Ich höre es nur, wenn es gerade mal nicht knallt. Ein sehr leises Schraubengeräusch. U-Boot auf Schleichfahrt.«

Der Alte runzelte die Stirn. Er wusste, da kam noch was.

»Aber in Zwo-Null-Null ist ein zweites Geräusch. Auch Schrauben.«

Der Kommandant starrte Rückert an. »Ein Echo?«

Der Funkmaat schüttelte den Kopf. »Glaube ich nicht, Herr Kaleun. Falsche Richtung. Es ist auch nur sehr schwach.«

Draußen, weiter entfernt, knallte es wieder. Es war die dritte Maschine aus der Bomberkette, die brennend auf eine Sandbank aufschlug. Aber für die Männer im Boot war es nur eine Explosion mehr. Ein dumpfes, nicht zuzuordnendes Geräusch in einer fremden Umwelt. Und für Rückert war es eine Störung. Augenblicke lang musste er suchen, bis er das verdächtige und weit leisere Geräusch wieder gefunden hatte. Er reichte dem Kommandanten das zweite Paar Kopfhörer.

Nachdenklich lauschte von Hassel. Eigentlich hörte er nichts. Aber das stimmte nicht ganz. Fast war es mehr wie die Ahnung eines Geräusches. Und doch! Er spähte auf das Stellrad. Immer noch Zwo-Null-Null! Die beiden Männer sahen sich an. Rückert war bereits auf von Hassels erstem Boot gefahren. Gemeinsam hatten sie den Kriegsausbruch erlebt und überlebt. Eine Erinnerung, die sie ständig begleitete, den harten Kern der

Besatzung, diejenigen, die noch von von Hassels Einbaum gekommen waren. Der Alte kannte seinen Horcher. Und auch wenn Rückert manchmal daran zweifelte, so wusste von Hassel, dass er sich auf seinen Funkmaat verlassen konnte. Auch wenn er selbst das Geräusch gar nicht hörte.

»Ein U-Boot?«

Rückert biss sich auf die Lippen. »Ja, ich glaube schon. Kein Maschinengeräusch. Die E-Maschinen sind zu leise, die kriegen wir bei Schleichfahrt nicht mit. Und er ist ja auch beinahe achteraus!«

»Er wird aber gehört haben, wie wir über die Sandbank gepoltert sind.«

»Wahrscheinlich, aber sicher kann man sich nicht sein. War ja noch ein anderes U-Boot dazwischen!«

Der Alte grinste plötzlich. »Ach ja, unser verehrter Rudelchef!« Er nahm die Mütze ab und strich sich durchs Haar. »Was macht der eigentlich?«

Rückert sah den Kapitänleutnant ruhig an. »Sieht so aus, als versuche er, sich entlang der Sandbank abzusetzen.« Er blickte kurz auf das Stellrad am GHG. »Kann natürlich sein, dass er noch gar nichts von seinem Schatten weiß. Immerhin ist der noch in seinem Heck.«

Es braut sich was zusammen

Noch eine Weile war auf den U-Booten das dumpfe Grollen der Explosionen zu hören. Rückert konnte in seinem GHG inzwischen auch eine weitere Art von Aufschlägen unterscheiden. Wahrscheinlich hatte die schwere Artillerie endlich ebenfalls eingegriffen, nachdem sie auf das Durcheinander aufmerksam geworden war.

»Die müssen ja täglich mehr Material anfahren!«

Von Hassel sah in das strahlende Gesicht seines IIWO. »Das scheint Ihnen ja richtig Spaß zu machen, Leutnant?«

»Wenn mal jemand anders die Hucke vollkriegt?« Leutnant Schneider machte eine kurze Kunstpause. »Ja!«

Der Kommandant schüttelte den Kopf. »Na, wenn es Ihnen so viel Freude macht! Kümmern Sie sich mal darum, dass die Männer was zu essen kriegen. Und lassen Sie sie wissen, ich war mit dem Verhalten aller sehr zufrieden.« Er zögerte. »Na ja, bringen Sie es zu den Leuten rüber!«

»Mache ich!« Schneider grinste. Der Alte hatte sie wieder einmal heil durch eine haarsträubende Situation nach der anderen geführt. Und sie waren noch da. Was konnte ein U-Boot-Fahrer mehr von seinem Kommandanten erwarten?

Von Hassel lauschte einen Augenblick dem fernen Grollen. Dann nickte er. »Die kommen nicht mehr! IWO, Sie übernehmen, ich bin in meinem Kabuff!« Mit langen Schritten verschwand er aus der Zentrale.

Kaum hatte er den Vorhang hinter sich zugezogen, ließ er sich schwer auf die Koje fallen. Das war knapp! Er schloss die Augen für einen Augenblick. *Linke hätte uns eiskalt den Wölfen vorgeworfen! Wenigstens haben die Flieger die Situation richtig erkannt! Und nun hängt da ein weiteres, ein unbekanntes U-Boot hinter uns! Eines von unseren – oder ein Tommy?* Der Alte spürte, wie die Gedanken in seinem Kopf Amok liefen. Alles verwandelte sich in ein Kaleidoskop aus Gedankenfetzen, Eindrücken und Gefühlen. Er zwang sich, tief durchzuatmen. Obwohl seine Finger immer noch zitterten, nahm er die Karte und setzte sich an den winzigen Schreibtisch. Der Moment der Ruhe würde bald vorbei sein. Aber er hatte ihn gebraucht.

Als der Smut kam und ihm einen Teller mit Stullen und eine Mug dampfenden Kaffee brachte, fand er von Hassel bereits wieder über der Karte brütend vor. Nur Minuten später war es überall im Boot bekannt: »Der Alte brütet schon wieder was aus.«

Auch Keith Frazier hatte das Schlimmste hinter sich, jedenfalls hoffte er das. Die Goosefoot qualmte aus ein paar Splitterlöchern mehr, aber das war zu verschmerzen. Wie durch ein Wunder hatte es auch nur einen Leichtverletzten gegeben, jedenfalls an Bord seines eigenen Schiffes.

»Schau sich einer das arme Luder an!« Die Stimme des Signalgastes klang erstickt. Wie alle anderen konnte er den Blick nicht von der Brambleberry wenden.

Frazier riss sich mit Gewalt von dem erschreckenden Anblick los. »Nun haltet mal nicht Maulaffen feil, Männer! Wir haben Arbeit.« Er packte den jungen Signalgast an der Schulter. »Machen Sie rüber: Was brauchen Sie?«

Doch der junge Seemann starrte ihn nur verdutzt an. »Wie … Aye, Sir!«

Aber Frazier war bereits weitergegangen und lehnte sich über die Brückenreling. »IO, bereit machen, einen Feuerlöschtrupp überzusetzen!« Er blickte kurz zum Himmel. Noch immer kreisten die Jäger. Aber trotzdem, sie mussten hier weg! »Stellen Sie fest, ob wir Brambleberry abschleppen können, wenn nicht, müssen wir die Männer übernehmen und sie versenken!«

Er hörte, wie ein Seemann hinter ihm nach Luft schnappte. Beinahe konnte er die Gedanken hinter der Stirn des Mannes ticken hören. *Der Skipper hat Brambleberry bereits abgeschrieben! Was für ein kalter Mistkerl!* Aber es war ihm egal. Sollten sie ihn hassen, wenn es sie am Leben erhielt! Unschlüssig sah er sich um.

Sein Auge blieb an einem winzigen Punkt hängen. *Der Fischtrawler!* Er zwang sich zu einem Grinsen. Dann war vielleicht doch nicht alles umsonst gewesen. Mit neuer Kraft wandte er sich um. »Bewegung, Männer, Bewegung!« Zufrieden sah er zu, wie wieder Leben in die erstarrten Gestalten kam. Er blickte hinüber zur Brambleberry.

Aus Dover, nur wenige Meilen entfernt, lief ein Verband von Kriegsschiffen aus. Sie hatten nichts mit den U-Booten zu tun. Tatsächlich wusste der kommandierende Offizier des Verbandes durch einen Übermittlungsfehler nicht einmal etwas von der Anwesenheit deutscher U-Boote im Kanal. Aber hätte er es gewusst, dann hätte er auch andere Sorgen gehabt. Zeit schinden hieß die Devise. Zeit, um eine noch nie dagewesene Rettungsaktion in die Wege zu leiten. Der Konteradmiral wusste genau, dass sein in aller Eile zusammengewürfelter Verband, sollte es notwendig werden, entbehrlich war. Ein ernüchternder Gedanke, aber er bedeutete auch: Die Navy würde die Army nicht im Stich lassen.

Gegen fünfzehn Uhr verließen sie Dover: die leichten Kreuzer Arethusa und Galathea sowie die Zerstörer Wessex, Vimeira, Wolfhound, Verity, Grafton, Greyhound und die polnische Burza. Eine halbe Stunde später, und bereits auf halber Strecke, gesellte sich der französische Großzerstörer Chacal zu den unter britischem Befehl fahrenden Schiffen. Ab sechzehn Uhr begann von See her ein Trommelfeuer über die deutschen Einkesselungsstellungen niederzugehen. Die Fünfzehn-Zentimeter-Granaten der Kreuzer fingen an, systematisch die Erde umzupflügen. Deutlich sichtbar fuhren die Schiffe vor den Stränden auf und ab, die Geschütze auf größte Erhöhung gerichtet. Die Abschüsse der Kreuzertürme waren bis zu zwanzig Kilometer weit ins Land zu hören – und zu spüren. Die Einschläge verwandelten Stahl, Holz, Fleisch, alles, was sie trafen, gleichermaßen zu Hackfleisch. Und über den Schiffen kreisten Flugzeuge. Nicht eine Handvoll, sondern ständig mehr als drei Dutzend Jäger. Die Pfauenaugen auf ihren Tragflächen waren im Licht der Nachmittagssonne deutlich sichtbar. Für einen kurzen Zeitraum war die Überraschung gelungen. Der Druck auf die Verteidiger ließ nach … für einige wenige Stunden. Aber jedem war klar, dass dies erst der Auftakt war.

Die Luftwaffe reagierte. Mehr als vierzig Stukas stürzten sich aus dem Himmel auf die Schiffe. Wessex wurde gleich von mehreren Bomben getroffen. Die Besatzung schaffte es gerade noch, das Schiff auf eine Sandbank zu setzen. Die Zerstörer Vimeira und Burza waren beschädigt und qualmten heftig. Doch sie konnten den entscheidenden Treffern gerade noch ausweichen. Die französische Chacal ereilte ihr Schicksal, als sie von

Stukas vor Boulogne navigierunfähig gebombt wurde. Hilflos trieb das Schiff in den Feuerbereich der deutschen Heeresartillerie – eine brennende und rauchende Zielscheibe.

Auf U-68 bekam man von diesen Ereignissen nur teilweise etwas mit. Die Männer, wieder etwas ermutigt durch die Bemühungen des Smuts, hatten stundenlang kleinere Schäden aus dem vorangegangenen Gefecht beseitigt. Nun warteten die meisten darauf, dass es Nacht wurde. Ein paar besonders Abgebrühte, wie Daniel Berger oder Dörfler, brachten es fertig, eine Mütze voll Schlaf zu nehmen. Andere, nicht ganz so Abgebrühte, wie Jens Lauer, Siegfried Becker, der neue Smut, und natürlich der kleine Matthias Hänisch, hockten auf den Unterkojen und gingen noch einmal leise die Ereignisse des Tages durch.

»Ick wees nich! So richtig nen Jewinn war det ja nich!« Becker ließ die Kanne mit dem Kujambelwasser kreisen.

Lauer betrachtete den Smut nachdenklich. Der Mann war bereits auf einem anderen Boot gefahren und hatte gerade seinen Maatslehrgang beendet, als Ersatz gesucht wurde. Er hatte sich freiwillig gemeldet. »Dass die Geschichte hier übel werden würde, war von Anfang an klar. Haben dir das die Großkopfeten nicht gesagt, bevor du dich gemeldet hast?«

»Neee!« Der Koch griente gemütlich. »War abba och ejal!« Er zuckte mit den Schultern und wurde plötzlich ernst. »Die hätten mich so oder so auf ein neues Boot geschickt. Also, dachte ich, ich greife zu, wenn ich ein großes Boot kriegen kann.«

Verblüfft nahm Lauer wahr, dass der Mann plötzlich Hochdeutsch sprach. Bisher hatte er von ihm nichts anderes als Berlinerisch gehört. Er brauchte einen Augenblick, die Meinung des Smuts zu verarbeiten. »Also hast du nur deshalb zugegriffen?«

»Die hätten es fertiggebracht, mich auf ein Dickschiff zu stecken!« Becker nahm einen langen Zug von der selbst gebrauten Limonade. »Ich glaube nicht, dass die Dinger 'ne Lebensversicherung sind. Ihr wart ja draußen, aber wir haben mitgekriegt, was in Norwegen gelaufen ist. Blücher und Karlsruhe sind umgelegt worden. 'ne Menge Kameraden sind dabei draußen geblieben.« Er seufzte. »Den schweren Kreuzer hab ich nicht gekannt, aber auf Karlsruhe hab ich als Matrose 'ne Auslandsfahrt mitgemacht.« Er hob den Kopf. »Na, und da hab ich mir jedacht, wiedda so 'ne Röhre könnte janz jut sein.«

Hänisch starrte den Smut aus großen Augen an. »Mir hat man einfach nur gesagt, ich soll mein Zeug packen und mich an Bord melden.« Unsicher sah er von einem zum anderen. »Aber dass es so sein würde?«

Lauer schnüffelte. Die Luft war abgestanden, voller Öldunst. Und inzwischen breiteten sich die Aromanoten »Socken« und »Männerschweiß« ebenfalls wieder in der Röhre aus. Er wusste, wenn es sein musste, konnten sie das Gemisch noch mindestens zwei Tage lang atmen. Aber trotzdem, er hoffte, sie würden bald auftauchen. Langsam lehnte er sich zurück und ließ Ulrikes Bild bewusst in seiner Vorstellung auferstehen. Wenn er sie doch nur hätte erreichen können. Noch so ein Tag, und sie mochten alle bei den Fischen liegen. Und dass der Alte wieder angreifen würde, war so sicher wie das Amen in der Kirche. Und er konnte nicht einmal mit ihr reden.

Matrose Olm hatte Rückert am GHG abgelöst. Nicht, dass es nichts zu hören gegeben hätte. Es gab überall etwas zu hören. Entlang der gesamten Küste schien es ständig irgendwo zu krachen. Behutsam drehte er am Stellrad. Viele Fahrzeuge, aber keines nahe genug, um eine sichere Peilung zu bekommen. Er runzelte die Stirn. Waren das größere Fahrzeuge? Schwerere Maschinen? Er konnte es nicht genau bestimmen. Zu wenig, um den Kommandanten zu alarmieren? Wenn da draußen wirklich ein paar größere Eimer rumschwabbern sollten, würde sich die Luftwaffe nicht darum kümmern? Aber trotzdem ... waren das große Schrauben? Olm dachte nach. Heute Nachmittag war es knapp gewesen. Wenn es große Schrauben waren, müssten sie gleich wieder ran. Ohne zu zögern, drehte er das Stellrad weiter.

In seinem Kabuff grübelte der Kommandant immer noch über der Karte. Ruhig warteten die anderen Offiziere, bis er den Kopf hob. »So, meine Herren!« Er grinste. »Ich habe Sie in meine bescheidene Behausung gebeten, um mit Ihnen die Lage durchzugehen.« Er deutete rundherum. »Also nehmen Sie Platz.«

Der Aufforderung nachzukommen war in der Kommandantenkammer, die etwa die Ausmaße eines größeren Kleiderschrankes hatte, gar nicht so einfach. Aber U-Boot-Fahrer hatten Übung darin, auch noch den letzten Winkel zu nutzen. Der Methusalem und der IWO ließen sich auf der Koje nieder, der Kommandant blieb auf seinem Stuhl. Und da von Hassel die Karte vom Schreibtisch genommen hatte, hockte der IIWO sich einfach auf die Schreibtischkante.

Der Alte sah sich um. »Dann mal Butter bei die Fische, meine Herren. Was ist Ihre Meinung?«

Die Offiziere sahen sich fragend an. Endlich war es Schneider, der den Mund aufmachte. »Total vergeigt, Herr Kaleun!« Er zuckte mit den Schultern. »Die Sache mit dem Rudel funktioniert unter diesen Umständen nicht. Vielleicht ist das dritte Boot hinter U-54 unser drittes Boot U-114, vielleicht auch ein Tommy. Schließlich ist es ja nicht neu, dass die vor der niederländischen Küste operieren. Wenn wir ein halbes Dutzend dieser kleinen Boote umlegen, haben wir immer noch keine Tonnage gemacht. Wenn es aber ein Tommy ist, der einen von uns abtakeln kann, dann lohnt sich die Sache für ihn.«

Von Hassel nickte. »So sehe ich die Sache auch. Die Frage ist, was tun wir?«

»Irgendwo müssen die Tommies doch auch ihre dicken Pötte laufen haben. Die können doch nicht eine ganze Armee mit Fischerbooten evakuieren.« Oberleutnant Hentrich kratzte sich in den Bartstoppeln. »Na ja, vielleicht können die das doch. Aber nicht so wie bisher. Alle Ewigkeiten mal ein Trawler wäre zu wenig.«

Der Methusalem hob den Kopf. »Nein, es geht rein rechnerisch gar nicht auf. Wenn die hundert Mann auf so einen kleinen Kolcher gequetscht kriegen, dann ist das bereits sehr viel. Das würde über viertausend Fahrten ergeben, allein um die Briten wegzuholen. Dazu kommen noch die Franzosen, und ich glaube nicht, dass die Tommies ihre Verbündeten bereits abgeschrieben haben.«

»Also?« Von Hassel sah die Männer ruhig an.

Der IWO nickte. »Es muss irgendwann eine größere Aktion geben. Wir sind nur zu früh dran. Die Frage ist also, wo kriegen wir sie zu packen?«

»Soweit wir wissen, zieht sich der Kessel an der Küste entlang bis Calais. Das sind über zwanzig Meilen. Unsere Horchmöglichkeiten sind durch Flachwasser und die Sandbänke behindert.« Der Kommandant breitete die Karte auf den Knien aus. »Ich glaube nicht, dass wir die ganze Küste überwachen können. Aber es gibt eine Möglichkeit. Wohin immer die Tommies auch fahren, sie müssen stets hierhin zurück!«

Der IIWO spähte über die Schulter des Kommandanten und sah, wo der Finger ruhte. Er verzog das Gesicht. »Mit Verlaub, Herr Kaleun, aber das ist ein verdammtes Wespennest!«

»Richtig! U-Boot-Netze, Bewacher, Minenfelder, alles, was das Herz begehrt.« Von Hassel grinste wölfisch. »Mit Sicherheit die letzte Ecke, an der sie uns erwarten.« Er warf noch einen Blick auf die Karte. »Dover! Das ist unser Ziel! Aber zunächst müssen wir herausbekommen, was wir da für einen Schatten dranhaben.«

Feldwebel Dachsmeier umklammerte schweigend die Kaffeetasse. Gellerts Stuka und die dritte Maschine der Kette waren nicht heimgekehrt. Er hatte nicht einmal mehr einen letzten Hilferuf von der dritten Maschine im FT gehört. Er sah auf die Uhr. Jetzt musste dem Vogel der Sprit ausgegangen sein. Selbst wenn die Männer noch den Strand erreicht hatten, von dort konnten sie wohl kaum anrufen. Also keine weiteren Nachrichten. *»Vermisst« würde es heißen, als ob »gefallen« nicht schon schlimm genug wäre.* Dachsmeier spürte die Bitterkeit in sich aufsteigen. Aber dafür war keine Zeit. Sie würden bald wieder starten müssen. Er spürte es in den Knochen. Ruhig blickte er aus dem Fenster. Die Wolken wurden dichter, aber noch nicht zu dicht. Nur für den nächsten Tag versprach das Wetter nichts Gutes. Also würde man sie noch einmal losschicken, bevor es zu dunkel wurde.

Er entspannte sich etwas. Muskel für Muskel, Glied für Glied. Ein vorsätzlicher, kontrollierter Vorgang. *Mal sehen, mit wem sie uns zusammenwerfen?* Er verzog das Gesicht. Sein eigener Vogel war durchlöchert, aber das hatte ihnen zumindest erspart, gleich wieder raufzumüssen, um die beiden Tommykreuzer anzugreifen. Hässlich viel Flak, und nach dem, was man im Funk hörte, auch Jäger. Es würde morgen genug Ketten geben, in denen die eine oder andere Maschine fehlte. Ein Teil seines Gehirns fragte sich müßig, was die Tommies geritten hatte, ausgerechnet jetzt Artillerieunterstützung zu fahren. Sie hätten das doch auch genauso gut schon die letzten Tage machen können. Er griente freudlos. Die Antwort war klar. Weil etwas Größeres im Busch war.

Nachrichtenflüsse

Am späten Nachmittag erging ein Rundschreiben von der Luftflotte an alle unterstellten Geschwader. Nicht, dass innerhalb der deutschen Wehrmacht eine Knappheit an Rundschreiben oder Dienstvorschriften geherrscht hätte. Tatsächlich war es nur eines von Tausenden Fernschreiben, die an diesem Tage versandt wurden. Und das Rundschreiben, ein längeres Schriftstück, erlitt das gleiche Schicksal wie viele seiner Geschwister: Es wurde in den Geschwadern hastig von einem IA überflogen und dann einfach abgeheftet. Immerhin nahmen die meisten der gestressten Stabschefs sich wenigstens die Zeit, die in diesem Rundschreiben enthaltenen ES für die kommende Woche zu notieren. Doch da es bereits später Nachmittag, noch dazu ein Samstag, war, hatten viele der Herren andere, dringendere Pläne. Natürlich, es war Krieg, und der pausierte auch nicht am Wochenende. Aber trotzdem … irgendetwas gab es immer. Und so wurden die Listen schnell in Notizbücher übertragen oder gleich einem Schreiber übergeben, der sie dann ebenso hastig und lustlos vervielfältigte, sprich: abtippte. Das Ergebnis konnte sich sehen lassen. Insgesamt sechzehn Staffeln hatten fehlerhafte Erkennungssignale für die nächsten drei Tage. Und in nur zwei Staffeln war überhaupt bekannt, dass deutsche U-Boote im Kanal operierten, denn diese in einen Nebensatz verpackte Information des Rundschreibens hatte sich ziemlich am Ende des Textes befunden. Der deutsche Amtsschimmel wieherte fröhlich.

Ulrike Hartmann stand vor der großen Wandtafel im Lagezimmer. Immer wieder irrte ihr Blick ab zu jener kleinen unbedeutenden Ecke der Karte. Der Ärmelkanal! Natürlich, trotz der Ereignisse in Frankreich konzentrierte sich die allgemeine Aufmerksamkeit auf den Atlantik. Der B-Dienst hatte einen nach Osten laufenden Konvoi erfasst. Jede der raren Sichtmeldungen wurde nun mitgekoppelt.

Obwohl das Wochenende vor der Tür stand, herrschte im Hauptquartier des BdU reges Leben. Man plante dort etwas Neues, aber Ulrike wusste natürlich nicht, was. Alles, was sie mitbekam, waren ständig neue Positionsmeldungen von Booten im Atlantik. Ihre und die Aufgabe ihrer Kameradinnen war es, die Fähnchen entsprechend umzustecken. Aber immerhin, trotz ihrer untergeordneten Tätigkeit bekam sie zumindest etwas mit, und sie wusste, warum der junge Seemann nicht zu ihrer Verabredung erschienen war. Wieder und wieder betrachtete sie das einzelne Fähnchen mit der Nummer 68 am Anfang des Ärmelkanals. Bisher hatte sie sich nie Gedanken darum gemacht, was hinter diesen Nadeln stand. Nicht einmal dann, wenn eine der Nadeln aus der Karte gezogen und zurück in die Büchse geworfen wurde. Aber nun hatte die winzige Markierung einen Namen und ein Gesicht.

Auch die Marine verfasste Rundschreiben. Im Grunde unterschieden sie sich nicht besonders von denen der Luftwaffe. Allerdings enthielten sie tatsächlich die mit der Luftwaffe vereinbarten Erkennungssignale, und diese wurden auch tatsächlich an alle Einheiten weitergegeben. Natürlich nur an die, die man gerade erreichte. Getauchte U-Boote gehörten eher nicht dazu.

Allerdings waren für die Marine die Erkennungssignale nur ein Teil des Problems. Schon seit Beginn des Krieges hatte man die Erfahrung machen müssen, dass die deutschen Flieger allgemein wenig von Schiffen verstanden und daher selten in der Lage waren, ein deutsches von einem englischen zu unterscheiden. Was eigentlich auch nicht unbedingt immer zu katastrophalen Ergebnissen hätte führen müssen. Aber da in vielen Fällen statt nachzufragen angegriffen wurde, hatte die Marine bereits genug Menschen und Material verloren. Seit die Luftwaffe nun auch noch am 14. Mai die Innenstadt Rotterdams »versehentlich« in Schutt und Asche gelegt hatte, lagen allgemein die Nerven blank. Soweit es die Marine betraf, führte die Luftwaffe, was die Anzahl der Versenkungen betraf, ja deutlich vor der Royal Air Force, nachdem es ihr erst im Februar gelungen war, Max Schulz und Leberecht Maas, zwei eigene Zerstörer, in ein Minenfeld zu treiben.

Da sich die Luftwaffe außerstande sah, das Problem zu lösen, versuchten die vorgesetzten Marinedienststellen, alle Einheiten nicht mehr nur über Bewegungen des Feindes, sondern auch über die der eigenen Luftwaffe auf dem Laufenden zu halten. So sollte es den deutschen Kommandanten ermöglicht werden, diesen feindlichen Freunden einfach aus dem Wege zu gehen. Was aber auch nicht immer gelang.

U-54 und U-68 empfingen, weil sie ja immer noch getaucht waren, dieses Rundschreiben nicht. So erfuhren sie auch nicht, dass nach wie vor in der Nordsee und vor der Einfahrt zum Kanal britische U-Boote, vor allem kleinere Boote der S-Klasse, operierten, was zum Beispiel die Minensucher und Schnellboote, die in ebendiesen Stunden weiter nach Den Helder verlegten, eben aus diesem Funkspruch erfuhren. Und nach wie vor war man sich über das Schicksal von U-114 im Unklaren, denn die Luftwaffe hatte ja lediglich über die Versenkung eines *feindlichen* U-Bootes berichtet.

»Was soll das denn sein?« Keith Frazier blickte etwas ratlos auf den Zettel, den ihm Sparks in die Hand gedrückt hatte.

Der Unteroffizier zuckte mit den Schultern. »So kam es durch, Sir!«

Frazier verzog das Gesicht. Im Westen ging bereits die Sonne unter, aber das Schauspiel war heute hinter den Wolken verborgen. Alles, was man sehen konnte, war ein rötlicher Schimmer, irgendwo hinter der aufziehenden Wetterfront. Er schüttelte den Kopf und reichte den Zettel weiter an seinen IO. »Was meinen Sie?«

Der Lieutenant studierte das Papier genau. »Unsere Schäden sind nicht gravierend, die Gefechtsbereitschaft ist nach wie vor gewährleistet.« Er zuckte mit den Schultern.

Lieutenant Commander Frazier verzog das Gesicht. »Mit anderen Worten, wir haben dem Befehl Folge zu leisten.« Er wandte sich an den Funker. »Na schön. An Admiralität und alles Weitere, und vergessen Sie den Chef der 3rd Escort Group nicht. Haben beschädigte HMS Brambleberry in Schlepp – Stopp – Stoßen nach Ablieferung zu Ihnen – Stopp – ETA 1900 – Frazier.« Er sah den Mann fragend an. »Haben Sie das?«

Der Funker nickte. »Geht sofort raus!« Er tippte kurz grüßend an die Mütze und verschwand in den Niedergang nach unten.

Frazier wandte sich um und beobachtete wohl zum tausendsten Male die Brambleberry. Die Korvette hing schwer nach Backbord, und noch immer, obwohl die Brände gelöscht waren, konnte er bis hierher verbrannte Farbe riechen. *Zweiundzwanzig Mann verloren!* Keith schluckte. Wenn das der Krieg war, dann hatte er jetzt schon die Schnauze voll.

»Was glauben Sie, hat das zu bedeuten?«

Der Kommandant wandte sich zu seinem IO um. »Es bedeutet, jemand hat beschlossen, dass wir so schnell wie möglich wieder raus sollen. Natürlich nicht allein.« Er grinste trocken. »Vielleicht sind wir dafür noch zu klein.«

»Also gehören wir jetzt zur 3rd Escort Group?« Der Lieutenant runzelte verunsichert die Stirn. »Ich wusste gar nicht, dass wir so etwas wie Escort Groups haben.«

Frazier verzog das Gesicht. »Haben wir auch nicht. Das ist nur wieder so ein Handstreich auf dem Papier. Es würde mich wundern, wenn mehr dabei herauskäme als eine Organisationslösung. Auf See, fürchte ich, müssen wir uns nach wie vor auf uns selbst verlassen.«

»Also alles beim Alten, Sir?«

Der Skipper runzelte die Stirn. »So ungefähr!« Er dachte nach. »Mal sehen, was wir von unserem neuen Chef zu hören kriegen. Ich bleibe hier oben. Sie schnappen sich den IIO und kontrollieren, wie es mit den Munitionsbeständen aussieht.«

»Aye, Sir!« Der Erste grüßte korrekt und wartete, bis auch Frazier an seine Mütze getippt hatte.

Der Kommandant sah ihm kopfschüttelnd hinterher. *Alles beim Alten? Verdammt, vor vier Monaten hast du noch Klatschkolumnen geschrieben!* Aber dann grinste Frazier doch. Wenn es etwas gab, das schneller als ein Feuer um sich griff, dann war es der allgemeine Wahnsinn.

Schritte polterten den Niedergang empor. Sparks sah sich suchend um und erspähte den Kommandanten in der Brückennock. »Die haben wohl schon auf Ihre Antwort gewartet, Sir!« Er wedelte mit einem neuen Stück Papier.

Frazier überflog die Buchstaben. »Oh!« Und dann noch einmal. »Oh, das ist was Neues!« Er sah auf. »Der ehrenwerte Commander James Smith, Chef der 3rd Escort Group, bemüht sich zu uns. Treffpunkt ist Dover.« Er grinste. »Übrigens besteht die ganze Gruppe gerade einmal aus zwei Sloops und uns. Das wird den Ersten bestimmt freuen!« Nachdenklich rieb er sich am Kinn. »HMS Farlane! Den Namen habe ich doch schon mal gehört?«

Doch neben den großen Nachrichtenflüssen und Kommunikationskanälen taten auch andere Mitteilungswege ihre Arbeit. Einer davon war der sogenannte Zwischendeckstelegraf auf U-68. Auch wenn Kapitänleutnant von Hassel bisher seine Absichten nicht offiziell kundgetan hatte, wurden diese doch bereits überall im Boot eifrig diskutiert. Es gehörte zum Wesen von Zwischendeckstelegrafen, dass niemand später genau sagen konnte, wer was zuerst gesagt hatte. Aber binnen Kurzem wussten trotzdem alle Bescheid.

»Dover?« Alois Dörfler verzog das Gesicht. »Da könntmer ja glei bei den Tommies einlauf'n!«

Daniel Berger blickte von seiner Stulle auf, die er großzügig mit Kunsthonig bestrich. Soweit man das Zeug streichen konnte. »Ich weiß nicht. Wenigstens ist das Wasser tiefer als hier.«

»Ah kumm! Die Tommies wern uns aa grad vor der'n Haustür spazier'n fahr'n lassen!«

Lauer zwinkerte Hänisch zu. »Was hab ich dir gesagt. Loisl wird auch damit unzufrieden sein.«

»Natürli ned!« Dörfler grinste breit. »Solang wir in

diesem Krieg umher schippern müss'n, bin i mit gar nix zufried'n! Oder g'fallts dir etwa?«

Lauer schüttelte den Kopf. »Logisch, dass es mir nicht gefällt. Aber uns wird man wohl kaum fragen!«

»Wär auch noch schöner! Stellt's euch vor, da sagt jemand, er macht net mit bei dem Krieg!« Dörfler deutete mit einer Handbewegung einen Kopfschuss an. Angewidert verzog er das Gesicht. »So schaut's aus!«

Daniel Berger sah sich erschrocken um. Aber die meisten Männer schliefen. Er sah den Bayern an. Alois mochte blöd sein, und manchmal auch ein Arschloch, aber … »Mensch, Loisl, hör bloß auf mit dem Blödsinn. Das kann schnell mal einer in den falschen Hals kriegen!«

»Wer? Du?« Alois starrte den Maschinengefreiten böse an.

Berger winkte ab. »Natürlich nicht, aber hinterher kriegst du eh nicht raus, wer was gesagt hat.« Er winkte ab. »Besser du hältst dein Maul, alter Bazi!«

Der Bayer blickte von einem zum anderen. Endlich beschloss er mit deutlich hörbarem Knurren, das Thema zu wechseln. »Abba Dover is trotzdem a Schmarr'n!«

Die Männer entspannten sich etwas. Das gefährliche Thema war vom Tisch. Matthias Hänisch ließ sich unauffällig zurücksinken. Er hatte über vieles nachzudenken. Der Tag, die lange Tauchfahrt, die Wasserbomben, alles mischte sich zu einem wilden Durcheinander. Aber er, Matthias Hänisch, der Kleine, den sie in der Schule immer gehänselt hatten, er hatte alles durchgestanden. Nur … verstohlen sah er von einem zum anderen. Die Männer, mit denen er jetzt hier zusammengepfercht war, sahen ganz anders aus als in der Wochenschau. Die schneidigen Gestalten aus den Ufa-

Kinos und die graugesichtigen Höhlenmenschen hier im Bugraum gehörten zwei verschiedenen Welten an. Und wenn er das richtig verstanden hatte, dann mussten sie hier einander zwar ihr Leben anvertrauen, aber politische Ansichten behielt man besser für sich. Und der Krieg war das politischste aller Dinge, so schien es. Mit einem Schaudern dachte er an die Handbewegung, die Dörfler gemacht hatte. Natürlich, alle Armeen, Luftwaffen und Marinen bestraften Desertion und Wehrkraftzersetzung mit dem Tod, nicht nur die Wehrmacht. Aber ... und es gab immer ein »Aber«, so viel hatte Hänisch auch bereits gelernt.

Rot vor Zorn starrte Werner Linke in das Gesicht seines IWO. »Was wollen Sie damit sagen?«

Das Gesicht des Oberleutnants wirkte vor Entschlossenheit beinahe verkniffen. »Solange Sie den Sani Ihre Verletzung nicht untersuchen lassen, Herr Kap'tän, bezweifle ich, dass Ihr Zustand es zulässt, Sie weiter das Kommando führen zu lassen.«

»Das ... das ... das ist Meuterei! Befehlsverweigerung!« Linke schnappte nach Luft und verzog vor Schmerzen das Gesicht. Nur mit Mühe konnte er einen weiteren Hustenkrampf unterdrücken, aber sein Atem klang rasselnd. Er sah sich in der Zentrale um. »Festnehmen! Sofort!« Er deutete auf den IWO, aber seine Augen suchten den IIWO.

Der Leutnant senkte den Blick. »Verzeihen Sie, Herr Kap'tän, aber ich teile in diesem Punkt die Ansicht des IWO!«

Linke wurde von einem Augenblick zum anderen völlig ruhig. »Das bedeutet Kriegsgericht. Man wird Sie dafür erschießen!« Trotz seiner offensichtlichen Schmerzen grinste er, als ob alles ein Riesenspaß sei.

»Falls Sie überhaupt in der Lage sind, dieses Boot und die Männer wieder heimzubringen.«

Der IWO neigte leicht den Kopf. »Sollten wir uns vor einem Kriegsgericht wiederfinden, dann wissen wir, dass ich zumindest so weit richtiglag.« Er deutete zum Schott. »Der Sani erwartet Sie in Ihrem Kabuff, Herr Kap'tän!«

Schweigend sahen die Männer zu, wie Linke sich zurückzog. Dann nickte der IWO. »Steuermann, machen Sie bitte einen entsprechenden Tagebucheintrag. Wenn Sie dann die Wache für ein paar Minuten übernehmen, bitte ich die Offiziere in die Messe!«

Noch während er sich umwandte, sah er bereits den Zentralemaat vielsagende Blick mit dem Bootsmann tauschen. Es würde nicht lange dauern, bis die Neuigkeiten die Runde machten. Er straffte sich. Die Würfel waren gefallen.

Die Ruhe vor dem Sturm

Über den Kanal senkte sich die Nacht. Mit Einbruch der Dunkelheit endeten auch die Patrouillenflüge der Deutschen und Briten. Nur der Kessel, der sich immer noch von Dünkirchen beinahe bis Calais am Strand entlangzog, fand keine Ruhe, und genauso wenig die Widerstandsnester im Raum um Boulogne, die inzwischen vom Hauptkessel abgeschnitten waren.

»Turmluk ist frei!« Die Stimme des LI tönte blechern den Turm empor.

Energisch griff der Kommandant nach dem Handrad, während Leutnant Schneider unten vorsichtshalber nach seinen Beinen angelte. Der Überdruck im Boot sollte angeblich schon mal einen Kommandanten aus dem Luk gerissen haben. Wie einen Korken aus der Flasche, ein irrer Anblick, auch wenn von Hassel am Wahrheitsgehalt der Geschichte zweifelte. Aber jedenfalls war sein IIWO auf der Hut.

Das Luk schlug mit einem Knall auf, und ein Schwall kalten Wassers begrüßte ihn. Er sprang auf den Turm und blickte sich um. Hinter ihm drängte die Wache aus der engen Öffnung und nahm ihre Posten ein. Einer der Männer öffnete die Sprachrohre. Befehle wurden gemurmelt, dann kehrte wieder Ruhe ein.

»Alles frei!« Die Stimme von Rudi Schneider klang gepresst.

Von Hassel hob das Fernglas und richtete es auf die gar nicht so ferne Küste. Hier, in der frischen Nachtluft, hörte man die rumpelnden Abschüsse der Artillerie meilenweit. Manchmal erhellte der Widerschein einer Explosion die niedrig hängenden Wolken in einem düsteren Orangeton. Ein Licht, das aus der Hölle selbst stammen mochte. Auf die Männer, die sich dort befanden, wo die Granaten einschlugen, wirkte es so.

Der IIWO stellte sich neben seinen Kommandanten und spähte selbst hinüber. Er räusperte sich mühsam. »Flandern! So muss es in Flandern gewesen sein, im letzten Krieg.« Er zögerte. »Ein Nachbar war dort mit der Infanterie. Er hat uns davon erzählt, aber wir konnten es uns nie vorstellen.«

»Vergessen Sie es!« Die Stimme des Kommandanten klang ruhig, trotz der abweisenden Worte. »In Flandern haben Generäle mal eben zehntausend Mann verheizt, lediglich, um was auszuprobieren. Das war Stellungskrieg der übelsten Sorte.« Er senkte das Glas und sah Schneider an. »Es gab dort alles, auch Marineinfanterie, auf beiden Seiten.« Er grinste flüchtig.

Natürlich, durchfuhr es Schneider, *der Kommandant kommt aus einer alten Offiziersfamilie. Die haben damals auch mit drinnen gesteckt!* Er schüttelte den Kopf. »Ich wollte nicht beleidigend …«

»Waren Sie auch nicht, IIWO!« Der Kommandant winkte ab. »Das ist vorbei. Hoffen wir, dass es nicht wieder zu solch einem Stellungskrieg kommt.«

Aus einem der Sprachrohre drang die metallische Stimme des IWO unten in der Zentrale. »Fünf Minuten bis zum Kurswechsel. Rückert sagt, die beiden anderen Boote sind ebenfalls an der Oberfläche. Er hört die Diesel!«

Von Hassel beugte sich über das Sprachrohr. »Danke, IWO! Er soll aufpassen, dass er sie beim Kurswechsel nicht verliert.«

Vor dem Turm gab es Bewegung, als das Geschütz besetzt wurde. Der Kommandant beugte sich über den Wellenabweiser und winkte Bootsmann Volkerts kurz zu. Der Schmadding erwiderte das Winken. »Geschütz klar, Munition gemannt!«

»Danke, Bootsmann!« Von Hassel grinste. »Dann also los!«

Der IIWO spähte nach achtern, aber von den beiden anderen Booten war nichts zu erkennen. »Was macht Sie sicher, dass das dritte Boot ein Engländer ist?« Er sah den Kommandanten fragend an. »Es könnte ja auch U-114 sein, oder ein anderes Boot, das uns aus Schlicktown nachgeschickt wurde.«

»Nein!« Der Alte schmunzelte. »Glaube ich nicht. Wäre es eines von unseren, dann wäre es dem Rudel zugeteilt worden. Der Kommandant hätte spätestens jetzt, in der Dunkelheit, versucht, aufzuschließen und Kontakt aufzunehmen. Entweder per Funk oder per Signalspruch.« Er sah auf die Uhr. »In zwei Stunden kommen die Wiederholungsfunksprüche auf Langwelle rein. Wenn das Hauptquartier uns dann nichts von einem zusätzlichen Boot erzählt, knallen wir ihm eins vor den Latz. Für den Augenblick müssen wir nur bereit sein und die erste beste Gelegenheit benutzen, von der Bildfläche zu verschwinden.«

»Er kann uns hören! Sogar besser, als wir ihn hören können! Immerhin sind wir vor ihm.«

In der Dunkelheit leuchteten von Hassels Zähne, als er grinste. »Abwarten, Herr Schneider, abwarten.«

Aus dem Sprachrohr klang blechern die Stimme des IWO. »Kurswechsel auf Null-Eins-Null, jetzt!«

»Steuerbord zwanzig!« Von Hassels Stimme klang gespannt. »Achten Sie darauf, was die beiden anderen Boote tun.« Er nickte Schneider kurz zu. »Übernehmen Sie die Kursänderung, Leutnant!«

Der IIWO nickte gehorsam. »Jawoll, Herr Kaleun!« Aber seine Aufmerksamkeit teilte sich zwischen der tickenden Kompasstochter und der nicht besonders großen Gestalt des Kommandanten auf, der sich zwischen die Wachen an der Steuerbordseite des Turmes schob. Achteraus flackerten immer noch die Explosionen in den Trümmern der Stadt auf, aber hier auf See, nur drei oder vier Meilen von diesem Inferno entfernt, wirkte das Meer ruhig, sauber und leer. *Der Eindruck täuscht, und der Alte ist sich auch gar nicht so sicher, wie er tut.* Schneider unterdrückte ein Grinsen. Wenn man so lange mit jemandem zusammen auf U-Booten fuhr, dann kannte man sich ziemlich gut.

»Recht so! Null-Eins-Null steuern, kleine Fahrt!«

»Der LI soll melden, wenn die Batterien geladen sind.« Von Hassels Stimme klang abwesend. Das Boot strebte in einem spitzen Winkel langsam vom Strand weg. Unter dem Ballastkiel konnte nicht mehr viel Wasser sein. Aber am wichtigsten war das dritte U-Boot.

Der Kommandant räusperte sich leise. »Solange wir getaucht waren, konnte keiner dem anderen wehtun. Nun sind wir oben ...« Er zögerte. »Ich hoffe nur, dass Linke die Gefahr erkennt und ihn der Tommy nicht von achtern packt.«

Lieutenant Harry Willoughby, Kommandant Seiner Majestät Unterseeboot Seamist, plagten durchaus ähnliche Sorgen wie den deutschen Kommandanten. »Was heißt das, er ist weg?«

»Er ist weg, Sir, der Funker hört ihn nicht mehr.«

Willoughby biss sich auf die Lippen. »Er kann nicht einfach verschwunden sein. Ich komme runter und werfe einen Blick auf die Karte.« Er wandte sich kurz um. »Übernehmen Sie, John!«

Der Zweite Offizier nickte knapp. »Aye, Sir!«

Der Kommandant ließ sich durch das Luk fallen und rutschte die Leiter hinunter. Laut knallten seine Stiefel auf das Deck. In der Zentrale roch es wie immer feucht und muffig. Er griente freudlos. Wenn er mit seinem S-Klasse-Boot tiefer als zweihundert Fuß tauchte, dann ging es zu wie in einer Tropfsteinhöhle. Das Boot war so mürbe wie ein Keks, wenn sogar die Schweißnähte unter dem Wasserdruck Risse aufwiesen. Trotzdem, verdammt noch mal, es war sein Boot!

»Also, was ist hier los?« Mit einem langen Schritt war er am Kartentisch. Alles war so, wie er es in Erinnerung hatte. Die lang gestreckten Sandbänke an Steuerbord und Backbord, die Rinne dazwischen, die in ein paar Meilen leicht nach Westen und dann wieder Südwesten knickte, der scharfe Ausläufer des Dyck Central, der sich ihnen unter Wasser entgegenreckte. Alles so, wie er es sich eingeprägt hatte.

»Was macht der andere?«

Die Stimme des Funkers aus dem kleinen Funkschapp klang gehetzt. »Er läuft weiter Südwest, vier Knoten! Ungefähr drei Meilen vor uns! Nur sein Vordermann ist weg!«

Nur der Vordermann! Das andere Boot, das vor Stunden mit lautem Getöse über das Flach gerutscht war. Der Skipper runzelte die Stirn. »Kann er durch etwas verdeckt werden?« Aber er gab den Gedanken schon selber auf. Wenn es da irgendetwas gab, das in der Karte nicht eingezeichnet war, dann musste das andere Boot es bereits erreicht haben, sprich, jetzt auch langsam verschwinden. Es sei denn …

»Verdammt!« Willoughby fuhr herum wie von der Tarantel gestochen. »Bugrohre fluten, klar zum Überwasserschuss. AK voraus!« Seine Augen suchten den Ersten. »Jack, Sie übernehmen, ich gehe hoch!«

Von oben kam ein überraschter Ruf. »Er morst uns an, Sir!« Der IIWO oben machte eine kurze Pause. »AN, dreimal wiederholt!«

Willoughby raste die Leiter hoch. »Geben Sie AN zurück. Schön schludrig, wenn ich bitten darf!« Er grinste. Verdammte Jerries, euch krieg ich doch noch! »Wenn die das beim ersten Mal lesen können, trete ich Sie persönlich in den Hintern, verstanden?«

»Aye!« Der Sub schien sich darüber zu amüsieren. Wie jeder wusste er, dass ein Tritt in den Hintern das Harmloseste war, was ihnen passieren konnte.

»Er geht mit der Fahrt hoch!« Der Funker schrie die Meldung fast. Er hatte sich schon sehr anstrengen müssen, um über die Störungen, die von den eigenen Maschinen kamen, das andere U-Boot zu hören.

»AK! Steuerbord zehn!« Die Stimme des IWO kam aus dem Sprachrohr. »Klappbuchs und ES auf den Turm!«

Der IIWO nickte einem Seemann zu. »Sie! Hoch damit!« Sein Blick irrte kurz ab zur Kommandantenkammer, aber der Vorhang war geschlossen. Linke schien sich nicht einmischen zu wollen!«

Von oben waren ein paar Gesprächsfetzen zu hören. Neugierig trat der IIWO näher und spähte durch das Luk nach oben. In scheinbar unendlicher Entfernung konnte er den Widerschein eines Lichtes sehen. Morsecode. Der IWO rief das andere Boot an.

Eine andere Stimme grollte oben auf dem Turm. »Verdammt, was morst der denn zusammen?« Ein Zögern. »AN, Herr Oberleutnant. Er gibt AN?«

»AN? Das Antwort-ES ist doch TT?« Der Oberleutnant hörte sich unsicher an. »Rufen Sie ihn noch einmal!«

Wieder blinkte oben Licht auf. Kurz–Lang … Lang–Kurz. AN, das Anfrage-Erkennungssignal. Der andere sollte nun mit TT antworten, aber stattdessen … der IIWO spürte, wie ihm ein Schauer über den Rücken lief. Und da war er auch schon, der gefürchtete Ruf. »Aaaalaaaaaarm!« Er warf sich zur Seite, gerade noch rechtzeitig, bevor der erste Mann nach unten gerast kam! »Runter auf dreißig Meter! Beide Wahnsinnige voraus!«

Steil neigte sich U-54 nach unten, während achtern die Diesel verstummten. Dreiundzwanzig Sekunden brauchte ein Boot des Typs VIIC, um zu tauchen. Auf dem Papier. Die Männer von U-54 waren schneller, viel schneller.

Kapitänleutnant von Hassel versteifte sich plötzlich. »Sehen Sie! Diese Narren!«

Der IIWO musste nicht lange suchen, um zu sehen, was sein Kommandant meinte. Ein heller Schwall Kielwasser zeigte deutlich an, wo sich das U-Boot befinden musste, auch wenn der dunkelgraue Rumpf selbst unsichtbar blieb. Aber das U-Boot Steuerbord achteraus hatte nicht einmal diesen winzigen Trumpf in der Hand behalten. Hell blitzten die Morsezeichen durch die Nacht. Anton–Nordpol, AN.

»Er fordert ES an!« Schneider atmete tief ein. »Sie hatten recht, es ist unser Boot!«

Von Hassel deutete weiter nach Steuerbord. »Da ist auch der andere. Mit AK hinterher.«

»Meine Güte, der morst ja auch?«

»Ja, verdammt noch mal! Sehen Sie? Anton–Nordpol!«

Schneider blinzelte. »Er fordert auch ES an? Das ergibt keinen Sinn!«

»Nein, nicht, wenn er einer von uns wäre. Aber so gewinnt er Zeit!« Der Kommandant fuhr herum. »Bugrohre fluten! IWO, bringen Sie uns auf Eins-Sechs-Null!« Er wartete einen Augenblick ab, bis Ruder gelegt wurde. »UZO auf die Brücke!«

Gegen eine besonders grelle Explosion am Strand wurde für Augenblicke der Turm des dritten U-Bootes sichtbar. Schneider stockte der Atem. Nun war kein Zweifel mehr möglich. »Es ist eines von ihren S-Klasse-Booten!« Er holte Luft. »Knappe vierzehn Knoten gegen die knappen achtzehn von U-54. Das kann er nicht aufholen!«

Hinter den beiden Offizieren brachte einer der Seeleute die UZO nach oben und montierte sie auf dem Sockel. Der Kommandant spähte wieder zu dem flüchtenden deutschen Boot. Er schüttelte den Kopf.

»Das muss er gar nicht!«, von Hassels Stimme klang grimmig. »Schauen Sie, welchen Kurs Linke läuft!«

Der IIWO plierte zu dem anderen Boot. Gerade wurde erneut AN gegeben. »Er muss die Sandbank vergessen haben. Wenn er nicht abdreht, hängt er bald auf dem mittleren Dyck!«

»Vergessen Sie es, er muss schon fast drüber sein!«

Das Boot richtete sich wieder auf, der scharfe Bug zeigte nun fast nach Süden. Auf die Untiefen zu. Der Alte nickte. »AK!« Er quetschte sich hinter die Zieloptik.

»Mein Gott! Er taucht!«

Von Hassel blinzelte kurz verwundert, bis er begriff, dass es das deutsche Boot war, das tauchte. Er strich U-54 aus seinen Gedanken. Das Nottauchmanöver würde das Unvermeidliche nur beschleunigen.

Das englische Boot wurde lediglich als dunkler Schatten sichtbar. Wütend gab er die Lagewerte nach unten. »Gegner, Fahrt vierzehn, Bug rechts, Abstand zwotausend!« Unten würden nun die Werte am Torpedovorhaltrechner eingestellt werden. »Fächer, Rohr eins bis vier! Tiefe zwo!«

»Eingestellt!« Schneider gab die Meldung aus dem Sprachrohr weiter.

»Rohr eins … los!« Der Kommandant richtete sich auf. »Weiterfeuern nach Stoppuhr!« Unter seinen Füßen spürte er das vertraute Rucken, als die Aale aus den Rohren schossen.

Leutnant Schneider deutete auf den Briten. »Er feuert auch!«

Deutlich sah man am Bug das Wasser aufspritzen, als auch bei den Engländern die Aale auf die Reise gingen. *Verdammt, sind wir schon nahe!* Von Hassel beugte sich über den Wellenabweiser. »Feuer frei, Bootsmann!«

Die Kanone knallte sofort los, als hätte Volkerts nur auf den Befehl gewartet. Der Fahrtwind wehte den Korditrauch zur Seite. Aber jeder im U-Boot hatte den Abschuss gehört … und gespürt.

»Verdammt!« Weit vor dem Engländer stieg eine Wassersäule in die Höhe.

Von Hassel biss die Zähne zusammen. Sie kamen zu nahe. »Backbord zehn! Halbe Fahrt!« Er sah sich um. »Lassen Sie die Wache einsteigen!«

Die Männer verschwanden einer nach dem anderen im Luk. Von Hassel sah zu U-54 hinüber, das bereits beinahe unter Wasser verschwunden war. Für einen Augenblick sah es noch so aus, als würde das Boot es schaffen, vielleicht doch noch eine nicht verzeichnete Fahrrinne zu finden. Aber dann sprang plötzlich das lange Heck regelrecht aus dem Wasser, als der vorlastig getrimmte Bug sich festfuhr. U-54 war zum stehenden Ziel geworden.

Männer stürzten durcheinander, als der Bug mit voller Fahrt in die Untiefe lief. Metallisches Kreischen verriet, dass sie dieses Mal nicht nur weichen Sand getroffen hatten.

»Wassereinbruch Torpedorohr zwo!«, »Wassereinbruch Bugraum!«, »Stopfbuchse Steuerbord macht Wasser!« In rascher Folge wurden die Hiobsbotschaften in die Zentrale gemeldet. Und in genauso schneller Folge wollten der LI und der IIWO Maßnahmen ergreifen, Wassereinbrüche stoppen, Männer an die Arbeit schicken. Aber dann sah der LI den IWO mitten in der Zentrale stehen. Geschlagen. Das Begreifen, dass sie sich hatten überlisten lassen, war die letzte Erkenntnis des Oberleutnants. Dann schlugen die Torpedos ein. Dieselöl, Granaten und zwölf eigene Aale in den Rohren und unter den Kojen verwandelten das Boot in seine eigene gigantische Bombe. U-54 hörte von einem Augenblick zum anderen auf zu existieren, und mit ihm seine Besatzung. Hier endeten Werner Linkes Hoffnungen auf eine Karriere in sicheren Stäben und die ganze Geschichte der Kommandoübernahme, die andernfalls beinahe unweigerlich vor einem Kriegsgericht gelandet wäre. Doch der Tod wusch auch Schuld und Verantwortung davon.

Zwischen den Sandbänken schien ein Vulkan auszubrechen. Mit Urgewalt wurden Wasser, Dreck und eine Wolke von Trümmerstücken mit einem grellen Lichtblitz in die Luft gefetzt. Die Männer auf dem Turm von U-68 gingen unwillkürlich in Deckung, als Trümmerstücke mit metallischem Klirren auf sie niederregneten.

Von Hassel wurde von der Explosion geblendet und konnte Momente lang gar nichts sehen. *Hatten die Tommies Lunte gerochen?* In seinen Ohren pfiff es nach dem plötzlichen Lärm. War da eine zweite Explosion? Er wusste es nicht zu sagen.

Momentan blind tastete er nach dem Sprachrohr. »IWO, zurück nach Osten. Halten Sie uns zwischen den Sandbänken!«

»Jawoll, Herr Kaleun!« Hentrichs Stimme strahlte eine beeindruckende Sicherheit aus. Dabei musste es unten im Boot einen ganz schönen Schlag gegeben haben.

Von Hassel blinzelte, als eine Gestalt gegen ihn taumelte. Schneider. Überrascht stellte er fest, dass er seinen IIWO wiedererkannte, wenigstens schemenhaft. Sein Nachtsehvermögen kehrte also zurück. »Schneider! Können Sie den Tommy sehen?« Er erinnerte sich daran, dass er die Wache nach unten geschickt hatte. Zum Glück, sonst würden hier jetzt noch mehr halb blinde Männer rumstolpern.

»Ich seh gar nichts, Herr Kaleun!«

»Verdammt!« Von Hassel starrte dahin, wo er das andere U-Boot vermutete. Aber nun, nachdem der grelle Lichtschein vergangen war, sah er nur dichte Schwärze. Fluchend hangelte er sich zum Sprachrohr zurück.

Ohne hinzusehen, nur durch das Gefühl unter seinen Stiefeln, wusste er, dass das Ruder wieder mittschiffs lag und dass die Maschinen immer noch AK liefen. »IWO! Frage an GHG: Wo ist der Tommy?«

Für einen Augenblick zögerte Oberleutnant Hentrich. »Wir dachten, das sei der Tommy gewesen, der da in die Luft geflogen ist. GHG hat beide Boote verloren.«

Der Kommandant spürte die Unsicherheit. Waren beide Boote zugleich in die Luft geflogen? Es konnte sein! Sie hatten den Tommy eiskalt erwischt. Breitseits, beinahe ohne Raum, um auszuweichen. Bei vier Aalen musste ja mindestens einer getroffen haben! Aber trotzdem … es blieb eine nagende Unsicherheit. Er räusperte sich. »Das war U-54, vielleicht auch beide. Maschinen stopp, Rückert soll rundhorchen. Wenn er glaubt, das bringt bei der Wassertiefe was, dann tauchen wir. Aber ich will sichergehen.«

»Jawoll, Herr Kaleun!« Hentrich gab ein paar Befehle, die als verzerrtes Echo aus dem Sprachrohr drangen. Achtern verstummten die beiden Diesel mit einem letzten Husten. Die plötzliche Stille, nur unterbrochen vom leisen Plätschern des Wassers, klang brüllend laut.

Dann hörte er Wortfetzen. Verdutzt schlug er sich vor die Stirn. Natürlich, Volkerts und seine Geschützbedienung waren ja noch unten vor dem Turm. Er beugte sich über den Wellenabweiser. »Bootsmann, was ist mit dem Tommy?«

Von unten hörte er die sonore Stimme des Schmadding. »Kann ihn nicht mehr sehen, Herr Kaleun!« Er machte eine Pause. »Er muss weg sein! Wir müssen ihn erwischt haben, aber ich hab's nicht gesehen, als …« Er brach ab, da er begriff, dass sie gerade eben auch die Vernichtung eines deutschen Bootes miterlebt hatten. Von den Kameraden konnte keiner mehr rausgekommen sein.

Von Hassel spürte innerlich nichts. Er war wie betäubt. Alles, woran er denken konnte, war das verdammte Tommy-U-Boot. Hatten sie es erwischt oder nicht?

Lieutenant Willoughby richtete sein Fernglas in die Nacht. Was er sah, war nur ein Schatten. Etwas Dunkleres in der Dunkelheit, mehr eine Ahnung. Aber er war sicher, es war da. Das deutsche U-Boot, die Nazi-Röhre. Er musste grinsen. Natürlich, die eigene Presse sprach von »heldenhaften Submarines«, die mit wahrem Löwenmut kämpften, während die Deutschen »hinterhältige U-Boote« einsetzten, die sich nur an wehrlosen Handelsschiffen vergriffen. Das konnte man vielleicht der ahnungslosen Bevölkerung erzählen, aber nicht Männern, die tagaus, tagein ihr Leben in so einer Röhre riskierten. Der Schimmel, der Öldunst und die Enge, es war überall das Gleiche.

Und ein jeder wollte überleben, das machte den Kampf nur noch härter.

»Er wartet auf uns!«

Willoughby nickte. Sein Erster hatte recht. Genauso, wie sie warteten und mit abgestellten Maschinen trieben. »Wahrscheinlich sind seine Rohre leer!«

Der Erste grinste schmal. »War ein ganz schöner Schreck!«

»Ein Schreck?« Der Kommandant schüttelte den Kopf. »Da war Gottes Daumen dazwischen ... oder die deutsche Technik.«

Der Sub schüttelte den Kopf. »Ich kann es immer noch nicht fassen. Er hat uns mit zwei Torpedos getroffen, und beide sind nicht hochgegangen!«

Wir sollten in Zukunft zweimal im Jahr Geburtstag feiern! Willoughby nickte unschlüssig. »Glück muss man haben. Jetzt muss der Kerl nur noch verschwinden, damit wir nachladen können.«

Eine Stunde lang trieb U-68 lautlos auf dem Kanal, immer auf ein verdächtiges Geräusch lauschend. Endlich gab von Hassel auf. Mit kleiner Fahrt drehte das U-Boot nach Norden, in die tieferen Gewässer zur Kanalmitte. Seine Männer brauchten Ruhe. Erst kurz vor Mitternacht hatten sie eine geeignete Stelle gefunden, an der sie sich auf Grund legen konnten.

Aber bevor jemand dazu kam, eine Mütze Schlaf zu nehmen, mussten zuerst die verschossenen Rohre nachgeladen werden. Eine schwere und nicht ungefährliche Arbeit in der Enge des Bugraumes. Als nach zwei Stunden die Heißgeschirre wieder verstaut und die Kojen wieder angeschlagen wurden, waren alle schweißgebadet. Und Körper und Kleidung klebten von dem Stauferfett, mit dem die Aale großzügig eingeschmiert worden waren.

Alois Dörfler wischte sich über die Stirn und hinterließ ein paar Fettstreifen. »Sakrische Plackerei, damische!« Er zerrte eine Koje zurecht, bis sie in die Haken an der Bordwand glitt. »Und dabei hat's no ned amal richtig ang'fang'n!«

Matthias sah Jens an. »Was meinst du, wird das noch schlimmer? Als das andere Boot ...« Er brach ab.

Lauer sah den kleinen Heizer ruhig an. »Ich weiß!« Er zuckte mit den Schultern. »Man glaubt immer, es kann nicht mehr schlimmer kommen, aber dann kommt es doch schlimmer. Und man übersteht es auch irgendwie.«

»Na, die Kamerad'n von U-vierundfuchzich ham's ja wohl ned überstand'n! Oder naaa, irgendwie scho!«

Alois sah den jungen Lauer an, aber in seinen Augen fehlte die gewohnte Streitlust. Beinahe vermisste der Matrose sie. Alles, was er fühlte, war Müdigkeit. Eine unendliche bleierne Müdigkeit. Er wusste, in ein oder zwei Tagen würde dieses Gefühl vergangen sein. Er hatte keinen von dem anderen Boot näher gekannt. Vom Sehen her, im Stützpunkt vor dem Auslaufen. Eine Besatzung wie sie selbst. Die einzelnen Gesichter verschwammen zu einer Reihe heller Flecke in einer Aufstellung an Deck. Vielleicht musste man es so sehen. Ein U-Boot war verloren gegangen. Nicht sie. Und an die Männer durfte man nicht denken. Nicht zurückblicken. Aber er wusste, es war eine Lüge. Schweigend sah er Dörfler an und zuckte mit den Schultern.

Endlich räusperte der Bayer sich. »Na, wenn doas die berühmte Ruh vor'm Sturm war, dann Gut Nacht, alle mitanand!« Er schwang sich in seinem Lederzeug auf die Koje. »I halt a Nickerchen! Morg'n geht's weiter!«

Kurze Zeit später lagen die wachfreien Männer auf ihren Kojen, und der Bugraum lag im düsteren Schein der Nachtbeleuchtung. Aber schlafen konnten die wenigsten.

Heimatfront

Gegen fünf Uhr ließ Kapitänleutnant von Hassel kurz auftauchen, um Funksprüche zu senden und zu empfangen. Die Meldung mit den Ereignissen der Nacht ging als Kurzsignal raus und wurde von den heimatlichen Empfangsstellen auch prompt quittiert.

Das Aufnehmen der während der Nacht verpassten Funksprüche dauerte hingegen schon länger. Auf den meisten U-Booten beschwerten sich die zuständigen Funkmaate darüber, dass die Kommandanten Interessenschaltungen anderer Seegebiete verlangten, also den Funkverkehr anderer Operationsgebiete mithören wollten. Natürlich verursachte das bei der Funkerei eine Menge zusätzlicher Arbeit. Auf U-68 jedoch hatte es sich eingespielt, dass die Funker Rückert und Olm, beide mit einer gewissen Neugier gesegnet, aus dem Äther fischten, was zu bekommen war. Und natürlich hörten sie auch Funksprüche an andere U-Boote mit, auch wenn sie meistens die Originalsprüche, also die Sendungen von den U-Booten selbst, wegen der mangelnden Sendestärke selbst nicht empfangen konnten.

Olm, der seinen Obermaat für ein paar Stunden wertvollen Schlafes abgelöst hatte, schrieb eifrig mit. Und je länger er mitschrieb, desto länger wurde sein Gesicht. Endlich steckte er den Kopf aus dem Funkschapp und sah den Zentralemaat an. »Henke soll kommen, der hat lange genug gepennt!«

Minuten später erschien ein verschlafener Funkgast

und fragte Olm mit einem säuerlichen Unterton in der Stimme: »Was gibt's denn?«

»Funkverkehr, und zwar viel.« Der ältere Funker runzelte die Stirn. »Nimm du weiter auf, während ich mal den Kram durch die Schlüsselmaschine tippe.«

Henke rutschte hinter das Funkgerät und begann, leise Verwünschungen murmelnd, Funksprüche aufzunehmen. Seite um Seite füllte sich mit sinnlosem Buchstabensalat. Olm öffnete den Kasten mit der Schlüsselmaschine und nahm die entsprechenden Einstellungen vor. Dann hackte er Funkspruch um Funkspruch ein. Als Ergebnis erhielt er meistens die Klartexte. Nur in einigen Fällen wurde nur das Wort »M-Offizier« lesbar, während der Rest weiter sinnloser Buchstabensalat blieb. Eine eher dumpfe Beschäftigung, die es ihm erlaubte, nebenher noch den Wetterbericht auf BBC abzuhören.

»Was gibt's?« Neugierig steckte Leutnant Schneider den Kopf ins Funkschapp.

Olm zuckte mit den Schultern. »Ich weiß es noch nicht. Einen ganzen Haufen Offizierssprüche aus dem Atlantik und aus dem Gebiet vor der norwegischen Küste. Aber ein paar sind auch nur einfach verschlüsselt.«

»Aha! Und was sagt uns das?«

Olm senkte die Stimme. »Fast alle Boote melden Torpedoversager. Eines meldet auch ein sabotiertes GHG.«

Schneider schluckte. Sie hatten ja schon ihre eigenen Erfahrungen mit den Aalen gemacht. »Sind viele Torpedos betroffen?«

»Kann ich nicht sagen!« Er deutete auf den Stapel. »Lesen Sie es selbst. Oder entschlüsseln Sie die Offizierssprüche. Da wird noch mehr drinstehen, Herr Leutnant.«

Der IIWO blickte zweifelnd auf den Stapel. »Komm

ich erst nach der Wache zu, aber ich rede mal mit dem Kommandanten.« Er zögerte. »Gibt es sonst noch was?«

»Bei den Engländern ist auch viel los. Aber das meiste ist verschlüsselt.«

Der Leutnant dachte nach. »Kann sein, dass die Tommies was vorbereiten.«

»Oder Füllfunk, aber ich habe so ein Gefühl ...« Olm zögerte. »Da sind eine Menge zivile Schiffe dabei. Die senden größtenteils Klartext.«

Leutnant Schneider horchte auf. »Ist das was Besonderes?«

»Eigentlich nicht. Die Funker auf den Frachtern wissen meistens nicht einmal, wie man mit einer Codetabelle umgeht, und so etwas wie unsere Schlüsselmaschine haben die Tommies ja nicht. Aber soweit ich das mitkriege, haben die Engländer immer noch Küstengeleitzüge laufen. Nach Dover und dann natürlich auch von Dover. Aber ich glaube, die werden zurückgehalten. Ein Frachter fragt an, wann er wieder mit dem nächsten Geleit auslaufen kann, und die Antwort ist ›unbestimmt‹.«

»Oh! Das wird den Alten interessieren!« Der IIWO nickte eifrig. »Und bleiben Sie an allem dran, was aus der Heimat zu den Aalen gesagt wird.«

Olm grinste zerknautscht. »Mache ich. Ein paar Kommandanten scheinen ziemlich sauer zu sein. Vor allem vor Norwegen. Die müssen ein paarmal die Warspite vor den Rohren gehabt haben. Aber alles Versager.«

»Das ist doch schon fast sechs Wochen her?« Schneider sah den Funker fragend an. »Dazu gibt es immer noch Funkverkehr?«

»Scheint so! Aber die Tommies operieren da oben ja

auch nach wie vor fleißig. Vielleicht war der fette Brocken in der Zwischenzeit wieder da.«

Schneider verzog das Gesicht. »Muss wohl so sein. Also kein neues Problem?«

»Nein, mit Sicherheit nicht, Herr Leutnant.« Olm zuckte mit den Schultern. »Nur haben uns die Bonzen von der Heimatfront davon nichts erzählt.«

»Na! Wahrscheinlich arbeiten die noch an dem Problem.«

Olm sah den Offizier nachdenklich an. »Ja, wahrscheinlich!«

Im Hauptquartier der U-Boot-Waffe, in Wilhelmshaven, war man sich der vielen Funksprüche sehr bewusst. Aber man war sich auch noch vieler anderer Probleme bewusst. Schon seit April, seit die ersten U-Boote in ihren Lauerpositionen vor Norwegen gemeldet hatten, dass sie zwar zum Schuss, aber wegen Torpedoversagern nicht zum Erfolg gekommen waren, machte das Thema die Runde.

Am Anfang, als es nur vereinzelte Kommandanten waren, die Probleme meldeten, hatte man an Fehlschüsse geglaubt. Dann hatte man gehofft, dass es sich nur um einzelne Fertigungschargen handeln möge. Aber in der Zwischenzeit wusste man, dass das Problem tiefer lag, viel tiefer. Und mit jedem Tag, der verging, wurden die Falten im Gesicht des Löwen schärfer.

Ulrike Hartmann wusste von all dem wenig. Natürlich, die U-Boote schossen mit Torpedos. Und wenn etwas mit den Torpedos nicht stimmte, dann konnten sie weder angreifen noch sich verteidigen. Aber was das bedeutete, darüber hatte sie nie nachgedacht. Und die wirklichen Erkenntnisse wurden nur in den höheren Rängen und hinter vorgehaltener Hand diskutiert. Nun natürlich sah die Sache anders aus. Auf einmal waren die Torpedos eine weitere Gefahr für Jens. Eine weitere Unwägbarkeit. Sie schalt sich eine Närrin; immerhin hatte sie ihn nur zweimal getroffen, einmal davon nur kurz in einem überfüllten Zug. Und überhaupt, ein U-Boot-Fahrer! Aber irgendwie konnte sie ihn trotzdem nicht aus ihren Gedanken verdrängen.

Immer noch damit beschäftigt, was war oder wie es sein könnte, stürmte sie gerade rechtzeitig zu Beginn ihrer Schicht in das große Lagezimmer. Offiziere standen, obwohl es früher Sonntagmorgen war, auf der Galerie und diskutierten die Lage. Und unten im eigentlichen Kartenraum arbeitete ein gutes halbes Dutzend Marinehelferinnen daran, die letzten Positionsmeldungen auf der Karte nachzuvollziehen.

»Schön, dass du noch kommst!« Ingeborg Neusels Stimme klang gereizt wie meistens. Und seit sie Vorgesetzte ihrer kleinen Gruppe geworden war, klang sie stets noch gereizter.

»Ich bin noch pünktlich!« Ulrike erwiderte den Blick der Blondine störrisch. Ingeborg war so arisch, wie man nur sein konnte. Und mit einem Vater als NS-Ortsvorstand hatte sie auch die entsprechenden Kontakte. Warum sie hier bei der Marine rumhing und die ihr unterstellten Mädels schikanierte, würde sie nie verstehen. Es sei denn, Ingeborg machte es wie sie und ging damit dem Bubi-Drück-Mich, dem BDM, aus dem Weg.

Ingeborg verzog das Gesicht. Natürlich war Ulrike im Recht. Aber sie war immer so aufsässig. Eines Tages, eines Tages … Sie riss sich zusammen und drückte der Gefreiten Hartmann einen Stapel Funksprüche in die Hand. »Diese Positionen müssen versetzt werden. Kam heute Morgen alles schon rein.« Scheinbar beiläufig deutete sie auf die Funksprüche. »Es hat auch wieder zwei Boote erwischt. Ärmelkanal.«

Ulrike fühlte sich, als habe sie einen Schlag erhalten. Interessiert beobachtete Ingeborg, wie die Schwarzhaarige erbleichte. Sie unterdrückte ein zufriedenes Lächeln. Also hatte sie doch richtig beobachtet.

»Ich kümmere mich darum!« Ulrikes Stimme klang tonlos. Wie sie es schaffte, nach unten in den Lageraum zu kommen, wusste sie später nicht mehr. Mit fliegenden Fingern durchwühlte sie die Funksprüche. Die Buchstaben verschwammen vor ihren Augen. Doch, da war einer. U-114 meldete sich nicht mehr. Und ein weiterer Spruch. U-68! Jens' Boot! Aber dann blinzelte sie. Der Funkspruch kam von U-68! Das bedeutete, er lebte.

Vor Erleichterung wurden ihr die Knie weich, und sie musste sich gegen die kühle Betonwand lehnen. Zwei Boote waren zerstört worden. Offenbar keine Überlebenden. Es war schrecklich, wie eine kleine Stimme ihr mitteilen wollte. Aber sie hörte nicht darauf. Jens' Boot schwamm noch, und das war alles, was wichtig war.

Konteradmiral Dönitz stand in seinem Dienstzimmer am Fenster und blickte hinaus auf den Stützpunkt. An der U-Boot-Pier lagen gerade einmal drei Boote und warteten darauf, ins Dock zu gehen. Die Boote waren auch übel genug zugerichtet worden, und dabei hatte der Sturm gerade erst begonnen.

»Wir müssen etwas unternehmen, Herr Admiral!«

Dönitz wandte sich langsam um und betrachtete seinen IIASTO mit einem abschätzenden Blick. »Es ist meine Entscheidung, nicht wahr?«

Der Kapitän deutete auf die Berichte, die auf Dönitz' Schreibtisch lagen. »Der G7a läuft zu tief, und die Magnetpistole ist unzuverlässig. Wir wissen das nun sicher. Vor Norwegen wurden wir alle überrascht, aber jetzt wissen wir, dass wir unsere Männer mit einer stumpfen Waffe hinausgeschickt haben.« Der Kapitän sah den Konteradmiral unverwandt an. »Wir müssen die Boote zurückrufen! Wenigstens, bis das Problem geklärt ist.«

»Und dann?« Ruhigen Schrittes kehrte Dönitz hinter seinen Schreibtisch zurück und starrte auf die Berichte. Er hatte sie so oft gelesen, dass er jedes einzelne Wort kannte. »Wenn wir den U-Boot-Krieg jetzt abbrechen, haben die Engländer freie Fahrt. Das holen wir nie wieder ein. Mag man in der Reichskanzlei auch glauben, England würde einem Separatfrieden zustimmen, aber ich halte das für übertriebenen Optimismus.« Er dachte nach. »Wir werden die Boote nicht zurückrufen. Es gibt immer noch genügend Versenkungen im Atlantik, um die Tommies auf Trab zu halten. Das muss so bleiben. Und was die Herren von der Torpedoerprobungsstelle angeht, so sollen sie so schnell wie möglich herausfinden, ob man den G7a mit Aufschlagzünder schießen kann. Vielleicht mit flacherer Lauftiefe. Wenn das so ist, geben wir das als Weisung an die Kommandanten heraus. Aber vorher kein Wort.«

Der ASTO machte ein unglückliches Gesicht. »Das wird Verluste mit sich bringen, und welche Erfolge wird es dafür geben?«

»Sie verstehen nicht!« Dönitz sah ihm in die Augen. »Wenn wir jetzt die Boote zurückziehen, dann haben wir den Krieg verloren.« Er wandte den Blick nicht ab. »Ich kann die Boote nicht zurückziehen!«

»Ich verstehe, Herr Admiral!« Der Kapitän erhob sich. »Ich bitte dann, mich zu entschuldigen, damit ich der Torpedoerprobungsstelle Dampf machen kann.«

Der Konteradmiral nickte. »Klemmen Sie sich dahinter, Kapitän!« Er wartete, bis der ASTO gegangen war. Dann stand er auf und trat wieder ans Fenster. *Ich verstehe, hat der Kapitän gesagt.* Um Dönitz' Lippen kräuselte sich ein trauriges Lächeln. *Gar nichts verstehst du! Ich kenne jeden einzelnen der Jungs. Nicht nur die Kommandanten, auch die Offiziere. Verdammt, sogar die meisten Unteroffiziere. Und nun schicke ich sie raus, sinnlos ihr Leben zu riskieren, weil ein paar Trottel es sich in Friedenszeiten zu gut gehen ließen.* Er sah sich um. Eigentlich war es noch zu früh für einen Cognac.

Eigentlich ... Aber irgendwo auf den Meeren der Welt würde die Sonne wohl schon über irgendeiner Rahnock stehen.

Bernhard von Hassel beugte sich vor. »Wilhelm, wie lange kennen wir uns schon?«

»Dreißig Jahre werden es sein, Bernd.« Der vierschrötige Mann in der braunen Uniform im Sessel gegenüber winkte ab. »Aber das hat nichts mit dieser Sache zu tun.«

»Ich bin sicher, du kannst etwas tun, wenn du willst. Du hast Freunde.«

Wilhelm Neudecker, der NSDAP-Bezirksgruppenleiter, sah betroffen zur Seite. Natürlich konnte er etwas tun. Vielleicht nicht so viel, wie Bernhard von Hassel sich vorstellte, aber möglicherweise reichte es.

Tatsache war, er *wollte* gar nicht, wenigstens nicht ohne eine Gegenleistung.

»Du überschätzt meine Möglichkeiten. Außerdem, es könnten auch deine Freunde sein. Du hast Einfluss und eine gewisse Reputation. Nur müsstest du natürlich der Partei beitreten. Und man würde selbstverständlich auch erwarten, dass du eine Funktion übernimmst. Das wäre das Mindeste, in Anbetracht der Lage.«

Darum also geht es? Immer noch? Von Hassel lehnte sich zurück und nippte demonstrativ am Schnaps. »Dann würde sich so eine Sache also regeln lassen?«

»Heydrichs Ariernachweis ist so echt wie ein Dreimarkstück. Und was Himmler angeht ... vergiss es! Solche Sachen kommen vor.« Neudecker senkte die Stimme, als befürchte er Zuhörer. »Es geht nur darum, was in den Papieren steht. Und Papiere ... nun, du weißt ja selbst, wie es in Deutschland ist. Immer schon war.«

Von Hassel sah ihn nachdenklich an. »Also, wenn ich der Partei beitrete, eventuell ein Amt übernehme, dann ist es möglich, aus einer Halbjüdin eine Arierin zu machen? Und ihre Familie?«

Der Parteifunktionär zuckte unsicher mit den Schultern. »Das könnte ein Problem werden. Aber vielleicht ließe sich eine Ausreise organisieren. Natürlich nur, wenn nicht bereits die SS hinter ihnen her ist. Wenn die erst mal die Nase dran haben ... Andererseits – vielleicht ist es besser, wenn du dich sauber hältst. Dein Jüngster wird ja wohl noch ein gutes deutsches Mädel finden?«

»Nun, wir alle waren mal jung, und du weißt, wo die Liebe hinfällt und so.«

Neudecker machte eine unwillige Handbewegung. »Trotzdem, Rassenschande ist eine hässliche Geschichte.« Er sah von Hassel bedeutungsvoll an. »Vor allem für einen jungen Offizier, der befördert werden will. Er muss auch an seinen älteren Bruder denken.«

Für einen Augenblick stand die Drohung im Raum wie eine dunkle Wolke. Endlich, nach einer endlos erscheinenden Zeit, nickte Bernhard von Hassel. »Also gut, ich trete der Partei bei.«

»Gut, dass ich alle notwendigen Papiere bereits bei

mir habe.« Neudecker lächelte, um der Situation die Schärfe zu nehmen. »Und wegen der anderen Sache rede ich morgen gleich mit dem Gauleiter.«

Im Marinearsenal in Wilhelmshaven wurde inzwischen beinahe rund um die Uhr gearbeitet. Schließlich herrschte Krieg. Und die Männer verdienten gut am Krieg; schließlich wurden die Überstunden bezahlt, und sie mussten auch nicht in Frankreich oder auf See den Kopf hinhalten. Dennoch gab es natürlich immer Gemurre.

»Dietrich, kommst du? Wir sind hier fertig!«

Der Arbeiter, dem der Zuruf gegolten hatte, winkte ab. Er stand vor dem Rahmen des GHG und arbeitete am Schaft des Gerätes, aus dem die drehbare Achse kam. »Moment! Ich komme gleich nach. Muss das hier nur noch fertig machen und die Dichtung von der Funkantenne festziehen.«

Der Vorarbeiter, von Dietrich aus unsichtbar vor dem Turm, winkte ab. »Kannst du auch noch morgen machen!«

»Quatsch, dann muss ich wieder auf dieses Boot.« Er ließ demonstrativ ein paar Werkzeuge klappern. »Geht vor und bestellt mir schon einmal ein Bier mit.«

Vorsichtig drehte er den Deckel von der ersten Druckdose ab. Nicht, dass es mithilfe der Zange schwierig gewesen wäre. Aber er durfte schließlich keine Kratzer hinterlassen. Unten polterten seine Kameraden bereits über die Stellung an Land. Das Boot war so weit fertig, also würde niemand mehr kontrollieren kommen. Der Reihe nach löste er die Deckel von den Druckdosen. Nicht alle gleich weit. Ein paar nur ein bisschen, andere so weit, dass sie nur noch eine halbe Umdrehung vom Herabfallen entfernt waren. Das

Horchgerät würde bei der ersten Tauchfahrt sukzessive absaufen, aber so schleichend, dass der Funker unten im Funkschapp es kaum mitbekommen konnte.

Er sah sich um. Niemand war zu sehen. Nur auf dem nächsten Boot wurde noch gearbeitet. Das musste bereits die Nachtschicht sein. Ruhig packte Dietrich sein Werkzeug zusammen. Eine halbe Stunde später saß er mit seinen Kollegen in einer Kneipe beim Bier. Aber auf dem Heimweg warf er eine kurze handgeschriebene Notiz in einen Briefkasten.

Um Mitternacht fing der B-Dienst eine kurze Funkmeldung eines nicht registrierten Senders irgendwo an der Küste ab. »3987 am 1. taub. Weiteres folgt. George!« Die Funker sahen einander bedeutungsvoll an. Bereits mehrfach hatten sie George empfangen, aber immer waren seine Funksprüche zu kurz gewesen, um ihn einzupeilen. Dieses Mal würden sie es anders versuchen. Einer der Männer griff zum Telefon. Es dauerte etwas, bis der Angerufene sich meldete. Aber obwohl es bereits nach Mitternacht war, wirkte die Stimme wach und alert. »Stossmann?«

»Er hat gesendet, Herr Hauptsturmführer!«

»Sehr gut!« Hauptsturmführer Stossmann nickte zufrieden. »Dann wollen wir mal sehen, wer uns ins Netz geht.«

Torpedokrise

Leutnant Rudi Schneider betrachtete das komplizierte Innenleben des Aals mehr oder weniger ratlos. Er erkannte die einzelnen Bestandteile des komplizierten Mechanismus. Die Wartungsvorschrift in seiner Hand half ihm weiter, wenn ihn das Wissen aus den WO- und TO-Lehrgängen im Stich ließ, aber …

»Es sieht eigentlich alles so aus, wie es sollte.« Der Leutnant runzelte die Stirn und starrte den LI an, der sich von der anderen Seite über den geöffneten Torpedo beugte.

Oberleutnant Wegemann schüttelte den Kopf. »Eingestellt und geregelt, genau nach Vorschrift.« Er warf den Torpedomixern, die neben ihm standen, einen kurzen Blick zu und grinste schmal, als sie sich sichtbar entspannten. »Dennoch, es gefällt mir nicht!«

Die Männer rundherum – und die meisten verstanden von den Aalen nicht sehr viel – reckten die Köpfe wieder vor. Der ganze Bugraum war voll. Die Back in der Mitte war abgeschlagen und einer der Reservetorpedos unter den Kojen hervor ins Licht der elektrischen Lampen gezerrt worden. Ein schweißtreibendes Manöver, aber wenigstens lag das Boot bewegungslos auf dem Grund. Das gleiche Manöver an der Oberfläche, womöglich in einem Atlantiksturm, hätte zusätzlich noch den Reiz einer gewissen Lebensgefahr mit sich gebracht.

Die Finger des LI prüften Verbindungen und Anschlüsse in der komplizierten Maschinerie. Aber alles saß fest, so, wie es sollte. Er kratzte sich nachdenklich im Nacken. »Alles genauso, wie es sein soll, und trotzdem ...« Er musste nicht mehr darüber nachdenken, seine Gedanken geheim zu halten. Die Aale waren ohnehin das Tagesgespräch, und was ließ sich auf einem U-Boot schon lange geheim halten? Der Befehl des Alten, die Reservetorpedos zu überprüfen, hatte allen zumindest die Gewissheit gegeben, dass die Sache ernst genommen wurde. Er griente, als er sich der gespannten Aufmerksamkeit um ihn herum bewusst wurde. »Alles nach Vorschrift, und alles Scheiße, Männer!«

Ein paar der Männer lachten auf. U-68 hatte einen gewissen Ruf als Montagsboot. Natürlich, das zweite Boot einer neuen Baureihe war logischerweise noch nicht ganz ausgereift. Aber auf U-68 hatte man sich auf der monatelangen letzten Fahrt daran gewöhnt, dass vieles nicht so funktionierte, wie es eigentlich in den Vorschriften stand. Improvisation war ein Talent, das überall im Boot hoch im Kurs stand. Was der LI zitiert hatte, war nicht mehr und nicht weniger als eine stehende Redensart der Besatzung gewesen. Oberleutnant Wegener verdrängte den Gedanken an U-64, ihr Schwesterboot. Das Boot war am 13. April, während sie selbst noch auf dem Rückmarsch von ihrer ersten Feindfahrt waren, vor Anker in einem norwegischen Fjord versenkt worden. Es hatte Verluste unter der Besatzung gegeben. Doch der größte Teil der Besatzung arbeitete bereits wieder daran, ein neues Boot des gleichen Typs in Dienst zu stellen. Über den Rest dachte man besser nicht nach.

»Alles klar, Herr Oberleutnant!« Der IIWO grinste. »Nur wie kriegen wir raus, was mit den Dingern los ist? Der Kommandant will eine Antwort.«

Der Methusalem blickte auf. »Das ist eine wirklich gute Frage!«

Die beiden Offiziere starrten einander an. Dann grinste der LI. »Es sei denn …?«

Kapitänleutnant von Hassel blickte seine Offiziere ruhig an. »Also wollen Sie von mir, dass ich einen Aal für hundertfuffzigtausend Reichsmark ins Leere feuere?«

»So ungefähr!« Der Methusalem drehte seine Mütze nervös in den Händen. »Unter genau definierten Bedingungen. Sehen Sie, Herr Kaleun, wenn ein Aal nicht funktioniert, gibt es drei Möglichkeiten: Seitensteuerung, Tiefensteuerung oder Zündung.«

Von Hassel winkte ab. »Oder der Alte hat's verbockt. Soll es ja auch schon gegeben haben.«

»Ja …« Oberleutnant Wegemann nickte. » … soll es. Aber nicht so oft, und nicht alle auf einmal. Im Atlantik ist die Hölle los, oder genau eben nicht!«

»Also gut!« Der Alte grinste etwas gezwungen. »Tut ja gut, zu wissen, dass man es nicht selber vergeigt hat. Also drei Möglichkeiten. Haben Sie schon einen Verdacht, LI?«

»Seitensteuerung nicht, das hätten wir bemerkt.« Der Leitende grinste schwach. »Dann wäre längst einer als Kreisläufer zurückgekommen.«

»Na, Ihren Humor möchte ich aber auch nicht haben.« Von Hassel legte die Stirn in Falten. »Was macht uns so sicher, dass es die Aale sind und nicht irgendetwas anderes?«

Leutnant Schneider, der dem Gespräch gelauscht hatte, schüttelte den Kopf. »Ich habe mir die Funksprüche angesehen. Ein paar der Boote haben ja bereits Details berichtet. Es sind die ATos und die ETos. Aber was mir auffällt, ist, dass die Aale mit Magnetpistole meistens als Frühdetonierer gemeldet werden, die mit Aufschlagpistole als Blindgänger.«

»Was schließen Sie daraus?« Der Kommandant nickte. »So ein Torpedo ist ein kompliziertes Ding. Ich gestehe, ich habe jetzt nicht die geringste Idee. Zündung?«

»Jaaaeeeeinnn!«, sagte Wegemann lang gezogen. »Die Aufschlagpistolen funktionieren natürlich nur, wenn der Aal das Schiff direkt trifft. Bei den Magnetpistolen ist es anders. Da schießt man unter dem Schiff durch, und der Aal soll unter ihm hochgehen und ihm das Kreuz brechen.«

»Gut, LI, so viel habe ich auch gewusst. Aber nun mal los! Sie haben doch eine Idee?«

Der Methusalem deutete auf Rudi Schneider. »Er hat mich drauf gebracht. Er hat mich gefragt, was passiert, wenn die Aale wesentlich tiefer laufen als eingestellt.«

Der Alte legte seine Stirn in nachdenkliche Falten. »Die Aufschlagpistole versagt, weil der Aal unter dem Ziel durchläuft.« Er sah den LI verdutzt an. »Aber die Magnetpistole müsste doch …«

»Eben, und das ist die zweite Frage. Der Hund kann ja schließlich Flöhe und Läuse haben.« Wegemann nickte grimmig. »Das mit der Magnetpistole ist natürlich nur so eine Idee. Aber mir ist aufgefallen, dass die meisten Versager vor Norwegen gemeldet werden. Je weiter nördlich, desto wilder wird es.«

»Na, wenn schon ein Kompass da oben spinnt, warum nicht auch eine Magnetpistole. Das ergibt einen Sinn.« Von Hassel dachte nach. »Aber das muss die Torpedo-Erprobungsstelle doch geprüft haben, genauso wie die Sache mit der Tiefensteuerung für die Aale.«

Oberleutnant Ing. Wegemann schüttelte den Kopf. »Glaube ich nicht. Die haben die Aale auf Teststrecken abgeschossen. Selbst wenn die mal ein U-Boot verwendet haben – was schätzen Sie, wie lange so ein Test für gewöhnlich dauert? Zwei Tage, drei Tage? Vielleicht eine ganze Woche?«

»Worauf wollen Sie hinaus?«

Der Leitende verzog das Gesicht. »Es müssen zwei Dinge sein. Die Tiefensteuerung der Aale und die Magnetpistole. Auf die Sache mit der Magnetpistole kann man ganz einfach kommen. Ich vermute, das hat man in der Heimat inzwischen auch geschafft. Die Frage ist eher, wie man das Problem löst. Denn das geht nicht so schnell. Aber dann könnten wir immer noch die Aufschlagpistolen verwenden. Nur – da stimmt dann auch was nicht. Aber keiner kann mir erzählen, dass ein so relativ primitives Ding derart geheimnisvolle Fehler hat. Aber die Tiefensteuerung, die Tiefensteuerung …«

»Was ist mit der?« Von Hassel beugte sich vor. »Los, Mann!«

Der Leitende zuckte mit den Schultern. »Die Aale verstellen sich meiner Meinung nach, wenn sich die Druckverhältnisse im Boot ändern. Schließlich steuert der Aal ja über eine Art Druckballon seine Lauftiefe. Was ist, wenn schon in dieser Druckkammer nicht der normale Oberflächendruck herrscht? Wenn sie sich auf einen Überdruck eingestellt hat, der bei Tauchfahrt im Boot entstanden ist?«

Für einen Augenblick schwiegen die Männer. Dann nickte von Hassel. »Also würde der Torpedo glauben, er läuft flacher, als er es wirklich tut. Unterdruck haben wir ja nie im Boot, weil immer wieder Luft aus den Zellen ins Bootsinnere abgelassen wird.« Er schob sich die Mütze zurück auf den Hinterkopf. Und vor seinem inneren Auge erschien wieder das Bild des Kommandanten, der aus dem Luk geblasen wurde. Eine Mär, aber eine mit Hintergrund. »Das ist genial, aber was machen wir jetzt?«

Der LI verzog das Gesicht. »Nun können wir alles in die Heimat funken, oder einen Aal opfern, um es auszuprobieren.« Er griente freudlos. »Es sind genügend Sandbänke hier. Wir feuern einen flach über eine von ihnen. Wenn der Aal in den Dreck rennt, wissen wir, woran wir sind.«

»Dann nur noch Aufschlagpistolen mit flacher Tiefeneinstellung.« Von Hassel runzelte die Stirn, als er an die damit verbundenen Probleme dachte. Die ATos würden bei flacherer Einstellung eine noch deutlichere Blasenbahn hinterlassen. Die ETos natürlich nicht, weil deren elektrischer Antrieb keine Blasen erzeugte. Aber das verhinderte trotzdem nicht, dass jemand die Aale sah. Und das Risiko, dass schon beim geringsten Seegang einer aus dem Wasser sprang, war da natürlich auch. Er rang sich zu einer Entscheidung durch. »Wir machen es! Am besten bei Tag, sodass wir es besser beobachten können.« Er erhob sich. »Dann wollen wir mal rausfinden, wo.«

Auf Gefechtsstation

Der Sonntag ging vorbei, und die Sonne erhob sich zu einem Montagmorgen. Es war nicht gerade ein strahlender Frühlingsmorgen. Denn der Himmel war bewölkt, und in der Ferne konnten die Männer auf dem Turm bereits die ersten Regenschauer niedergehen sehen. Mit kleiner Fahrt näherte sich das Boot wieder den Sandbänken vor der französischen Küste. Dieses Mal etwas weiter westlich, aber das machte keinen großen Unterschied.

Oberleutnant Hentrich, der IWO, betrachtete den Himmel nachdenklich. »Ich sehe immer noch ein paar Lücken. Flugwetter oder nicht?«

»Der Wetterbericht, den die Funker aufgefangen haben, sprach von Gewittern im Laufe des Tages.« Von Hassel zuckte mit den Schultern. »Das kann gleich sein oder in ein paar Stunden. Im Augenblick sieht es mir eigentlich nicht so aus.«

Der IWO sah sich noch einmal um. »Alles frei. Kann ich den Morgenalarm beenden, Herr Kaleun?«

»Lassen Sie die Männer wegtreten von Gefechtsstationen. Nie mehr als zwei Badegäste auf die Brücke, ob zum Pinkeln oder Schmauchen!«

»Jawoll, Herr Kaleun!« Der Oberleutnant beugte sich über das Sprachrohr. »Zentrale? Alarm beendet. Wegtreten von Gefechtsstationen!« Er wartete einen Augenblick. »Frühstückszeit!«

Unten im Boot würden die Männer sich nun von ihren jeweiligen Gefechtsstationen entfernen. Nicht weit, denn auf einem U-Boot gab es so etwas wie ein »Weit-weg« gar nicht. Aber der Smut würde zum Beispiel sein Zeug in der Feldwebelmesse zusammenräumen und sich wieder vom Hilfssanitäter in den Koch verwandeln. Binnen Kurzem würde sich der Duft starken Kaffees und krosser Spiegeleier mit Speck unter die anderen vielfältigen Aromen in der Röhre mischen. Pfeffer und Salz, alles, was den nach ein paar Tagen im ständigen Öldunst dahinsiechenden Geschmacksnerven eine Reaktion entlocken konnte, standen wieder hoch im Kurs. Überhaupt, so schien es, machten sich ein paar neue Redensarten breit. Wie immer nach ein paar Tagen auf See. Dieses Mal waren Dinge nicht mehr einfach gut oder schlecht, sie »standen« jetzt gut oder schlecht. Und manchmal stiegen oder fielen sie. Wie Aktienkurse, die ja getreu der nationalsozialistischen Propaganda nun eine Sache für das ganze Volk geworden waren, nicht mehr nur für Reiche. Kaum eine Familie, die nicht einen Ansparvertrag auf einen Volkswagen oder ein paar der Aktien besaß. Also machte sich der Börsenjargon nun auch in seinem U-Boot breit. Von Hassel grinste. Hatte er doch gestern erst den Steuermann sagen hören: »Die Aktien für eine Wetterverschlechterung stehen gut …«

Der IWO hatte seinen Kommandanten von der Seite her beobachtet. Trotz der Enge des Turmes – denn immerhin war ein zusätzlicher Posten Luft aufgezogen – schien immer eine gewisse Distanz zu herrschen zwischen von Hassel auf der einen Seite und dem wimmelnden Leben in der engen Röhre auf der anderen Seite. Und so musste es auch sein, dachte der Oberleutnant. Schließlich, wenn es dick kommt, blickten alle auf den Alten. Eine einzige kleine Unsicherheit konnte das Boot und alle darin dann genauso vernichten wie eine Wasserbombe. Hentrich lächelte. Wahrscheinlich würde er nie die Persönlichkeit entwickeln, die ein U-Boot-Kommandant brauchte, diese gleichzeitige Nähe und Distanz, diese Leichtigkeit im Umgang mit den Männern. Aber dann schob er den Gedanken wieder beiseite. Natürlich hoffte er auf ein eigenes Kommando. Gerade jetzt, wo immer mehr neue Boote in Dienst gestellt wurden.

Von Hassel wandte sich um und sah das nachdenkliche Lächeln seines IWO. Er nickte. »Schön, dass Sie guter Laune sind, Herr Hentrich.« Er blickte ein letztes Mal zum Himmel. »Ich gehe dann nach unten und sehe zu, dass ich auch Frühstück kriege. Wir feuern den Probetorpedo um etwa neun Uhr, wenn wir die äußere Ruytingen-Bank erreicht haben.«

»Jawoll, Herr Kaleun!«

Von Hassel beugte sich über das Luk. »Ein Mann Zentrale!« Gerade als er nach den Leiterholmen griff, spürte er eine Bewegung.

Auch Oberleutnant Hentrich fuhr herum, noch bevor der Ruf ertönte. Es war purer Instinkt. Mehr aus dem Augenwinkel erspähte er eine Bewegung. *Verdammt, sind die nah!*

»Aaaaalaaaaaarm! Flieger!« Die Stimme von Lauer kippte fast über. Zuerst war es mehr eine Ahnung gewesen. Eine Irritation in den Wolken. Dann auf einmal brachen die schwarzen Punkte aus der Wolkendecke und drehten ganz zielgerichtet auf das Boot ein. Drei … vier … fünf. Die waren doch beinahe schon da! Es kostete ihn fast physische Anstrengung, die Erstarrung zu überwinden, bevor er den Alarmschrei rausbrachte.

Der Kommandant brüllte nach unten. »Alarmtauchen!« Gleichzeitig raste er auch schon an den Leiterholmen in die Tiefe. Seine Seestiefel knallten auf das

Deck, und er warf sich auf die Seite, bevor der Nächste von oben kam.

Der LI jumpte durch das Mannloch, noch die Reste des Spiegeleies auf dem Lederzeug. »Vorn oben fünfzehn, hinten unten zehn. E-Maschinen beide AK!« Er nickte dem Zentralemaat zu. »Alle Mann voraus!«

Von Hassel war mit einem Sprung am Kartentisch und spähte auf die Karte. »Hart Steuerbord! Wo ist der IIWO?« Hinter ihm kam Lauer die Leiter runter, und von oben kam der Ruf des IWO. »Turmluk dicht!«

Wie immer nach dieser Meldung schien die Zeit sich plötzlich zu dehnen. Jene etwa zwanzig Sekunden, die das Boot brauchte, um unter der Wasseroberfläche zu verschwinden. Die Teller in der verwaisten O-Messe, die von der Back rutschten, als das Boot sich steil nach unten richtete. Die Männer, die nach vorn hasteten. Der Wasserspiegel im Papenberg. Alles schien gleichzeitig rasend schnell zu gehen und trotzdem eine Ewigkeit zu dauern. Die Augen hingen an der Glasröhre oder am Zeiger des Tiefenmessers. Aber beides schien wie angeklebt zu verharren. Dann, ganz plötzlich, ging das Leben mit rasender Geschwindigkeit weiter. Donnernde Schläge schüttelten das U-Boot durch. Ihre ganze enge Welt verwandelte sich in ein Kaleidoskop aus weißen Gesichtern, aufgerissenen Augen und Mündern und splitterndem Glas.

Das Licht flackerte und fiel aus. Aus einem Schaltkasten über dem Kartentisch brach plötzlich eine Funkenfontäne und tauchte alles in ein unsicheres Schlaglicht. Männer brüllten durcheinander und verloren den Halt, als eine Druckwelle das Boot abrupt herumwarf.

Jens fand sich plötzlich bei den Ventilen am Christbaum wieder. Sein Gesicht verzog sich zu einer schmerzerfüllten Grimasse, als er gegen die stählernen Handräder stieß. Aber alles das war bedeutungslos. Alles war bedeutungslos gegen die eisige Furcht, die sein Herz umklammerte, die ihn nicht Atem holen ließ, die ihn lähmte und völlig hilflos machte. Die rollenden Explosionen schienen kein Ende zu nehmen. Immer weitere Ladungen krepierten um sie herum. War es das Ende? Würde er nun mit den anderen für immer auf Grund gehen? Aus aufgerissenen Augen beobachtete er die gerundete Bordwand. Wie würde es sein, wenn sie aufriss und das Wasser des Kanals in die Zentrale stürzte, um sie alle zu ersäufen wie Ratten in der Falle?

Auch auf der HMS Seamist ertönten Alarmrufe. Auch hier rutschten die Männer der Turmwache an der Leiter hinunter, schlug Jack, der Erste Wachoffizier, das schwere Luk zu, stürzten Männer, die gerade erst vom Morgenalarm gekommen waren, zurück auf ihre Gefechtsstationen. In der Zentrale betete der Chief die Litanei des Alarmtauchmanövers hinunter, kaum dass das »Dive Dive Dive« vom Turm verklungen war. »Vorn oben fünfzehn, hinten unten zehn, beide ...«

Lieutenant Commander Willoughby wandte sich an Jack, der als Letzter die Leiter heruntergerutscht kam. »Was haben wir?«

»Flieger, mindestens drei Bomber habe ich gesehen.«

Bomber! Das konnten eigentlich nur Deutsche gewesen sein. Die Briten hatten in diesem Abschnitt wenig zu bombardieren. »Ich verstehe! Wie nahe?«

»Zu nahe, Sir! Ich konnte schon die Balkenkreuze sehen.« Der lange Lieutenant zuckte mit den Schultern. »Sie kamen plötzlich aus einer Wolkenlücke!«

»Schon gut!« Willoughby spähte nach der Tiefenanzeige. Das Boot kam nur quälend langsam auf Tiefe.

Dreißig Sekunden sagte man offiziell bei einem Boot dieses Typs. Dreißig Sekunden oder dreißig Ewigkeiten – für Willoughby wie für jeden seiner Männer war es das Gleiche in einer Lage wie dieser.

Endlich kamen die krachenden Schläge der Explosionen. Seltsam gedämpft, als würden die krepierenden Bomben sehr weitab liegen. Jack blickte nach oben zur gerundeten Bootsdecke, von der schon wieder Wasser tropfte. »Was zum ...«

Harry Willoughby wandte sich um, und in diesem Augenblick war das Gesicht des immer beherrschten Kommandanten dann doch eine verblüffte Grimasse. »Das lag weitab, sehr weit! Zu weit, als dass es überhaupt uns gegolten haben könnte!«

»Sie meinen ...«

»Ja ...«, Willoughby grinste, »... sieht so aus, als hätten die Deutschen ihr eigenes Boot angegriffen.« Er wandte sich kurz um. »Chief, bei hundert Fuß einpendeln. Der Funker soll mal lauschen, wo die Jerries ihre Bomben abladen.«

Der Zweite, der dem Gespräch bisher zugehört hatte, trat näher. »Aber die Krauts erledigen den Job doch schon für uns?«

Seine beiden Vorgesetzten wandten sich erstaunt zu dem Sublieutenant um. »Aber John! Würden Sie sich auf die königliche Luftwaffe verlassen, *wenn es um ein U-Boot geht?«*

»Nein, natürlich nicht, aber ...«

Willoughby nickte geduldig. »Die Deutschen sind hart und effektiv ... aber am Ende kochen sie auch nur mit Wasser.« Er nickte seinem Ersten zu. »Also, Sie übernehmen, Jack! Ich höre mir mal an, was der Horcher findet.«

John sah ihm hinterher, bevor er sich an den Ersten wandte. »Was hat er denn?«

»Er glaubt, der Jerry kann den Fliegerangriff überstehen. Und wenn, dann will er ihn zu fassen kriegen.« Der Lieutenant zögerte kurz. »Wissen Sie, der Vater vom Alten fährt Tanker als Kapitän.«

»Auf Gefechtsstation!« Überall in den engen Gängen und Räumen der Korvette plärrten die Befehle aus den Tannoys. Männer hasteten an Deck und bemannten die Flakgeschütze, die Wabowerfer und das Hauptgeschütz.

Hauptgeschütz! Pah! Lieutenant Commander Frazier grinste. Ein jedes bessere deutsche U-Boot hatte das gleiche Kaliber. Wenn die Burschen auftauchten, musste man ja aufpassen, dass die einem nichts vor den Latz knallten! Er hob missgelaunt das Glas und spähte nach vorn.

Die deutlich eleganteren Linien von HMS Sorceress, einer Vorkriegssloop, erschienen in seinem Blickfeld. Ganz vorn an der Spitze konnte er HMS Farlane erkennen, das Schiff des Gruppenführers. Wenigstens hatte Smith bei der kurzen Kommandantenbesprechung in Dover nicht Flaggschiff gesagt. Überhaupt hatte Commander James Smith, DSC, erwähnt in Tagesbefehlen, die Frazier für gewöhnlich nicht las, einen kompetenten Eindruck gemacht. *Jetzt muss er zeigen, was er kann!* Das Glas des Kommandanten richtete sich auf die fernen schwarzen Punkte am Himmel, die unter der Wolkendecke umherzuirren schienen. Wahrscheinlich hatten die Krauts sich wieder eines der kleinen Schiffe vorgenommen, die immer wieder Männer aus Dünkirchen abholten. Kein Wunder, dass der Chef da gern dazwischenhalten wollte. Drei Schiffe gegen drei Flieger, nicht allzu unfair, fand Frazier.

»Schiff ist gefechtsbereit, Sir!«

Der Skipper senkte das Glas. »Danke, Maxwell!« Er

studierte kurz das Gesicht des Sublieutenants vor sich. Maxwell kam von der beschädigten Brambleberry, die in Dover an der Pier zurückgeblieben war. Smith hatte davon gehört, dass ein Offizier auf der Goosefoot fehlte, und er hatte sofort gehandelt. Aber vielleicht wäre es besser gewesen, er hätte alles so belassen, wie es war. Alle fühlten sich beim Anblick des jungen Mannes daran erinnert, was passieren konnte ... was mit ihrem Schwesterschiff schon passiert war!

Frazier wandte sich ab. Er hatte jetzt keine Zeit für Aberglauben. Aber seine Stimme klang trotzdem etwas belegt. »Bunts, auf Signale vom Gruppenchef achten!« In diesem Moment sah er bereits die kleinen Bälle an der Rah der Farlane erscheinen und sich zu bunten Signalen entfalten. Was Smith sich wohl gedacht hatte, als er altmodische Signalflaggen anstelle eines Morsespruches befohlen hatte?

»Kursänderung nach Nordwest, Sir! Standby!« Die Stimme des Signalgastes klang aufgeregt. »Standby ... standby ...« An der Rah der Farlane entfaltete sich eine neue Flagge, die sofort von der Sorceress wiederholt wurde. »Execute!«

Frazier trat ans Sprachrohr. »Steuerbord zehn!«

Wie ein gut eingespieltes Ballett drehten alle drei Schiffe nach Nordwesten ein. Aus der Kiellinie wurde eine Dwarslinie. Kein ungeschütztes Schiff bot sich mehr am Anfang oder Ende der Linie als Ziel an. Welcher Pilot auch immer einen Angriff unternehmen wollte, nun musste er durch das vereinte Abwehrfeuer aller drei Schiffe kommen ... und es überleben. Fraziers Stimme klang hart. »Maschine AK!«

Alte Feinde

Nach einer Ewigkeit verstummten endlich die Detonationen. Taschenlampen flackerten in der dunklen Röhre auf. Automatisch sah von Hassel auf die Uhr. Die Ewigkeit hatte gerade einmal vier Minuten gedauert. Sicher würden oben noch ein paar von den Vögeln lauern. Nur für den Fall, dass sie hochkamen. Aber er hatte nicht die Absicht. Er atmete tief durch. Ruhe, nur einen kurzen Augenblick Ruhe.

Ruhe war ihnen nicht vergönnt. Der erste Schrecken hatte nachgelassen. Mit verbissenem Zorn machten die Männer sich daran, die Schäden zu beseitigen. Flugzeuge waren der Feind, gegen den sie nicht kämpfen konnten. Nicht mit vernünftigen Erfolgsaussichten. Flugzeuge, das war der Tod, der plötzlich und unerwartet zuschlug. Dagegen half nur Wachsamkeit, ständige Wachsamkeit. Die Bienen zuerst sehen, und dann ab in den Keller, sich verkriechen wie die Ratten.

Der LI trat zu ihm und legte die Hand grüßend an die verschmierte Mütze. »Druckkörper dicht, Papenberg abgeklemmt, Licht wird ein paar Minuten dauern.« Er grinste im schwachen Schein der Taschenlampen. »Und das Frühstück ist Totalschaden!«

»Da wird dem Smut schon was einfallen. Aber das Boot ist so weit in Ordnung?«

Oberleutnant Wegemann nickte, als könne er es selbst nicht glauben. »Der Papenberg kriegt 'ne neue Glasröhre, und etwa zwanzig Glühbirnen sind beim Teufel. Ein Ventil klemmt. Berger und Mohr haben es mit einer Brechstange zugedreht. Ansonsten hat's 'nen Kurzen im Hilfssicherungskasten gegeben. Mal sehen, was es ist. Darüber hinaus sind wir aber klar, Herr Kaleun!«

»Kaum zu fassen! Die Druckwellen fühlten sich ziemlich kräftig an.«

»Ich glaube, die Bomben sind an der Oberfläche krepiert, alles über uns. Da sind wir ja am stabilsten.«

Von Hassel zuckte mit den Schultern. »Also keine Wabos, zum Glück nicht. Na schön, dann bringen Sie das Boot mal wieder auf Vordermann, LI!«

»Jawoll, Herr Kaleun!«

Aber von Hassel war bereits abgelenkt. Aus der Dunkelheit tauchte Leutnant Schneider, der IIWO auf. Auf seiner Stirn wuchs eine dicke Beule. »Mann, was haben Sie denn angestellt?«

Schneider winkte ab. »Ich war vorn, alles für unseren Testschuss prüfen, als der Zauber losging.« Er schüttelte sich. »Das hat mich etwas von den Beinen gehauen. Irgendwie laufe ich immer noch im Nebel herum.«

»Sie haben sich den Kopf ganz gut angehauen. Vielleicht schauen Sie mal bei Rückert vorbei!«

Schneider schüttelte den Kopf. »Später! Rückert hat irgendeinen Kummer mit dem Horchgerät!«

Der LI, der gerade ein paar seiner Heizer zum Glühbirnenwechseln geschickt hatte, wandte sich um. »Das GHG? Kann er wieder nichts hören?«

»Er kann, aber nur in einer Richtung. Das Ding klemmt.«

Wegemann verdrehte die Augen. »Verdammte ...« Fluchend verschwand er zum Funkschapp.

Von Hassel fixierte seinen IIWO. »Sie sehen nicht gut aus, Leutnant, kümmern Sie sich später darum. Wie sieht es vorn aus?«

»Das Frühstück klebt Backbord an den Kojen. Eine grandiose Sauerei. Die Männer sind jetzt beim Aufklaren.« Er grinste, verzog dann aber sofort schmerzerfüllt das Gesicht und griff sich an den Nacken. »Au verdammt!«

»Dacht' ich mir. Wenn Sie sich so den Kopf anhauen, kriegt das Genick auch was mit. Sehen Sie zu, dass sie einen ruhigen Fleck finden. Und halten Sie sich raus aus dem Getümmel.« Von Hassel sah Schneiders Blick und schüttelte den Kopf. »Das ist ein Befehl!«

Oberleutnant Hentrich trat zu ihnen und warf einen prüfenden Blick auf den IIWO. »Mann, Schneider, das Horn wächst ja Weihnachten noch! Ab mit Ihnen!« Er wandte sich dem Kommandanten zu. »Boot auf dreißig Metern, E-Maschinen laufen immer noch AK. Kurs ist Null-Zwo-Null!« Mit leiserer Stimme setzte er hinzu: »Auf die Ruytingen-Bank zu, Herr Kaleun!«

»Gehen Sie auf Schleichfahrt, Strom sparen. Der Steuermann soll Ihnen einen Kurs geben, der uns parallel zur Bank bringt.« Der Alte wandte sich um. »Franke, wie sieht es aus?«

»Kommt sofort! Nehmen Sie erst mal Zwo-Sieben-Null! Frage: Können wir demnächst mal eine Landpeilung nehmen?«

Von Hassel griente freudlos. »Navigation getaucht ist zwischen den Sandbänken echter Mist, nicht wahr? Ich sehe zu, was ich für Sie tun kann.«

Halb hinter dem Christbaum mit den vielen Ventilen hockte Jens Lauer. Immer noch verwirrt sah er zu, wie das Leben im Boot wieder erwachte. Alles ging in Normalität über, von einem Augenblick zum anderen. Er rappelte sich auf und hoffte, dass seine Stimme sich nicht so zittrig anhörte, wie er sich fühlte. Erst so langsam begriff sein Geist, dass sie noch am Leben waren.

Noch einmal davongekommen. Die Bomben hatten ihre Eierschale nicht geknackt, die See war draußen geblieben. Fasziniert betrachtete er den Kommandanten, der gelassen inmitten des Chaos stand. Er konnte sein Gesicht im Licht der Taschenlampen nicht erkennen, aber er hörte seine Stimme. Wie immer, ruhig und gleichmäßig. Dabei musste ihm doch auch der Arsch auf Grundeis gegangen sein, oder nicht? Wie konnte er so ruhig bleiben? Oder auch Hentrich? Wie machten sie das alle? Jens gab es auf, darüber nachzugrübeln. Es würde für ihn wahrscheinlich immer ein Geheimnis bleiben.

Der Kommandant war sich der Beobachtung nicht bewusst, wenigstens nicht direkt. Natürlich – auf einem U-Boot gab es keinen Raum, um sich zu verstecken, um für wenigstens einen Augenblick lang mit seinen Gedanken und Zweifeln allein zu sein. Selbst in seinem Kabuff war er nur durch einen Vorhang von der wimmelnden Welt in der Röhre getrennt, und jeden Augenblick konnte die nächste Krise kommen. Er musste immer agieren wie ein Schauspieler auf der Bühne. Wenn er es mal nicht mehr schaffen sollte, würde es wohl kaum nur schlechte Kritiken geben. Aber ja, er hatte Angst gehabt! Er konnte sich jedoch nicht leisten, das zu zeigen.

Überall im Boot mussten sich die Männer mit der ausgestandenen Angst auseinandersetzen. Manche, wie Dörfler, taten es grummelnd und brummelnd. Andere, wie Hänisch, schwiegen und gingen ihrer Arbeit nach. Und wieder andere, wie Rückert zum Beispiel, konnten die aufgestauten Gefühle nur zur Seite drängen, denn sie hatte die nächste Krise schon wieder eingeholt.

»Das Ding rückt und rührt sich nicht!« Wütend drückte der Obermaat mal nach der einen, mal nach der anderen Seite. Aber das verklemmte GHG blieb starrsinnig nach Steuerbord voraus stehen und bewegte sich kaum einen Grad aus der Richtung.

Oberleutnant Wegemann probierte es auch. Mit vereinten Kräften konnten sie das große Handrad ein bisschen bewegen, aber nicht viel. Und dann steckte es endgültig fest. Der LI kratzte sich in den Bartstoppeln. »Das fühlt sich komisch an. Da kann ja kein Splitter reingekommen sein, die ganze Mechanik ist doch unter Deck.«

»Kann die Achse verbogen sein?«

»Muss wohl!« Der Methusalem betrachtete das Handrad missmutig. In seinem technischen Verstand tauchten mühelos die Details auf, unter anderem die Achse, auf der sich der Rahmen mit den Druckdosen befand. Das ganze Ding war drehbar, und wenn es sich verbog ... aber dann war es doch viel wahrscheinlicher, dass die Druckwellen einfach den Rahmen wegrissen, als dass sie diese Achse verbogen? »Verdammter Mist, das kriegen wir nicht hin, solange wir getaucht sind.« Er schüttelte den Kopf. »Aber hören können sie schon noch was?«

»Soweit ich es beurteilen kann, funktioniert es. Es lässt sich nur nicht drehen.« Der Funkmaat schüttelte den Kopf. »Sagen Sie es dem Alten?«

Der Oberleutnant nickte. »Ich sage es ihm! Er wird alles andere als erfreut sein.«

»Das befürchte ich auch!« Rückert lehnte sich zurück. »Was für ein Durcheinander! Das war verdammt eng. Ein Wunder, dass nicht mehr passiert ist.« Das war sein einziger Kommentar zu dem ganzen Fliegerangriff. Dann wandte er sich wieder seiner anderen Arbeit zu. Unterlagen waren aus den Schapps gerutscht und eine kleine Kiste mit Reserveschrauben ausgekippt. Überhaupt sah sein ganzes kleines Reich aus, als hätten die Hottentotten darin gehaust.

Überall im Boot schluckten die Männer, schüttelten sich und atmeten durch, um sich dann wieder an die Arbeit zu machen. Nicht, weil sie härter waren als normale Männer. Sie waren es nicht, noch nicht zu diesem Zeitpunkt. Später vielleicht, wenn der Krieg langsam begann, menschliche Schwächen und Individualität mehr und mehr von den U-Boot-Fahrern abzuschleifen. Aber noch nicht in dieser Phase des Kriegsgeschehens. Noch nicht jetzt. Jetzt taten sie es, weil sie keine andere Wahl hatten. Sie alle bemühten sich verzweifelt, zur Normalität zurückzukehren. Und sie alle hoben einer nach dem anderen die Köpfe, als ein neues Geräusch in ihre kleine Welt drang. Zuerst war es mehr ein Gefühl, aber nach und nach wurde es zu einer echten Sinneswahrnehmung. Ein unterschwelliges Mahlen, das plötzlich heller wurde, sich zu etwas anderem entwickelte. Dem Schlagen schneller Schrauben. Zu hell für Frachter. Kriegsschiffe! Und dann traf auch schon das erste Ping das Boot.

Frazier betrachtete HMS Farlane durch sein Glas. Die Sloop war kein Zerstörer. Dennoch war sie ein durchaus beeindruckender Anblick, als sie mit allem, was die beiden Schrauben hergaben, und in Hartruderlage zu drehen begann. Der Lieutenant Commander musste nicht erst die Meldung des Signalgastes abwarten, um zu wissen, was passiert war.

»Hart Steuerbord! Geben Sie U-Boot-Alarm, Maxwell!«

Auf der Brücke der Farlane flackerte ein Signalscheinwerfer auf. Der Signalgast sprang beinahe in die Höhe. »Farlane hat Kontakt, in Grün Vier-Fünf!«

»Bestätigen!« Frazier fuhr herum. »Was will Farlane, was wir tun?«

Auch auf der Sorceress war man offensichtlich unsicher, denn auch von der Brücke der zweiten Sloop blinkte ein Scheinwerfer hektisch im Morsecode.

Maxwell, der neue Sub von der Brambleberry, warf einen Blick zum Himmel. Die deutschen Bomber schienen ob dieses plötzlichen Aufstandes eher irritiert. Unschlüssig kreisten die Maschinen am Himmel, gerade außerhalb der Reichweite ihrer leichten Flak. Aber vielleicht hatten sie ihre Bomben auch bereits alle abgeworfen. Sie hatten ja einen ganz schönen Budenzauber veranstaltet. »Aber das muss eines von unseren Booten sein, Sir! Die Deutschen haben es doch angegriffen!«

Frazier schüttelte den Kopf. »Auf Farlane hat man es wahrscheinlich noch sehen können, als es tauchte.« Er warf einen nachdenklichen Blick zum Himmel. »Entweder die Deutschen oder unser Gruppenchef, einer liegt falsch. Im Zweifelsfall verlassen wir uns da lieber auf die Marine!« Er spähte voraus zum Führungsschiff. »Trotzdem, irgendeiner muss da Augen haben wie ein Adler!«

»Wenn es ein deutsches U-Boot ist, werden die Jungs da oben gleich sauer werden, Sir!« Maxwell blickte ebenfalls zum Himmel.

Frazier grinste. »Oder sie glauben, wir sind Trottel, weil wir unser eigenes U-Boot angreifen.« Er nickte zur Sorceress, die sich bereits anschickte, ihre Position im Verband zu verlassen. »Sehen Sie? Zwei zum Angriff, wir sollen das Lauschen übernehmen! Nun werden wir sehen, was die Deutschen sich ausgedacht haben!«

* * *

Von Hassel fuhr herum, als der grelle Laut durch sein Boot hallte. Aber dann zuckte er nur mit den Schultern. »Noch mehr ungeladene Gäste!« Er dachte kurz nach. »Das Horchgerät klemmt immer noch?«

»GHG unklar!«

»Na schön!« Er wandte sich an den LI. »Sehrohrtiefe. Alle Mann auf Gefechtsstation!«

Oberleutnant Hentrich löste sich von seinem Platz am Kartentisch. »Es tut mir leid, meine Wache ...«

»Vergessen Sie es!« Von Hassels Stimme klang abwesend. »Wir standen vor einem helleren Horizont, die Tommies vor einem dunkleren. Und die Flieger haben dann ja auch für genügend Ablenkung gesorgt.«

»Danke, Herr Kaleun, ich möchte nicht, dass Sie glauben ...«

Der Alte wandte den Kopf. »Dass Sie und Ihre Männer auf Wache geschlafen haben? Nein, ich war ja selber oben und habe nichts gesehen.«

»Boot kommt auf Sehrohrtiefe, Herr Kaleun!« Die Stimme des LI klang unbewegt, aber natürlich hatte er die kurze Szene mitbekommen. Wie jeder in der Zentrale.

Von Hassel verdrängte die Sorgen und Nöte seines IWO aus seinen Gedanken. Damit musste er sich später befassen. Er hielt den Oberleutnant mit seinem Blick fest. »Sie übernehmen die Zentrale. Ich gehe hoch!«

»Jawoll!« Hentrich legte die Hand an die Mütze.

Dann wandte sich von Hassel ab und stieg die Leiter in den Turm empor. Vorsichtig fuhr er das Periskop aus und nahm einen schnellen Rundblick. Die Flieger kreisten immer noch, aber etwas entfernt. Unwahrscheinlich, dass sie aus dem Winkel die Walform des getauchten U-Bootes erkennen konnten. Selbst auf Sehrohrtiefe. Er drehte an der Vergrößerung und hielt den Atem an. Die schwarz-weißen Balkenkreuze auf den Rümpfen schienen ihn höhnisch anzulachen. *Verdammte Scheiße!*

Vorsichtig drehte er das Sehrohr weiter und hielt den Atem an. Die Silhouette eines Kriegsschiffes wanderte in sein Blickfeld, und dahinter konnte er gleich noch ein zweites erkennen. Verblüfft nahm er den Kopf zurück. Der Anblick kam ihm seltsam bekannt vor. Er presste die Stirn wieder gegen den Gummiwulst. »Tatsächlich!«

»Wie bitte, Herr Kaleun!«

Von Hassel fuhr das Sehrohr wieder ein. Er hatte gar nicht bemerkt, dass er laut gesprochen hatte. Von unten blickte der IWO zu ihm hinauf und versuchte herauszukriegen, ob er gerade einen Befehl verpasst hatte.

Der Kommandant rutschte die Leiter hinunter und schüttelte den Kopf. »Da oben sind alte Bekannte. Aber denen wollen wir erst mal die Suppe versalzen! Steuern Sie nach Norden.« Er wandte sich zu Franke um. »Da ist irgendwo eine Lücke zwischen den Sandbänken, wenn ich mich richtig erinnere?«

Der Steuermann nickte. »Stimmt, in Null-Eins-Sechs, wenn meine Koppelei stimmt.« Er blickte in die Karte. »Sechzehn Meter bei Niedrigwasser.« Aber seine Stimme klang ruhig und sachlich, als spreche er über das Wetter.

Von Hassel wandte sich beruhigt ab. Auch Franke, der Steuermann, gehörte zu seinen Sorgenkindern. Einer von seinem ersten Boot, ein Überlebender, der schon zu viel gesehen hatte. Mochte der Steuermann auch den meisten neuen Besatzungsmitgliedern völlig normal vorkommen, der Alte erinnerte sich noch gut an den lebenslustigen Feldwebel, als den er ihn kennengelernt hatte. Die Veränderung machte ihn immer wieder etwas nervös. Aber andererseits schien der Steuermann voll da zu sein, wenn er gebraucht wurde. Und natürlich würde seine Koppelnavigation stimmen, sie stimmte immer.

Oberleutnant Hentrich sah seinen Kommandanten fragend an. »Also durch die Lücke?«

»Jedenfalls darauf zu. Sie sollen es glauben.«

»Herr Kaleun?« Der IWO sah fragend den Alten an. »Ich verstehe nicht.«

Von Hassel grinste. »Ich hoffe, die Tommies verstehen auch nicht.« Er zögerte kurz. »Erinnern Sie sich noch an die beiden Sloops vor Sierra Leone?«

»Wie sollte ich nicht? Die beiden waren ja ziemlich auf unseren Skalp aus.« Auf Hentrichs Gesicht zeichnete sich Begreifen ab. »Oh, die beiden sind auch zurück?«

»Entweder das, oder sie haben Zwillinge.« Von Hassel nickte energisch. »War aber auch logisch. Der Krieg findet hier statt, also ziehen die Tommies hier alles zusammen.«

»Na ja ...« Der IWO kratzte sich in den Bartstoppeln. »Dann hätten wir uns eigentlich auch einen besseren Platz aussuchen können. Wäre es nicht Zeit, langsam etwas zu unternehmen? Er kommt näher.«

Der Kommandant nickte, und in seinen Augen funkelte es. »Näher, aber nicht nahe!« Vor seinem geistigen Auge erstand wieder das Bild, das er durch das Periskop gesehen hatte. »Er hat hier so viele Echos, dass er keine genaue Peilung bekommt.«

»Und je näher wir der Untiefe kommen, desto mehr Echos hat er?«

Von Hassel nickte beinahe gemütlich. »Stimmt, aber nur, bis wir durch die Passage steuern, denn das ist zu offensichtlich.«

Ein dumpfes Grollen hallte durchs Wasser. Wasserbomben, aber immer noch weit genug entfernt, um sie nicht ernsthaft zu beunruhigen. Der Alte griente. »Sehen Sie?« Er nickte dem IWO zu. »Steuern Sie weiter auf die Passage zu. Steuermann, bevor wir zwischen die Untiefen geraten, brauche ich einen Kurs zurück in die Mitte der Rinne, ungefähr zwei Meilen westlich der Einfahrt.«

Hentrichs Augen wurden rund. »Sie wollen auf ihn feuern? Aber die Aale ...«

»Jemand hat doch einen Probeschuss bestellt?« Von Hassel lächelte schmal. »Achtern haben wir einen ATo mit Aufschlagzünder und einen ETo mit Magnetpistole. Einer der beiden wird wohl funktionieren.«

Verwundert hob er den Kopf, als eine weitere Serie Wasserbomben mit urweltlichem Donnern krepierte. »Der liegt aber konsequent falsch!« Er war nicht beunruhigt. Nur irritiert.

Freundliche Feinde …

Lieutenant Commander Harry Willoughby und seine Männer waren nicht irritiert, aber dafür ziemlich beunruhigt. Wasserbombenexplosionen wirbelten die Seamist über den sandigen Grund. Und obgleich keine bisher tödlich gewesen war, so konnte Willoughby doch zusehen, wie die Druckwellen sein Boot Stück für Stück zerlegten.

Jack, sein Erster, stand gebeugt hinter den Rudergängern. Die Männer trugen bereits die Südwester aus Ölzeug, so heftig tropfte das Wasser durch die Schweißnähte. Die Stimme des Lieutenants klang ruhig, als wolle er ein durchgehendes Pferd beruhigen. »Aufkommen! Vorsichtig, Männer!«

Draußen knallte es erneut, und das Boot legte sich schwer auf die Seite. Wieder zerplatzten ein paar Glühbirnen. Es wurde düsterer. Männer blickten erschrocken zur Decke.

Willoughby fuhr herum. »Wir müssen hoch, damit diese Idioten uns sehen können!«

»Dann sieht uns der verdammte Nazi-Skipper aber auch, und die Flugzeuge!« Der Erste wandte nur kurz den Kopf. »Aber andererseits scheint uns die eigene Navy derzeit gefährlicher zu sein, Sir!«

»Also, auf Sehrohrtiefe!« Willoughby wandte sich dem Horcher zu. »Wie sieht's aus?«

Sparks verzog das Gesicht. »Zwei drehen, der Dritte treibt eine Meile an Backbord und lauscht.« Er drehte am Handrad. »Von der Nazi-Röhre keine Spur!«

Der Skipper unterdrückte einen Fluch. »Das müssen wir riskieren! Ab geht es, Jack!«

»Aye, Sir!« Jack salutierte formal, bevor er sich wieder an seine Rudergänger wandte. »Also, vorn unten fünfzehn, hinten oben fünf!« Er wartete einen Augenblick, bis der Bug sich aufzurichten begann. »Hinten unten zehn, Zellen drei und vier fluten.«

Luft zischte aus den Auslassventilen, als Wasser in die Trimmzellen strömte, um den Auftrieb zu kompensieren. Nichts war schlimmer, als unkontrolliert durch die Wasseroberfläche zu brechen.

Willoughby wandte sich um und nickte dem Heizer zu, der am Sehrohr bereitstand. »Dann los, Jenkyns!« Mit einem schmalen Lächeln quittierte er das Aufleuchten im Gesicht des Jungen. *Er freut sich, weil ich mir seinen Namen gemerkt habe! Es ist so einfach, so schrecklich einfach!* Er schüttelte den Gedanken ab und presste das Gesicht gegen den Gummiwulst. Ein schneller Rundblick, dann drehte er das Periskop wieder auf die Schiffe zu. Eine Sloop drehte gerade einen engen Kreis. Das Schiff schien fast auf der Backbordseite zu liegen. Doch in der Gaffel flatterte die weiße Kriegsflagge. Britisch, kein Zweifel!

»Jack, auftauchen! Und dann so schnell wie möglich hoch und die Flagge am Sehrohr hissen. Die Burschen sollen ruhig wissen, wem sie ihre Koffer nachgeschmissen haben!« Er konnte den Zorn nur mühsam unterdrücken. Ein jeder machte hier im Kanal, was ihm einfiel, und keiner wusste vom anderen! Er wandte sich zu John, dem Zweiten, um. »Der Chief soll sofort die Diesel anwerfen, wenn wir hochkommen. Wer weiß, wer dann wieder hinter uns her ist.«

* * *

»Backbord fünfzehn, beide E-Maschinen laufen kleine Fahrt!«

Von Hassel tippte kurz an die Mütze. »Danke, IWO!« Dann steckte er den Kopf durchs Schott. »Rückert, was gibt's zu hören?«

»Die beiden Tommies, dahinter scheint noch ein dritter zu sein. Aber wir haben bereits weitergedreht. Und …« Rückert runzelte die Stirn.

Der Alte fuhr herum. »IWO, langsam zurückdrehen!« Er ignorierte den Strom von Befehlen in der Zentrale. Das Manöver war schwierig genug. Aber wenn sich das GHG nicht drehen ließ, mussten sie eben das ganze Boot drehen. Echos hin oder her. Aber mit dem Horchgerät konnte Rückert weiter hören, als er mit dem Periskop sehen konnte.

»Da ist es wieder! Pressluft! Da taucht ein U-Boot auf! Jetzt werden die Diesel gestartet.« Er zuckte mit den Schultern. »Und vorbei!«

»IWO, noch einmal zurück!« In von Hassels Kopf setzten sich die Peilungen zu einem Bild zusammen. Das GHG war nach Steuerbord voraus gerichtet. Null-zwo-null Grad ungefähr. Das bedeutete, alles, was sie hörten, war irgendwo rechts vor ihnen. Die Entfernungen waren sowieso nur Schätzungen. Aber bei einem guten Horcher, wie es Rückert war, mochten sie doch recht genau sein.

»Da ist er wieder. Eine Meile – vielleicht etwas weiter!« Der Obermaat flüsterte beinahe. »Das ist der Tommy, ich erkenne ihn wieder!«

»Nett!« Von Hassel schob sich die Mütze tiefer ins Genick. »Scheint, die Luftwaffe will uns das Spielfeld überlassen. Danke, Rückert!« Nachdenklich kehrte er in die Zentrale zurück. Oberleutnant Hentrich sah ihn fragend an. »Und, Herr Kaleun?«

»Nichts und! Es sind drei, und jetzt hat sich auch noch ein U-Boot dazugesellt. Da macht ein Angriff gar keinen Sinn mehr.« Er atmete tief durch. »Wir schleichen uns entlang der Sandbank nach Westen. Steuermann, wo können wir da über die Sandbank?«

»Vier Meilen bis zum westlichen Ende, dahinter kommen dann wieder die Gravelines.«

Oberleutnant Hentrich sah ihn nahezu enttäuscht an. »Jawoll, Herr Kaleun! Schleichfahrt?«

»Schleichfahrt!« Der Kommandant sah sich unschlüssig um. »Nicht, dass uns die Malhalla noch nachkommt.«

Lieutenant Commander Keith Frazier schluckte. »Verdammt, Maxwell, Sie hatten recht! Unser Gruppenchef hat tatsächlich eines von unseren eigenen U-Booten angegriffen. Verdammter Mist!«

»Anruf!« Die Stimme des Signalgastes schnitt in die Unterhaltung der beiden Offiziere. Er blickte zu dem U-Boot, das so plötzlich aufgetaucht war und in aller Eile die Flagge am Sehrohr gesetzt hatte. »Deutsches U-Boot westlich unserer Position! Wiederhole: deutsches!«

»Oh!« Frazier grinste plötzlich. »Ich glaube, der ist sauer!« Dann wurde seine Stimme wieder ernst. »Steuerbord zehn, Maschine halbe Fahrt! Maxwell, geben sie es an den Horcher weiter, vielleicht kriegt er mit seinem Zauberkasten eine Peilung!«

»Sir! Sorceress dreht!« Die Stimme des Ausgucks ließ Frazier herumfahren. Tatsächlich drehte die zweite Sloop ebenfalls nach Westen ein. Nur mit viel höherer Geschwindigkeit.

»Maschine dreimal Wahnsinnige zurück, hart Steuerbord!« Der Maschinentelegraf klingelte bereits.

Für endlos lange Augenblicke wurde das Schiff von

der eigenen Fahrt noch vorangetrieben. Dann begann die einzige Schraube, die sie hatten, langsam rückwärtszulaufen. Ein Zittern ging durch den Rumpf, als die widerstreitenden Kräfte aufeinandertrafen. Beinahe unwillig begann Goosefoot, rückwärts an Fahrt zu verlieren und von der ständig näher kommenden Sloop wegzudrehen.

»Signal an Sorceress! K an K: Achtung, Freund!« Fraziers Stimme klang scharf. »Der verdammte Idiot sieht nichts mehr außer der verdammten Nazi-Röhre! Ich glaube, er hat Kontakt!«

Und wirklich nahm die Sloop immer weiter Fahrt auf und scherte von den anderen Schiffen weg. U-Boot-Jagd war eine Frage schneller Entscheidungen. Erst danach kam es auf Geduld an.

Die Stimme des jungen Signalgasten überschlug sich fast. »Sorceress setzt schwarzen Wimpel: Laufe an zum Vernichtungsstoß!«

»Na, hoffentlich!« Frazier wandte sich an Maxwell. »Wir hängen uns in Dwarslinie an, aber nicht zu dicht!«

Plötzlich schien alles auf einmal zu geschehen. Das unverkennbare Rattern einer Oerlikon hallte über die See, und dann mischte sich bereits der tiefere Knall eines Vierzöllers ein. Die Köpfe ruckten nach Backbord.

Farlane schien sich in eine Rauchwolke zu hüllen. Im ersten Moment konnte Frazier nicht ausmachen, ob das Schiff brannte oder ob es nur Kordit von den eigenen Geschützen war. Der Lieutenant Commander blinzelte. »Belege den letzten Befehl! Fliegeralarm!«

Aus den Wolken brachen weitere Maschinen. Unbeachtet von den Briten hatten sich die Deutschen vervielfältigt. Natürlich nicht wirklich. Im Geiste schalt sich Frazier einen Idioten. Die kreisenden Flugzeuge!

Sie hatten Verstärkung gerufen. Es musste bereits Hunderte von den Burschen geben, entlang der ganzen holländischen und belgischen Küste. Er biss sich auf die Lippen. Sorceress stürmte weiter, obwohl von der Backbordseite bereits zwei Bomber anflogen. »Feuer frei! Holt die Burschen runter!« Seine Stimme enthielt all seine Wut, als er die Männer anfeuerte. Nur seine Verzweiflung durfte er nicht zeigen. Zwei, drei, vier … er gab es auf. Es musste mindestens ein Dutzend sein.

Plötzlich donnerten in einiger Entfernung wieder Explosionen durchs Wasser. Die Männer in der Zentrale sahen sich erstaunt an. Gab es denn nie Ruhe? Wer war jetzt hinter wem her?

Von Hassel zuckte mit den Schultern. »Werfen wir mal einen Blick darauf! LI, Sehrohrtiefe!«

Wieder ertönte die Litanei der Befehle, und sanft wie eine Feder schwebte das Boot der Oberfläche entgegen. Aber noch bevor der Alte das Sehrohr ausfahren konnte, traf ein neues Geräusch die Röhre. Als hätte jemand eine Handvoll Kiesel gegen den Stahlrumpf geworfen. Die Männer sahen sich an. Das Geräusch kannten sie, oder wenigstens die meisten von ihnen. Auf der letzten Feindfahrt war es meistens der Vorbote von Ärger gewesen.

»Ortung!« Leutnant Schneider flüsterte es in die plötzliche Stille.

Von Hassel musterte ihn kurz. »Ich dachte, Sie liegen auf der Koje, IIWO?«

»Da halte ich es jetzt nicht aus, Herr Kaleun!« Schneider grinste mutwillig.

Oberleutnant Hentrich schüttelte schmunzelnd den Kopf. »Oh Sie …, ach was! Was machen wir wegen dem Tommy? Abdrehen?«

Von Hassel dachte kurz nach und schüttelte dann den Kopf. »Ich schau ihn mir mal an.« Mit einer beiläufigen Bewegung fuhr er das Sehrohr aus und angelte nach den Griffen. »Hören Sie den flacheren Knall der Explosionen? Wie vorhin, das sind normale Bomben, keine Wabos!« Er grinste, als er das Unverständnis seiner Offiziere sah. »Sieht so aus, als hätte die Luftwaffe sich endlich entschlossen, ihren Sold zu verdienen.«

Als er sein Gesicht gegen den Gummiwulst presste, wurde eine neue Szenerie sichtbar. Als sei sein Geist dort draußen und würde dicht über dem Wasser schweben und als wäre nur sein Körper immer noch in der Röhre gefangen. Auch wenn er nichts hören konnte außer dem dumpfen Grollen der Explosionen: Es war nicht schwierig, sich den Rest vorzustellen. Das harte Tackern der leichten Flak, die scharfen Abschüsse der Kanonen auf den drei Schiffen, kurz, der verzweifelte Kampf ums Überleben.

Wassersäulen sprangen rund um ein Schiff in die Höhe. Irgendwo blitzte Feuer auf wie ein böses rotes Auge. Ein Flugzeug schoss über die Einschlagsäulen hinweg und zog eine dicke schwarze Rauchwolke hinter sich her. Er räusperte sich. »Meiers Jungs nehmen sich die Tommies vor!«

Hinter ihm flüsterten Stimmen. Er wusste genau, dass jedes seiner Worte sofort im ganzen Boot weitergegeben wurde. Vorsichtig drehte er den Spargel weiter. Ein Schiff wanderte ins Fadenkreuz und blieb dort hängen wie eine Fliege im Netz. Er blinzelte kurz. Eine zweite Silhouette erschien dahinter. Ebenfalls ein Kriegsschiff. Kleiner und gedrungener in seiner Form. Die Korvette, die sie schon einmal gesehen hatten. Beide schienen direkt auf ihn zuzusteuern. Aber noch war der Abstand zu groß, um das Sehrohr zu erkennen.

Unwillkürlich zog er den Kopf ein, als ein schwarzer Schatten über ihn hinwegfegte. Alles ging so schnell. Noch einer. Zwei Bomber rasten in sein Blickfeld, Flügelspitze an Flügelspitze, die Bombenschächte bereits geöffnet. Von Hassel wusste, dass er den Spargel zu lange oben ließ. Aber das Drama nahm ihn gefangen.

Auf der Brücke des vorderen Schiffes blitzte ein Scheinwerfer auf. Wie ein gut einstudiertes Ballett schwangen die beiden Schiffe herum. Das kleinere Schiff legte sich so hart auf die Seite, dass ein Teil des roten Unterwasseranstrichs sichtbar wurde. Abwehrfeuer flackerte auf. Der Himmel füllte sich mit schwarzen Sprengwolken, noch schwärzer als die Wolken über dem Geschehen.

Eine Idee nahm in von Hassels Kopf Form an. »Heckrohre fluten, Gegnerfahrt vierzehn, eine Meile, Tiefe zwo, Lage null!« Er konnte sich denken, was die Männer dachten. War der Alte jetzt verrückt geworden, auf ein Kriegsschiff zu feuern, das direkt auf sie zusteuerte? Er griente. Normalerweise wäre es verrückt, und er würde stattdessen lieber schnell im Keller verschwinden. Aber hier war der Keller nicht sehr tief. Und obwohl die Flieger sich nicht besonders schlau anstellten, für Ablenkung sorgten sie wenigstens.

Ein paar schwarze Gegenstände fielen aus den geöffneten Bombenschächten. Das plötzliche Manöver hatte die beiden Bomber aus dem Konzept gebracht. Statt dass die Bombenreihe wie geplant über die ganze Länge des Ziels lief, wandten die beiden Geleiter nun ihre Breitseiten den Angreifern zu und ballerten hinter ihnen her, was das Zeug hielt. Eine Reihe kleiner Flammen zuckte über die Tragfläche des linken Flugzeugs.

Zuerst schien gar nichts zu passieren. Aber dann rollte die Maschine plötzlich in der Luft herum und schmierte hinter den Tommies ab. Eine weitere dumpfe Explosion hallte durch die See.

»Torpedos eingestellt, Herr Kaleun!« Hentrichs Stimme klang heiser vor Aufregung.

Von Hassel warf einen kurzen Blick auf das dritte Kriegsschiff, das immer weiter zurückfiel. Es kämpfte einen einsamen Kampf gegen vier andere Bomber, die aus zwei Richtungen anflogen. Rauch quoll aus den Aufbauten. Er war sich der Entfernung wegen nicht ganz sicher, aber es sah so aus, als hätte die Sloop Schlagseite. Von der war im Augenblick kein Ärger zu erwarten.

Der Kommandant schwenkte das Sehrohr zurück. Wieder drehten die beiden Tommies, und wieder genau auf ihn zu. Aber hinter ihnen kreisten bereits weitere Bomber und schickten sich an, ihr Glück zu versuchen. »Abstand achthundert! Rohr fünf los! Rohr sechs los!« Er klappte die Griffe ein und fuhr den Spargel zurück in seinen Schacht. »Beide AK, hart Steuerbord! LI, bringen Sie uns runter auf dreißig Meter!«

Hoch über ihnen erschienen drei weitere Bomber auf dem Schauplatz. Dünkirchen lag unter einer Wolkendecke verborgen. Kein Angriffswetter. Aber über dem Kanal gab es immer noch große Wolkenlücken. Als die ersten Bomber gefunkt hatten, dass ein britischer Verband, begleitet von U-Booten, im Kanal operierte, hatten gleich mehrere Kommandeure entschieden, Bomber starten zu lassen. Schließlich war die Auswahl an Zielen an diesem Tag eher gering. Aber nur einer hatte daran gedacht, seine Bomber mit Wasserbomben bestücken zu lassen. War nicht in dem ersten Funkspruch von U-Booten die Rede gewesen? Und hatte nicht erst im April ein Tommy-U-Boot den leichten Kreuzer Karlsruhe umgelegt? U-Boote waren beinahe schon so etwas wie Edelwild.

Aus viertausend Metern Höhe wirkte der Kanal ganz anders als unten auf und im Wasser. Durch die Wolkenlücken konnten die Besatzungen der Maschinen die unten kreisenden Schiffe, die Sprengwolken und die verbissenen Angriffe ihrer Kameraden sehen. Aber sie konnten auch noch mehr wahrnehmen. Gleich zwei Formen zeichneten sich im flachen Wasser zwischen den Sandbänken ab. Aus der großen Höhe konnten die Piloten beinahe bis zum Grund sehen. Das Wasser des Kanals war ja auch nicht tief. Die beiden U-Boote schienen wie in einem Panoptikum frei im Wasser zu hängen. Eines, das kleinere, nahe am Rand der großen Wolkenlücke. Aber das andere, das größere, war noch weit von dem schützenden Tarnmantel entfernt.

In den Kopfhörern knackte es. »Angriff! Er kann uns nicht sehen!« Gehorsam schwenkten die Bomber hinter ihrem Rottenchef ein und rasten mit mehr als dreihundert Kilometern pro Stunde auf ihr ahnungsloses Ziel zu. Mit einem leichten Surren öffneten sich die Bombenschächte, und die Wabos stürzten der See entgegen.

Die Gesprächsfetzen in den Kopfhörern wurden lauter. Aber dann übertönte ein lauter Warnschrei alles andere. »Indianer aus drei Uhr!« Unten krepierten die Wasserbomben und rissen große Wolken aus Dreck, Wasser und toten Fischen in die Höhe. Aber keiner der Männer in den Bombern achtete mehr darauf. Alle Augen suchten den Himmel ab. Indianer! Aber wo? Als sie die Silhouetten erspähten, war es bereits zu spät. Die Jäger kamen regelrecht über den Rand der Wolkendecke gesprungen. Maschinengewehre begannen zu rattern, Geschosse fraßen sich in die Aluminiumhaut der Bomber und verwandelten ihr Inneres in ein glühendes Inferno. Eine Maschine verlor eine Tragfläche und trudelte mit rasender Geschwindigkeit nach unten, der See entgegen. Die zweite Maschine ging noch in der Luft in Flammen auf. Als der Brand die Treibstoffleitungen erreichte, explodierte sie und wurde mitsamt ihrer Besatzung in tausend Fetzen gerissen.

Ein Triebwerk an der Maschine des Rottenführers ging in Flammen auf. Aber als die Treibstoffzufuhr abgedreht wurde, erlosch der Brand wieder. Der erfahrene Pilot, ein Major, wusste, dass er damit verspielt hatte. »Fertig machen zum Aussteigen!« Seine Stimme klang rau. Die Heinkel hing schwer nach rechts, und er musste es mit dem Ruder ausgleichen. Die Trimmung hatte wohl auch was abbekommen. »Ich setze den Vogel aufs Wasser!«

… und feindliche Freunde

Der Angriff aus der Luft, jener Hälfte der dritten Dimension, die für das U-Boot unerreichbar und uneinsehbar war, traf U-68 ohne Vorwarnung. Schwere Ladungen krepierten rund um sie herum und schüttelten das U-Boot wie eine Ratte im Maul eines Terriers. Die gerade erst ausgetauschten Lampen zerplatzten und überschütteten die Männer mit einem Splitterregen. Der Papenberg zerbrach, und ein Wasserstrahl schoss in die plötzlich finstere Zentrale.

Eine weitere Serie ging hoch, und der schwere Bootskörper legte sich unter metallischem Knirschen auf die Backbordseite. Gegenstände rutschten vom Kartentisch, fielen aus Schapps, trafen die Männer in der Dunkelheit oder gerieten unter unsicher taumelnde Füße.

Flüche und Schreckensschreie ertönten. Die Männer verloren den Halt und prallten gegen Rohre, Schotts und Kojen. In der Feldwebelmesse gab eine Schweißnaht nach, und ein Wasserstrahl spritzte auch hier in den Raum und durchnässte die Kojen. Weiter achtern begann die Stopfbuchse des Steuerbord-Tiefenruders, Wasser zu machen.

Leutnant Schneider spürte, wie das Heck des U-Bootes sich langsam senkte. Verzweifelt hangelte er sich durchs Schott nach achtern. »Meldung! Was ist hier los?« In der Feldwebelmesse durchnässte ihn der Sprühregen aus der undichten Schweißnaht und erweckte in seiner Fantasie Schreckensbilder eines volllaufenden Maschinenraums.

Dann flammte vor ihm eine Taschenlampe auf und blendete ihn für einen Augenblick. Hart stieß er sich das Knie irgendwo an und fluchte unwillkürlich. Dann blinzelte er. »Verdammt, was ist hier los?«

»Stopfbuchse Steuerbord-Tiefenruder macht Wasser, Herr Leutnant!« Maschinenmaat Mohr klang eher erleichtert als verzweifelt. Beiläufig registrierte Schneiders überreiztes Hirn, dass sich das Boot wieder aufrichtete. Keine neuen Explosionen schüttelten sie durch. Nur das lange Heck senkte sich immer weiter nach unten.

»Wie schlimm ist es?«

Im Maschinenraum flammten weitere Lampen auf. Mohrs Silhouette zeichnete sich als schwarzer Schatten im Schott ab. »Nicht besonders schlimm! Wir können das mit der Hilfspumpe lenzen.«

»Warum saufen wir dann achtern ab, verdammt noch mal?« Aber noch bevor ihm jemand eine Antwort geben konnte, schlug das lange Achterschiff in den Schlamm am Grund. Dafür schien der Rumpf zu steigen. Leichenblass sahen die Männer einander an. Dreißig Meter, nur verdammte dreißig Meter! *Der Bug musste doch schon aus dem Wasser ragen wie ein verdammter Finger.*

Auf HMS Sorceress brach verhaltener Jubel aus, als der dunkelgraue Bug aus der See brach und sich immer steiler aufrichtete. Ein deutsches U-Boot, kein Zweifel. Nur noch sechshundert Meter entfernt. Eine von den verdammten Naziröhren. Und als die Vorderkante des Turms sichtbar wurde, wurden Erinnerungen wach. Sie hatten dieses Boot schon einmal gesehen, die Splitterlöcher im Wellenabweiser, den verdrehten Netzabweiser und die Stellen, an denen das Metall unter dem grauen Anstrich hervorlugte, nun notdürftig mit roter Mennige überstrichen. Hatten sie dem Boot nicht selbst diese Narben beigebracht? Erst vor zwei Monaten vor der Küste von Sierra Leone? Und trug ihr eigenes Schiff nicht immer noch die Wunden, notdürftig versteckt unter einem Klatsch Farbe?

Das Buggeschütz knallte, ohne dass auf der Brücke ein Befehl gegeben worden war. Säuerlicher Korditrauch hüllte das Vorschiff ein und wurde vom auffrischenden Wind davongetragen. Nicht weit von dem hoch aufgerichteten Bug entfernt schoss eine weiße Wassersäule in die Höhe. Gläser richteten sich neugierig auf das U-Boot, während mittschiffs auf dem Batteriedeck der Schütze erneut sein wütendes Abwehrfeuer auf einen Bomber eröffnete, der sich zu nahe herangetraut hatte. Dann geschah das Unvorstellbare.

Frazier hielt den Atem an. Goosefoot folgte Sorceress in Dwarslinie, etwa drei Kabellängen Steuerbord achteraus. Als die deutschen Bomber plötzlich ihre schweren Koffer auf das U-Boot warfen, das sie als ihre Beute betrachtet hatten, hatte er für einen Augenblick erleichtert aufgeatmet. Jede Bombe, die von den deutschen Fliegern auf ihr eigenes U-Boot abgeworfen wurde, konnte schon nicht sie treffen.

Dann waren die Jäger am Himmel erschienen und hatten sich durch die Wolkenlücken auf die Deutschen gestürzt. Ganze Rudel von Hurricanes und ein paar der neuen Spits, deren Blasencockpits und waffelförmige Tragflächen selbst von den Schiffen aus unverkennbar waren. Frazier, der die Propaganda genauso wie jeder Engländer kannte, konnte trotz allem nicht erkennen, dass die Spitfires wirklich mühelos den Kampf beherrschten. Für ihn sah es eher so aus, als gebe es eine wilde Kurbelei.

»Mein Gott!« Maxwell stöhnte laut auf. Frazier hingegen blieb still. Ihm fehlten einfach die Worte. In Sekundenschnelle fielen zwei der deutschen Bomber den plötzlich auftauchenden Hurricanes zum Opfer. Der dritte begann zu qualmen, und Flammen schlugen aus einem Motor. Aber dann stabilisierte sich die Maschine wieder und drehte mit hängender Tragfläche auf Sorceress ein.

Endlich fand Frazier seine Stimme wieder. »Feuert! Feuert, was rausgeht! Der will auf der Sorceress Bruch machen!«

Beinahe sofort konzentrierte sich das Abwehrfeuer beider Schiffe auf den waidwunden Bomber. Jeder wusste, dass die Deutschen verrückt waren. Total bakka! Denen war zuzutrauen, dass sie sich auch auf ein Schiff stürzen würden, ganz klar! Flammenzungen zuckten über die Kanzel. Aus einer Tragfläche flogen Metallstücke heraus. Aber trotzdem schlossen sich die klaffenden Bombenschächte, und die Maschine hinkte qualmend weiter. Der zweite Motor hatte auch etwas abbekommen, denn er zog ebenfalls eine Ölfahne hinter sich her. Aber immer noch drehte sich der Propeller. Und das gequälte Aggregat hielt hustend und spuckend durch, während die Maschine der Wasseroberfläche immer näher kam. Nur abschmieren, den Gefallen tat sie den Briten nicht!

Der Major gab hinter zusammengebissenen Zähnen unverständliche Kommentare von sich. Der Kopilot hing blutend in seinem Sitz. Er hatte nicht die geringste Ahnung, ob er noch lebte oder schon tot war. Hinter ihm belferte das Zwillings-MG auf dem Rumpfrücken. Also musste mindestens einer seiner Männer noch am Leben sein. Er drückte den Knopf und sprach in das Mikrofon.

Aber alles, was er hörte, war ein lautes Rauschen. Wahrscheinlich war das Ding auch längst im Eimer!

Mit der Linken riss er sich die Maske vom Gesicht und brüllte nach hinten. »Klarmachen! Wer ist da hinten noch?«

Aus dem Rauch kam die Stimme des Bombenschützen. »Ich und der Funker. Schorsch hat's erwischt!«

Der Major unterdrückte ein Seufzen. Er spürte die Nässe an seinem Bein, und ein Finger hing nur noch an einem Hautfetzen. Nur nicht hinsehen. Wenn ihm jetzt nur nicht schlecht würde – das war das Letzte, was er brauchen konnte. Noch ein paar Sekunden. »Wenn wir unten sind, schnappen Sie sich den Leutnant, und dann raus! Diese Kisten schwimmen wie eine bleierne Ente!«

Mühsam drückte er die Maschine herum. Die hängende Tragfläche hochzureißen kostete ihn alle verbliebene Kraft. Die Nase hoch, die Klappen angezogen, sackte der Bomber auf die Oberfläche herunter, immer noch verfolgt vom wütenden Abwehrfeuer der beiden Tommies. Das Heck pflügte durch das Wasser, bevor die Nase des Flugzeuges sich senkte und in einer Wolke aus Gischt verschwand. Wie ein Kieselstein, der flach über einen See geworfen wird, wollte die Maschine wieder emporspringen, aber das Heck hatte sich bereits zu tief in die See gesenkt.

Der Major nahm wahr, dass Hände den Leutnant vom Sitz des Kopiloten zerrten und nach hinten verschwanden. Dann zog jemand auch an ihm. Von irgendwo kam frische kalte Luft, und er begriff, dass die Scheiben vor ihm verschwunden waren. Das kalte Wasser brachte ihn wieder etwas zu Bewusstsein, und ein Teil seines Verstandes erkannte, dass niemand mehr auf sie schoss.

Kaltes Wasser stieg gurgelnd um seine Füße. Die Maschine war im Begriff, zu versinken. Die Hände an seinen Schultern zerrten stärker, und er begann, mit seiner zerschossenen Hand nach dem Gurtschloss zu tasten. Irgendwie konnte er gar nichts fühlen. Verwundert hob er den Arm und starrte auf den blutigen Stumpf, aus dem das Blut im Rhythmus seines rasend pumpenden Herzens spritzte. Dann begann er zu schreien. Und in seine Schreie mischte sich ein neues Geräusch. Eine Explosion, aber irgendwie gedämpft, und dann noch eine. Er hatte doch nur in der Nähe der Schiffe wassern wollen, damit seine Männer gefischt werden konnten!

Auf U-68 vernahmen nur wenige Männer die Explosionen. Aber einige hörten sie, trotz des Durcheinanders und der Panik, die in diesen kurzen Augenblicken herrschte.

Oberleutnant Wegemann klammerte sich an die Rohre, die unter der Decke entlangführten. In seinem Kopf rasten Gedanken durcheinander. Natürlich wusste er im ersten Augenblick genauso wenig wie jeder andere Mann an Bord, was geschehen war. Das absackende Heck deutete natürlich zuerst darauf hin, dass ihr Achterschiff volllief. Aber hinter der Angst, die sie alle spürten, tickte immer noch sein kalter technischer Verstand. Seine Waffe gegen die Unbilden des U-Boot-Fahrer-Lebens. Etwas fehlte, ein wichtiger Faktor! Von achtern kamen keine Männer nach vorn geflüchtet. Es gab keinen markerschütternden Schrei »Wassereinbruch«. Und vor allem als technisches Indiz – es gab keine stinkende ölige Luft, die von eindringendem Wasser durch das Schott nach vorn gepresst wurde. Es war kein Wassereinbruch!

»Trimmzellen eins bis vier und Tauchzellen eins und

zwo fluten!« Er brüllte den Befehl hinein in das Chaos. Er konnte in der Dunkelheit nicht sehen, wer sich daranmachte, seinen Anweisungen zu folgen. Aber er hörte mindestens einen Schnellentlüfter aufknallen. Mit einem Fluch hangelte er sich zum Christbaum mit den Ventilen. Eine Taschenlampe wurde geschwenkt und verbreitete ein unsicheres Licht. »Sie, halten Sie mal das Licht hierhin!«

Matthias Hänisch hing wie ein Affe an den Ventilen, mit einem Bein um ein Rohr geschlungen, und versuchte, eines der Trimmventile zu öffnen. Als auch der Oberleutnant zugriff, begann das Handrad sich knirschend zu bewegen. *Verdammte Ventile!* Kaltes Wasser spritzte auf seine Mütze und sein Gesicht. Irgendwo musste auch ein Rohr undicht sein. Verdammt, egal, was der Alte befahl, das Boot musste zurück auf ebenen Kiel. *Wo ist der Alte überhaupt?* Der Methusalem sah sich um, aber alles war in Dunkelheit getaucht, außer den Ventilen vor ihm. Er blinzelte in das Licht der Taschenlampe. Lauer versuchte, das Licht dahin zu halten, wo sie es brauchten. Und irgendwo im Hintergrund hörte er Dörfler brüllen. »Is amal a Ruh hier herinnen?«

Dann flammte eine zweite Lampe auf, und Hentrich kam durch das Mannloch gejumpt. Aber alles, was Wegemann spürte, war, dass der Bug sich zu senken begann. Zuerst zögerlich, aber mit jedem bisschen, das der Bug einsank, wurde das Zischen aus den Ventilen stärker und die Abwärtsbewegung des Vorschiffs schneller. Er blickte nicht einmal von seinen Ventilen auf, als etwas mit metallischem Klirren gegen den Druckkörper schlug.

Heinz-Georg von Hassel geriet nicht in Panik. Er konnte nur einfach nichts tun. Das Boot war schwer getroffen worden, das war vom ersten Moment an klar. Aber sein Verstand hatte auch registriert, dass die Ladungen nicht so schwer gewesen waren wie das, was die Tommies normalerweise benutzten. Es mussten Flugzeugbomben gewesen sein. Wahrscheinlich würden Meiers Schlipssoldaten demnächst die Vernichtung eines U-Bootes melden. Er spürte den hilflosen Zorn, der in ihm aufwallte. Aber das währte nur einen Augenblick. Es gab Wichtigeres zu tun. Genau wie der LI erkannte er schnell, dass ihr Achterschiff nicht leck sein konnte, jedenfalls nicht sehr. Die Explosionen mussten Zellen aufgerissen haben, deswegen sackte das Achterschiff ab. Aber es gab nichts, was er dagegen tun konnte. Das war die Domäne des LI. Seine Aufgabe war es, eine Entscheidung zu treffen, eine dringende Entscheidung. Er biss sich auf die Lippen. Wenn er den Befehl gab, alles klarzumachen, das Boot zu verlassen, dann gab es kaum ein Zurück mehr.

Er hörte in der Dunkelheit den LI seine Befehle rufen und spürte, wie der Bug zurück ins Wasser sackte. So gewann er Zeit … mehr als das, es ermöglichte es erst, die Leute aussteigen zu lassen. Dreißig Meter Wassertiefe waren machbar, vor allem, wenn sie am Kiel gerechnet wurden. Vielleicht fünfzehn vom Turm bis zur Oberfläche. Mit den Tauchrettern kein Problem. Und dann lag das Boot hier, mit allem Geheimmaterial in flachem Wasser. Er entschied sich für eine Zwischenlösung. »Klar bei Tauchrettern! Aber jeder bleibt, wo er ist!« Dann hörte er, wie die beiden Aale hochgingen. Noch mehr Zeit gewonnen, mehr konnte es kaum sein. Aber Zeit, die das Leben seiner Männer retten konnte! Nur der Gedanke, das Boot aufzugeben, erfüllte ihn mit fast körperlichem Schmerz. Und dann kamen die ersten Meldungen und änderten wieder alles.

Noch mal davongekommen

Die Männer begannen durcheinanderzurennen. Natürlich hatten viele ihre Tauchretter im Bugraum liegen. Auch von Hassel hatte seinen ja im Kabuff. Aber er verdrängte den Impuls, ihn zu holen.

Eine gerufene Meldung erregte seine Aufmerksamkeit, doch er konnte sie in dem Durcheinander nicht richtig verstehen. Wütend fuhr er herum. »Ruhe! Was war das eben?« Er musste brüllen, um sich verständlich zu machen.

Willi Rückert steckte den Kopf aus dem Funkschapp. »GHG wieder klar! War wohl doch ein Splitter!«

»Was machen die Tommies?« Der Alte atmete tief durch. Sie konnten wieder horchen. Wenn sie das Boot nun wieder bewegen konnten ... er wagte nicht, den Gedanken zu Ende zu führen.

Der Bug erreichte mit einem sanften Ruck den Grund.

»Zwei haben gestoppt, einer, der Kleine, kreist in eins-null-fünf Grad!«

Von Hassel dachte blitzschnell nach. »Habe ich vorhin wirklich unsere Aale gehört?«

»Ich hatte zwei Explosionen, die sich nach Torpedo anhörten.« Rückert drehte vorsichtig das Handrad des Horchgerätes. »Keine Ortung mehr, Herr Kaleun!«

Der Kommandant zwang sich zu einem Grinsen, obwohl es ihm vorkam, als würde sein Gesicht zerreißen. »Sieht so aus, als hätten wir ihnen die Lust genommen, Männer! Noch ist nicht Feierabend, zurück auf Stationen.« Er wartete einen Augenblick und hörte, wie sein Befehl weitergegeben wurde. Dann wandte er sich an den Leitenden und senkte die Stimme. »Wie sieht es aus, LI?«

Der Methusalem knautschte seine Mütze unsicher in den öligen Händen. »Bin mir nicht sicher, Herr Kaleun. Ich glaube, achtern hat es ein oder zwei Zellen zerrissen. Deswegen ist uns der Arsch weggesackt.« Er verzog das Gesicht. »Verzeihung, Herr Kaleun!«

»Schon gut! Kommen wir hier weg? Mit Schleichfahrt?«

Der Oberleutnant schüttelte den Kopf. »Nicht unter Wasser. Unsere ganze Trimmung ist im Eimer, und am Grund kann ich das Boot nicht austrimmen, solange ich nicht weiß, welche Zellen funktionieren.« Er zögerte. »Wir haben genug Pressluft, und rein nach Gefühl kommen wir hoch. Das Achterschiff hängt natürlich tiefer, aber wir können erst mal mit den E-Böcken laufen. Nur ...«

Von Hassel griente freudlos. »Nur ... nur sind wir dann nicht schnell genug, um den Tommies zu entkommen.« Er schob sich die Mütze in den Nacken. »Es sei denn, sie haben gerade andere Sorgen.«

»Sollten sie haben, mit all den Fliegern.« Der LI verzog das Gesicht. »Nur ...«, setzte er betont hinzu, »nur müssen wir dann erst mal unseren eigenen Fliegern entkommen.«

Auf der Goosefoot schien der Schrecken kein Ende zu nehmen. Wenn Keith Frazier den Blick über sein Schiff gleiten ließ, sah er Einschusslöcher in den Aufbauten, durch Bordwaffenbeschuss aufgerissene Decksplanken und erschöpfte Männer. Trotzdem. Ein paar schafften neue Munition zur Flak. Ein paar begangen bereits, Taue zurechtzulegen. Und andere starrten nur in den Himmel.

Nun waren es die Bomber, die um ihr Überleben kämpften. Der Luftkampf verlagerte sich mehr und mehr in die Wolkendecke. Er konnte die Motoren und das Belfern der Maschinengewehre immer noch hören, aber zu sehen war im Augenblick nichts.

Ein Signalgast kam auf die Brücke geklettert und balancierte eine Ladung Mugs. »Mit besten Grüßen aus der Messe!« Verkrampft lächelnd teilte er den Kye aus, jenen dicken süßen Kakao, den die englischen Seeleute so schätzten. Vorzugsweise mit einem Schuss Rum darin.

Frazier nahm einen Schluck und korrigierte sich. Mit einem *großen* Schuss Rum darin. Er grinste demonstrativ. »Da hat es jemand gut gemeint. Wenn das nicht hilft, hilft gar nichts mehr.«

Die Männer auf der Brücke lachten. Aber es war ein scheues, ein zerbrechliches Lachen. Zwei Stunden hatte alles gedauert. Es hatte Tote und Verletzte gegeben, als die Bordwaffen der Bomber die Decks abstreuten. Über die Schäden herrschte immer noch etwas Unklarheit. Aber soweit Frazier es sehen konnte, war Goosefoot erneut mit einem blauen Auge davongekommen.

Prüfend sah er seine Männer an. Der Schock saß tief. Und wer wollte es ihnen verdenken? Auch Frazier konnte sich noch nicht von den Bildern lösen, die er gesehen hatte. Vor allem die letzten paar Augenblicke des wütenden Gefechts waren noch lebendig. Der Bomber, den sie im letzten Augenblick vom Himmel geholt hatten, bevor sich die waidwunde Maschine auf Sorceress stürzen konnte. Der Anblick des Piloten, der vergeblich versucht hatte, sich zu befreien, aber mit seinem Flugzeug abgesoffen war, immer noch hilflos auf seinen Sitz geschnallt. Frazier erinnerte sich an die blutigen Stümpfe und das Gesicht mit dem aufgerissenen Mund. Er schüttelte sich. Dann war die geschlagene Maschine herumgerollt und auf Tiefe gegangen.

Anschließend erfolgten die beiden Explosionen. Der Lieutenant Commander glaubte, es seien Torpedos gewesen. Aber vielleicht hatten die deutschen Flieger ja auch Minen geworfen. Wer wusste das schon in diesem Durcheinander?

»Wo ist unser U-Boot geblieben?«

»Was?« Frazier tauchte aus seinen Gedanken auf.

Lieutenant Maxwell nickte. »Unser U-Boot ist verschwunden. Ob die Krauts es erwischt haben?«

»Unwahrscheinlich!« Der Skipper schüttelte den Kopf. »Die sind einfach getaucht. Hoffentlich kommen die wieder. Wir können hier eine helfende Hand gut gebrauchen.« Er blickte nach Backbord. Sorceress hatte es schlimmer erwischt. Die erste Explosion hatte weit vor der Sloop eine Wasserwolke emporgerissen und wenig Schaden angerichtet. Aber dann war eine Wassersäule am Bug des Schiffes in die Höhe gesprungen. Als das Wasser wieder zurück in die See fiel, begannen die Schrauben des kleinen Kriegsschiffes bereits rückwärtszulaufen, um den Druck vom Schott zu nehmen. Frazier hielt bei der Erinnerung immer noch den Atem an. Der Bug hatte einfach gefehlt. Von seinem Standpunkt auf der Brücke der Goosefoot konnte er immer noch das blanke Metall des Kollisionsschotts sehen. Das Buggeschütz war nutzlos in den Himmel gerichtet. Noch immer rollten qualmende Kartuschen auf dem Vordeck herum. In der Zwischenzeit lag das Schiff still, weil auch noch die Maschinenanlage den Geist aufgegeben hatte.

Schritte erklangen auf der Stahltreppe. Jason Philipps, sein Erster, kam müde den Niedergang herauf. Noch immer trug er die Artilleriehaube.

»Hallo, Nummer eins.« Frazier zwang sich zu einem Lächeln. »Heiße Arbeit heute?«

Philipps verzog das Gesicht. »Wir haben die Hälfte der Munition verschossen. Noch so ein Angriff, und wir dürfen mit Kartoffeln nach den Burschen schmeißen.«

»Wir gehen nach Dover, Jason. Mit Sorceress im Schlepp!« Er blickte kurz zur Farlane, die sich langsam wieder näherte. Noch ein geschlagenes Schiff, aber sie hatten überlebt und zurückgeschlagen. Das war vielleicht alles, was man unter diesen Umständen erwarten konnte. Er wandte sich an den Signalgast. »Machen Sie rüber: Beabsichtige Sorceress in Schlepp zu nehmen.« Dann drehte er sich wieder zu seinem Ersten um. »Kommen Sie achtern klar? Für den Augenblick scheint es ja ruhig zu sein.«

»Scheint so!« Philipps salutierte förmlich. »Ich komme klar. Melde mich ab nach achtern, Sir!«

Sublieutenant Maxwell blickte dem davoneilenden Ersten nach. Wieder hatte er etwas gelernt. Als er sprach, klang seine Stimme ruhig, fast desinteressiert. »Von Farlane, Sir. Sie fährt U-Boot-Sicherung.« Er zögerte kurz. »Ich glaube, die Krauts hat's erwischt. Von den eigenen Fliegern umgelegt, was für ein Ende.«

»Sorceress hat mindestens zweimal auf das sinkende Boot gefeuert.« Frazier zuckte mit den Schultern. »Vielleicht will der Kommandant die Versenkung beanspruchen. Für uns sind es zwei abgeschossene Flugzeuge auf dem Konto.«

»Ich höre eine Winsch!« Rückert flüsterte. In der Zwischenzeit war wieder Ruhe an Bord eingekehrt. »Ich glaube, die bringen eine Schlepptrosse aus. Der eine rückt und rührt sich nicht mehr.«

»Sinken tut er aber auch nicht.« In Leutnant Schneiders Stimme war deutlicher Unmut zu hören.

Von Hassel fuhr herum. »Lassen wir das. Bis der wieder da ist, vergehen Wochen, wenn nicht Monate. Solange ist er so gut wie versenkt.« Aber der Kommandant wusste, Erfolge wurden nur nach Versenkungen gezählt. Alles andere war vergebliche Liebesmüh.

»Sieht so aus, als wollten die ihn abschleppen. Der dritte wird Sicherung fahren.« Oberleutnant Hentrich lächelte müde. »In einer Stunde sind wir hier mutterseelenallein, Herr Kaleun!«

»Stimmt! Dann können wir endlich anfangen, Ordnung in diesen Saustall zu bringen.« Aber von Hassel griente. »Verdammt, lassen Sie Bier ausgeben. Eine Flasche für zwei Mann! Wir haben es uns verdient.«

»Und dann?«

Der Alte sah seinen IWO an. Im Licht der Handlampen konnten sie seine Augen funkeln sehen. »Danach machen wir unser Boot wieder klar.« Er sah die Enttäuschung auf den Gesichtern. »Es ist noch nicht vorbei.«

»Niedrige Wolkendecke über dem Flugpatz!« Die Stimme von Walter Himmel klang aus der BzB.

»Wir können einen Ausweichplatz suchen.« Feldwebel Dachsmeier spähte aus dem Kabinenfenster. »Vergiss es, das sieht überall gleich schlecht aus.«

»Kein Ziel gefunden, und nun noch Probleme mit der Rückkehr. Was machen wir eigentlich falsch mit unserem Leben?«

»Oh Mann, hör auf zu …« Dachsmeier hielt inne. Verwundert blickte er durch eine der kleiner werdenden Wolkenlücken. »Schau mal!« Aber noch während er sprach, zog er die Junkers bereits in eine enge Kurve.

Walter Himmel musste sich beinahe den Hals verrenken, um einen Blick nach unten zu erhaschen. Zwischen den jagenden Wolkenfetzen war etwas, ganz tief unten. Eine schmale Form, darauf ein Aufbau wie eine Tonne. Verdammt, ein U-Boot. Die trieben sich anscheinend gern hier herum. »Kann das eines von unseren sein?« Er zögerte. »Die sehen für mich alle gleich aus.«

»Für mich auch. Aber unsere sind alle im Atlantik oder vor Norwegen. Was sollen die hier?« Auch Dachsmeier schien sich nicht ganz sicher zu sein.

Himmel seufzte. »Der gestern muss wohl einer von unseren gewesen sein, sonst hätten die Tommies ihn nicht gejagt.«

»Wer weiß, was da gelaufen ist.« Dachsmeier schüttelte den Kopf und schaltete den Funk um. »Falke zwei an eins. Wir haben hier ein aufgetauchtes U-Boot.«

Der neue Rottenführer antwortete beinahe sofort. »Wo hängt ihr rum, Falke zwei?«

»Mitten über dem Kanal, halber Weg nach Dover.« Dachsmeier ließ die Maschine höher steigen. In dieser Waschküche hatte keiner eine Ahnung, wo der andere steckte.

»Verdammt, die Wolken hängen so niedrig, da kann man nicht mal richtig angreifen!«

Der Feldwebel knurrte etwas Unverständliches. »Es könnte klappen, wir haben hier noch ein paar Wolkenlücken. Aber kann es auch eines von unseren U-Booten sein?«

Der Leutnant, der nur einige Meilen entfernt durch die Wolken flog, dachte nach. Er war, seitdem dieser Feldzug losgegangen war, ständig im Einsatz gewesen. Und in den knappen Ruhepausen hatte er sich die

Mühe gemacht, alle Aushänge zu lesen. Da hatte es kein Wort über deutsche U-Boote im Kanal gegeben.

»Vergessen Sie es, Feldwebel. Laut den Rundschreiben ist keines unserer Boote im Kanal. Wenn das so wäre, hätte uns das bestimmt jemand mitgeteilt.«

»Also angreifen?«

Der Leutnant zögerte. »Wenn Sie eine gute Chance sehen. Sonst sehen Sie lieber zu, dass Sie nach Hause finden.«

»Verstanden, Falke eins!« Einen Augenblick herrschte Ruhe im Funk. Dann klickte es, und Dachsmeiers Stimme ertönte wieder. »Greife an!«

In engen Spiralen ließ der Feldwebel die Maschine auf viertausend Meter steigen. Der ganze Trick bestand darin, sich genau durch die immer enger werdende Wolkenlücke auf das ahnungslose Boot zu stürzen. Sie hatten nur eine Bombe dabei, aber die hatte zweihundertfünfzig Kilo. Das sollte reichen, um das Boot wenigstens schwer zu beschädigen, vielleicht sogar zu versenken. Nur treffen mussten sie.

Dachsmeier verdrängte die Zweifel. »Aufi geht's!« Er fuhr die Sturzflugbremsen aus und ließ die Maschine abkippen. Die Sirenen unter den Tragflächen begannen wieder einmal ihr heulendes Lied.

Auf dem U-Boot flogen Zigarettenkippen in die See, und die Männer verschwanden. Schon begann sich der Bug unter Wasser zu senken. Dachsmeier fluchte. »Die ham uns g'sehn, verruchte Tat!« Dann hatte er den richtigen Punkt des rasenden Sturzfluges auch schon erreicht. Entschlossen zog er den Auslösehebel, und die Maschine, befreit von ihrer Last, machte einen Satz aufwärts. Alles schien automatisch abzulaufen. Seine Füße betätigten die Pedale, während er den Steuerknüppel hart an sich heranzog. Der Motor heulte protestierend auf, aber gehorsam richtete der Stuka sich wieder auf und begann zu steigen. Hinter Dachsmeier fing das Maschinengewehr seines Beobachters an zu rattern, als Himmel einen Feuerstoß über das Deck des tauchenden U-Bootes jagte. Dachsmeier fühlte das Adrenalin in seinem Körper pulsieren. Das musste einfach ein Treffer sein!

Die Männer starrten aus weit aufgerissenen Augen auf die gerundete tropfende Decke. Weiße Gesichter und aufgerissene Augen, ein Kaleidoskop des Schreckens. Ein Moment, in dem wieder einmal Stoßgebete zum Himmel aufstiegen.

Dann dröhnte die Explosion, und das U-Boot legte sich hart auf die Seite. Männer verloren den Halt. Vorn im Bugraum rollten die Seeleute übereinander, immer noch so ineinander verkeilt, wie sie beim Alarm nach vorn gestürmt waren. Das Licht flackerte, fiel aber nicht aus. Aus dem Achterschiff klangen Schreie. »Wassereinbruch im E-Maschinenraum!«

Der Kommandant spürte, wie das Achterschiff tiefer zu sacken begann. Seeleute jumpten durch das Mannloch und flüchteten vor dem Wasser. Sie warteten bis zum letzten Augenblick. Er musste brüllen, um sich verständlich zu machen. »Schließt das Schott!«

Einer der Männer wandte sich um. »Sir, da sind noch Männer …«

Willoughby sprang vor und stemmte sich gegen das Stahlschott. Sein Herz klopfte zum Zerspringen. Dann schlug die Stahlluke zu, als das kalte Wasser bereits über das Süll strömte. Mit einer letzten Bewegung verschloss er den Vorreiber. Schwer atmend lehnte er sich gegen den kalten Stahl. Er hatte gerade seine Männer zum Sterben eingeschlossen.

Jack, der Erste, starrte ihn an, dann nickte er verstehend. »Zellen fluten, runter auf den Grund mit ihr.« Seine Stimme klang heiser. Sie waren nahe der Sandbänke. In zweiundzwanzig Metern Tiefe schlug HMS Seamist auf den Grund. Plötzlich kehrte Stille ein. Die Männer sahen sich schockiert an. Im Achterschiff ertranken die letzten der Maschinisten, als das Wasser bis an die Decke stieg und die Luftblasen immer kleiner wurden. Aber keiner versuchte, das Luk wieder zu öffnen – weil das für sie alle den Tod bedeutet hätte. Alle starrten nur auf Lieutenant Commander Willoughby, der am Schott lehnte. Aber der Skipper nahm es nicht wahr. Er sah nur auf seine Hände hinab.

Erst nach Minuten blickte er auf, und sein Gesicht war wie aus Stein gemeißelt. »Wir werden aussteigen müssen, aber wenn wir das jetzt sofort tun, treiben wir nur im Kanal, und die Strömung befördert uns hinaus in die Nordsee.« Er räusperte sich mühsam. »Number one, stellen Sie den Zustand der vorderen Abteilungen fest.« Er schloss die Augen für einen kurzen Augenblick. Aber sofort gaukelte ihm sein Geist Bilder vor, auf denen seine Männer im abgesoffenen Achterschiff durch das Wasser trieben. Ihre aufgerissenen Münder schienen ihn immer noch zu verfluchen. Er öffnete die Augen wieder und sah seine Männer an. »Also los, Männer, es ist noch nicht vorbei!«

Flugwetter

U-68 blieb erst einmal da auf dem Grund liegen, wo es hingesunken war. Nachdem jeder sich zurückgezogen hatte, war der Ort so gut wie jeder andere und besser als viele. Mit dreißig Metern war die Stelle so ziemlich das Maximum, das sie im Kanal finden konnten.

Die nächsten Stunden waren ausgefüllt mit Reparaturen im Inneren der Röhre. Es gab viele erfreuliche Nachrichten. So war offensichtlich das Gestänge des Horchgerätes nicht verbogen, sondern nur durch einen Splitter blockiert gewesen. Und obgleich so langsam der Vorrat an Glühbirnen und Sicherungen zur Neige ging – noch hatten sie genug, um die Schäden zu beseitigen. Und eine Schweißnaht war zwar undicht geworden, aber der Schaden würde sich mit dem Schweißgerät und über Wasser schnell beseitigen lassen, wenigstens notdürftig.

Es gab auch ein paar schlechte Nachrichten. Leutnant Schneiders angeschlagener Schädel zeigte alle Symptome einer ausgewachsenen Gehirnerschütterung. Auch Jens Lauer war ein paar Tage aus dem Verkehr gezogen, weil sein Fuß nach einem unglücklichen Straucheln beim letzten Angriff dick wie eine kleine Melone war. Und es gab einen dritten Leichtverletzten, Maschinenmaat Mohr. Er hatte sich ebenfalls ein paar Knochen angehauen, als das Boot mit brutaler Gewalt herumgewirbelt worden war. Rückert, der Funker, der auch als Sanitäter zuständig war, war sich nicht sicher, ob das Bein gebrochen war. Aber er vermutete es stark.

Andererseits hatte Daniel Berger, auch wenn es ihm an den Schulterstücken fehlte, den Maschinenraum so gut im Griff wie jeder Unteroffizier. Ein paar Geräte waren außerdem beschädigt, unter anderem das Kurzwellenfunkgerät. Keiner wusste, ob die Spezialisten die Sachen wieder hinkriegen würden.

Der LI saß in der O-Messe und brütete über den großformatigen Plänen. Besser, man ließ ihn in dieser Stimmung in Ruhe.

Und von Hassel und Oberleutnant Hentrich hockten im Kabuff des Kommandanten und brüteten ebenfalls, nur über einer Seekarte.

»Es ergibt keinen Sinn, überhaupt keinen Sinn, Herr Kaleun!«

Von Hassel schob sich die Mütze tiefer ins Genick. »Es ergibt einen Sinn … nur erkennen wir ihn nicht.«

»Also von vorn?«

Der Kommandant nickte. »Also von vorn! Was wissen wir?« Er begann, an den Fingern abzuzählen. »Den ganzen Tag über haben wir keines der kleinen Schiffe entdeckt, die bisher versucht haben, das britische Expeditionskorps abzubergen. Dafür riskieren die Tommies ihre Kriegsschiffe im Aktionsbereich unserer Flugzeuge.«

»Jaaaa …«, meinte Hentrich gedehnt. »Aber die Luftwaffe scheint die Sache nicht im Griff zu haben. Jedenfalls haben die Tommies die Bomber ganz schön fertiggemacht. Natürlich erst, nachdem die uns …«

Von Hassel winkte ab. »Wir haben kein ES geschossen. Verdammt, wir waren getaucht, IWO. Es war ein Missverständnis, so sauer es uns auch ankommt.« Er verzog das Gesicht. »Ach verdammt, IWO, es war ja nicht das erste Mal.«

»Und nicht das letzte Mal. Wenn die Tommies sich

nicht genauso dämlich angestellt hätten, dann hätte uns spätestens das Tommy-Boot umgelegt.«

»Sicher!« Der Alte nickte nachdenklich. »Aber was bedeutet das? Die Tommies sind auf das Boot losgegangen wie Blücher auf die Buletten.« Er sah Hentrich an. »Sie waren draußen, um uns zu jagen. Aber sie wussten nicht, dass auch eines ihrer Boote hier operiert.«

»Na ja, unsere Flieger haben offensichtlich auch keine Ahnung, dass wir uns hier rumtreiben, Herr Kaleun.« Der IWO winkte ab. »Das scheint ein hübscher Zustand hier im Kanal zu sein. Keiner weiß, was der andere tut.«

»Das Rätsel ist doch, was die Tommies vorhaben, Herr Oberleutnant.« Von Hassel studierte die Karte, aber falls darin die Lösung des Rätsels verborgen lag, dann erkannte er sie nicht. »Der letzte Wetterbericht sagte, Seegang drei bis vier, Wind unter zehn Knoten. Nur in Gewitterböen mehr.« Er schüttelte den Kopf. »Also kein Wetterproblem.«

Oberleutnant Hentrich versteifte sich plötzlich. »Nein, kein Wetterproblem! Nicht für *uns!*«

»Was meinen Sie, für wen denn?«

Der IWO dachte kurz nach. »Die Wolkendecke ist bereits ziemlich dicht. Das muss doch Einfluss auf die Flieger haben. Wie sollen die denn ein Ziel finden? Und was ist mit den Flugplätzen? Liegen die auch unter einer Wolkendecke? Dann haben die Probleme.«

»Fein, aber noch fliegen sie, und wie wir gesehen haben, die Tommies auch.« Der Kapitänleutnant starrte seinen Ersten Wachoffizier an. »Wenn das Wetter aber schlechter wird, die Wolken dichter und vielleicht noch niedriger stehen, dann sieht es anders aus.« Er zögerte. »Und die Tommies wissen das. Die haben einen aktuellen Wetterbericht. Deswegen planen sie damit.«

Oberleutnant Hentrich nickte. »Wenn die Luftwaffe nicht fliegen kann, dann können die glatt rüberschippern und die ganze verdammte Armee einsammeln!«

»Und das Heer hat den Befehl, nicht einzugreifen.« Von Hassel nickte langsam. »Das ergibt einen Sinn. Deswegen haben sie auch die U-Boot-Jäger wieder rausgeschickt. Ein einziges U-Boot kann ein Massaker veranstalten. Eine Panik auslösen.«

Der IWO nickte. »Es war nahe dran, wenn es auch unsere eigenen Flieger waren, die uns fast erledigt haben.« Er zögerte. »Bleibt die Frage, was mit dem Boot ist? Ob wir überhaupt noch etwas tun können.«

»Das müssen wir den LI fragen.« Der Kommandant schwieg einen Augenblick, und Hentrich wartete ruhig ab. Das Boot war beschädigt, nicht irreparabel, aber es waren auch keine Bagatellen. Wie man die Schäden bewerten sollte, lag in einer Grauzone. Von Hassel hatte eine ausreichende Begründung, den Einsatz abzubrechen, einen Einsatz, der bereits zwei Boote gekostet hatte und sich nur als wüstes Durcheinander erweisen konnte. Nein, bereits erwiesen hatte.

Oder er konnte entscheiden, dass das Boot noch einsatzklar war, und seinen Befehlen folgen. Er raffte sich auf. Es war nicht die Tradition der Marine, aufzugeben. Vielleicht war es verrückt, aber schließlich gaben die Tommies ja auch nicht einfach auf. Er rappelte sich auf. »Sehen wir uns an, was er hat.«

Entlang der gesamten holländischen und belgischen Küste schloss sich in den nächsten Stunden die Wolkendecke. Die meisten Staffeln blieben am Boden. Nur ein paar Maschinen starteten, und die Besatzungen dachten von der ersten Minute an mit einem mulmigen Gefühl an die Rückkehr. Es gab viele Risiken. Vielleicht würden sie den Flugplatz nicht wiederfinden, vielleicht würde der Pilot den Landestreifen nicht richtig erwischen und das Flugzeug mit beinahe zweihundert Kilometern in der Stunde in einen Acker rauschen, vielleicht, vielleicht, vielleicht. Es gab vieles, was schiefgehen konnte.

Feldwebel Dachsmeier lauschte den Anweisungen vom Turm. »Falke eins, Start frei!«

»Und aufi!« Er gab Gas und löste die Bremse. Mit einem Stoß setzte sich die Maschine in Bewegung und rumpelte über den Grasstreifen, den man hier optimistisch eine Startbahn nannte. Aber so ging es auf vielen Behelfsflugplätzen zu.

Der schwere Jumo brüllte auf, als die Maschine beschleunigte. Die Klappen ziehen, Gas geben, den Steuerknüppel gerade halten. Er spürte, wie die Maschine leichter wurde, aber er hielt den Steuerknüppel immer noch gedrückt. Erst im letzten Moment zog er den Knüppel zu sich. Die Maschine machte einen Satz und hob von einem Augenblick zum anderen ab. Der letzte Flug, bevor es zu dunkel wurde. Morgen würde es keine Flüge geben, das spürte er instinktiv.

Aus seinem Kopfhörer ertönte ein leises Summen. Er grinste. »Gute Laune, Walter!«

»Immer, wenn wir fliegen.« Der Unteroffizier blickte nach hinten, wo der Flugplatz unter den ersten Wolkenschleiern verschwand. Er grinste. Der Bordschütze eines Stuka sah nie, wohin es ging. Während des Angriffs sah er über sich nur den Himmel. Erst, wenn der Pilot die Maschine wieder hochzog, sah er für kurze Augenblicke das Ziel. Aber trotzdem, Himmel liebte einfach die Fliegerei. Schwer zu erklären, aber nicht ungewöhnlich. »Du wirst uns schon wieder heimbringen!«

Dachsmeier gab ein missmutiges Grunzen von sich.

»Wir haben in drei Tagen sechs Maschinen verloren. Die Geschichte hier wird langsam teuer!«

»Ich weiß, was du meinst.« Walter Himmel schwenkte das MG hin und her. »Verdammte Spitfires.«

Der Feldwebel lachte leise. »Spitfires, Hurricanes, für mich ist das alles eines. Die sind alle schneller als wir, und unsere Jäger haben sich bisher nicht gerade mit Ruhm bekleckert.«

»Sie sind den Spitfires nicht gewachsen, das ist alles.« Himmel zuckte mit den Schultern. »Über die Hälfte der Jäger wird von Spitfires abgeschossen. Das haben die Piloten gesagt, die sie gefischt haben.«

Dachsmeier grinste böse. »Wer's glaubt, wird selig. Und wer es nicht glaubt, kommt auch in den Himmel.«

»Du glaubst den Jägern nicht?«

»Nein!« Der Pilot nahm Gas weg, als sie ihre vorgesehene Flughöhe erreicht hatten. »Nein, ich glaube das nicht. So viele Spitfires haben die Tommies gar nicht.« Er grinste träge. »Von einer Spit abgeschossen zu werden tut der Fliegerehre weniger weh, als von einer Hurricane erledigt zu werden. Dabei ist die Hurricane ein guter Vogel.«

Auch Himmel grinste. »Piloten! Ihr habt alle einen Knall! Aber im Augenblick müssen wir uns um die Jäger wohl keine Sorgen machen. Bei der Waschküche bleiben die wohl alle am Boden. Die Tommies wie auch unsere eigenen.«

Dachsmeier schüttelte den Kopf. »Vergiss es und halt die Augen auf. Ich möchte nicht herausfinden, dass die Tommies doch fliegen. Wir fliegen ja auch.«

Verdutzt schwieg der Unteroffizier für einen Augenblick. Dann nickte er. »Die meisten Staffeln haben keinen Abendflug mehr gestartet. Aber unser Chef hat wohl mehr Vertrauen in euch Piloten.«

Der Feldwebel unterdrückte eine harsche Bemerkung. Seiner persönlichen Meinung nach war der Major einfach nur ein eiskalter Mistkerl mit einer ausgeprägten Halskrankheit. Aber immerhin war er mit seiner eigenen Rotte auch heute Abend unterwegs. Mühsam schüttelte er die trüben Gedanken ab. »Er weiß halt, was er an uns hat!«

Der LI blickte auf, als der Kommandant und der IWO sich in die O-Messe quetschten. In einer der oberen Kojen lag auch Leutnant Schneider und schlief. Wie alle an Bord hatte auch er seit dem Auslaufen nur wenig geschlafen. Die Zwangspause erlaubte ihm, etwas Schlaf nachzuholen. Kein Wunder also, dass er trotz der Kopfschmerzen ein beneideter Mann war.

Von Hassel blickte kurz zu der Koje und nickte. »Gut, wenigstens einer, der tut, was ich sage.«

Der IWO griente. »Sagen Sie mir, ich soll mich schlafen legen, und ich tue es sofort.«

»Glaube ich. Aber wir haben noch ein paar Sachen zu tun.« Der Kommandant nickte dem Methusalem zu. »Also, LI, wie sieht es aus?«

Oberleutnant Wegemann blickte auf. »Wollen Sie die guten oder die schlechten Nachrichten zuerst, Herr Kaleun?«

Von Hassel verzog das Gesicht. »Zuerst die schlechten. Dann haben wir es hinter uns. Wie steht es um das Boot?«

»Ich kann nur schätzen. Genauer sehen wir es, wenn wir auftauchen. Aber es hat mindestens eine Trimmzelle achtern erwischt. Dadurch sind wir mit dem Achterschiff weggesackt. Außerdem ist Frischwasser in einen Treibölbunker gelaufen.« Er klopfte mit der Hand auf die Back. »Das ist das Verrückteste überhaupt. Die

Zelle ist nicht nach außen undicht geworden, sondern zur benachbarten Trinkwasserzelle hin.«

Von Hassel nickte nachdenklich. »Aber das Öl können wir trotzdem vergessen.«

Der LI winkte ab. »Wir haben noch genügend in den anderen Bunkern. Das Frischwasser ist ein Problem! Der Frischwassererzeuger wirft nicht genügend ab. Ich habe mit Rückert gesprochen. Wir halten nur noch ein paar Tage durch. Die Zellen sind ja nicht alle gefüllt worden, es sollte schließlich nur eine kurze Fahrt werden.«

»Verdammt, die Burschen haben uns genug Öl mitgegeben, aber nicht genug Wasser?«

Der Methusalem zuckte mit den Schultern. »Fünf Tage. Bei Rationierung eine Woche. Zwei Tage brauchen wir heim, wenn nichts dazwischenkommt.«

»Na, das ist ja schon mal was.« Von Hassel nahm die Mütze ab und fuhr sich durch das ölige Haar. Fünf Tage, drei davon im Einsatzgebiet. Er zog eine Grimasse. »Wir haben noch siebzehn Aale. Fast drei Armierungen. Aber die meisten davon sind keinen Schuss Pulver wert.«

Der LI grinste. »Damit sind wir bei den guten Nachrichten. Die letzten beiden Aale haben Sie sehr flach geschossen. Einer ging zu früh hoch, der andere war ein Treffer.« Wegemann sah seinen Kommandanten ruhig an. »Der Torpedo mit dem Aufschlagzünder, falls ich nicht völlig verlernt habe, was ich über Laufzeiten gelernt habe. Der ATo lief schneller, aber er hat auch den weiteren Weg zurückgelegt. Der ETo mit Magnetpistole war in Rohr fünf. Den haben Sie zuerst gefeuert. Dann kam der ATo. Aber die Explosionen kamen beinahe gleichzeitig. Also kann der Aal, der getroffen hat, nur der schnellere gewesen sein.«

Von Hassel sah den Oberleutnant ruhig an. »Wie viel davon ist sicher und wie viel Theorie?«

»Na ja …« Der Methusalem zuckte mit den Schultern. »Natürlich ist das kein Beweis, aber eine gute Vermutung.«

»Aber haben wir die Möglichkeit, alle Torpedos auf Aufschlagpistolen umzurüsten?«

Der Oberleutnant blickte auf seine Notizen, die überall auf der Back verstreut lagen. »Vierzehn, mehr Aufschlagzünder haben wir nicht dabei!«

Von Hassel kam zu einer Entscheidung. »Also, wie sieht es mit der Trimmung aus? Ist das Boot noch einsatzklar?«

»Bedingt.« Oberleutnant Wegemann verzog das Gesicht. »Wir sollten unserer Luftwaffe aus dem Weg gehen.«

Der IWO beugte sich vor und sah den Kommandanten prüfend an. »Sie wollen noch einmal ran?«

»Ich muss!« Von Hassel senkte die Stimme. »Verstehen Sie, wir haben unsere Befehle.«

Der IWO atmete tief durch. »Natürlich, Herr Kaleun!« Demonstrativ wandte er den Blick auf die Notizen des LI. »Also, wir brauchen die Nacht und morgen den halben Tag, um wieder klar zu sein. Selbst dann wird es eine Plackerei.«

»Einverstanden!« Der Alte nickte ruhig und blickte auf den Kalender an der Wand. »Dann sehen wir mal, was der Wetterbericht sagt.«

Feldwebel Dachsmeiers Maschine kehrte erst bei Einbruch der Dunkelheit zurück. Die improvisierten Lichter, die ihm anzeigen sollten, wo der Landestreifen war, wurden erst im letzten Augenblick sichtbar. *Zu weit … beinahe!* Sein Gehirn registrierte Details beiläufig und verdrängte sie als nebensächlich. Trotzdem waren sie nicht vergessen. Die Flakscheinwerfer, die heute dazu benutzt wurden, den heimkehrenden Bombern den Weg zu weisen. Die Wolkendecke, die von den Scheinwerfern geisterhaft beleuchtet wurde, hing erschreckend tief. Vielleicht noch fünfhundert Meter, aber noch erschreckender war der Nebel, der aus dem feuchten Boden aufstieg.

»Scheiße, verdammte!« Der Fluch kam von Herzen. Wütend nahm er die Nase hoch und würgte den Motor fast ab. Die überzogene Maschine sackte mit weit aufgerichteten Klappen durch wie ein Stein. Für Himmel fühlte es sich an, als würden sie abschmieren. Aber noch bevor er sich zwischen Angstschrei und Stoßgebet entscheiden konnte, setzte das Spornrad auf.

Die Maschine stürzte ruckartig nach vorn. Für einen Augenblick sah es so aus, als wolle sie über die starren Beine des Hauptfahrwerks nach vorn kippen. Dachsmeier nahm rechtzeitig Gas weg. Bockend und schüttelnd raste die Maschine über den Landestreifen, und schließlich sackte das Spornrad erneut auf den festen Boden.

Im BzB fluchte Himmel vor sich hin, aber der Feldwebel ignorierte ihn. Er ließ die Maschine ausrollen und steuerte auf die Splitterkästen zu, in denen die Maschinen abgestellt wurden. Er hatte Mühe, die verkrampften Hände vom Steuerknüppel zu lösen. Mit einer müden Bewegung zog er den Anschluss der FT-Haube heraus. Einer der Mechaniker zog bereits die Kanzel auf. Steifbeinig kletterte er aus der Maschine.

Wieder ein Einsatzflug abgeschlossen. Ohne Ergebnisse, denn wegen der Wolken hatten sie gar kein Ziel finden können. Dennoch – sie hatten überlebt. Später hörten sie, dass zwei Maschinen auf einem anderen Flugplatz gelandet waren. Zwei andere waren zurückgekommen, und von einer hörten sie nie wieder.

Warten

Schlaf war auf U-68 Mangelware geworden. Das Boot war erst nach Anbruch der Dunkelheit aufgetaucht. Und den größten Teil der Nacht hatte die Besatzung damit zugebracht, Schäden zu reparieren und Torpedos auf Aufschlagpistolen umzurüsten. Erst gegen vier Uhr morgens kamen die Männer etwas zur Ruhe.

Dennoch, die Schätzung des IWO, nach der sie eineinhalb Tage brauchen würden, um das Boot wieder einsatzklar zu machen, hatte sich als zu pessimistisch erwiesen. Tatsächlich war U-68 am frühen Morgen schon wieder so klar, wie es sich mit Bordmitteln machen ließ.

Um Mitternacht wurden auf der Wiederholungsfrequenz auch die Funksprüche aufgefangen, die man tagsüber wegen der langen Tauchfahrt verpasst hatte. Endlich gab es wieder Nachrichten.

Kapitänleutnant von Hassel grübelte in seiner Kammer über einem Fernschreiben. Es war kurz vor sechs Uhr morgens. Eigentlich Zeit für den Morgenalarm, aber das Boot war getaucht und lag auf Grund. Die Männer brauchten etwas Ruhe.

Mit einem sehnsüchtigen Blick musterte er seine Koje. Eigentlich müsste auch er etwas Schlaf finden. Doch er wusste, dass er kaum so schnell wieder auf den Beinen sein würde, wie es notwendig war, wenn er sich jetzt hinlegte.

Wütend auf sich selbst, konzentrierte er sich wieder auf die Fernschreiben. Anscheinend war das Wetter doch nicht überall so schlecht gewesen. Aber der Wetterbericht bestätigte, dass es schlechter werden würde. Den ganzen vergangenen Tag hatte es noch Luftangriffe auf Dünkirchen gegeben. Aber die Wolken wurden dichter. Und der Rauch der brennenden Stadt würde die Sicht auch nicht gerade verbessern.

Doch es waren nicht diese großen Meldungen, die von Hassel interessierten. Was seine Aufmerksamkeit erregte, war vielmehr eine Reihe von Versenkungsmeldungen. Alles kleine Schiffe, mehr Boote. Fischer, ein Rettungskutter der RNLI, ja sogar ein kleiner Ausflugsdampfer, der in Friedenszeiten Badegäste transportiert haben mochte, waren der Luftwaffe zum Opfer gefallen. Alles außerhalb der Sichtweite seines Bootes. Ja sogar außerhalb der Hörweite, nachdem das GHG für Stunden blockiert gewesen war.

Sein Finger fuhr über die Karte. Dünkirchen war schnell gefunden. Aber die Versenkungen hatten nicht vor Dünkirchen stattgefunden.

Die meisten Schiffe hatten die Flieger nahe einem kleinen Ort namens De Panne versenkt, nur ein paar Meilen weiter westlich.

Von Hassel blickte auf, als es am Türrahmen klopfte und der Vorhang in Bewegung kam. »Herein!«

Als ob Leutnant Schneider eine Extraeinladung brauchte. Vorsichtig, weil er durch zwei große Mugs mit dampfendem Kaffee behindert war, schob sich der IIWO durch den Vorhang. »Guten Morgen, Herr Kaleun!« Er grinste. »Ich dachte, Sie könnten auch einen gebrauchen.«

Der Kommandant nickte entschieden. »Auf alle Fälle.« Er griff nach einer der Tassen. »Sollten Sie nicht auf der Ducht liegen?«

»Ich habe gestern fast den ganzen Tag verpennt.« Der

Leutnant gähnte demonstrativ. »Die Kopfschmerzen sind fast weg, den Rest erledigt Aspirin.«

Der Alte nickte kurz. »Nehmen Sie das Ding nicht auf die leichte Schulter. Sie werden noch gebraucht.« Er kam zu einer Entscheidung. »Es gab kürzlich ein Rundschreiben, der Löwe sucht Kommandanten. Ich habe es dem IWO noch nicht gesagt, aber ich werde ihn nach dieser Fahrt empfehlen. Es sollte dann schon mit dem Teufel zugehen, wenn Sie nicht endlich befördert würden und ich Sie als IWO bekommen kann.«

Der Leutnant stellte verdutzt die Tasse auf den Tisch. »Ich? Oberleutnant?« Sie wussten beide, dass er mit Ach und Krach das notwendige Dienstalter hatte. Allerdings hatte er nach dieser bereits drei Feindfahrten auf dem Konto. »Danke, Herr Kaleun!«

»Nichts zu danken, IIWO, noch ist es nicht durch. Außerdem haben Sie es sich verdient. Wie auch der IWO.« Von Hassel zögerte. »Nur müssen wir erst mal das Beste aus diesem Schlamassel machen.«

Der Leutnant beugte sich vor und studierte die Karte. »Wie sieht es aus?«

»Ich glaube, es ist bereits losgegangen.« Der Kommandant machte sich nicht die Mühe, Schneider zu informieren. Der Leutnant wusste sowieso Bescheid. Jeder wusste Bescheid. Es gab auf einem U-Boot fast keine Geheimnisse. Außer denen, die durch mangelnde Informationen seitens des Hauptquartiers entstanden, aber gegen die konnte keiner etwas unternehmen. »Die Tommies haben gestern beinahe ein Dutzend kleiner Schiffe verloren. Trawler, Rettungskutter, sogar einen kleinen Ausflugsdampfer.« Er deutete auf die Karte. »Alle hier, nahe bei De Panne.«

Rudi Schneider studierte aufmerksam die Karte. »Die Strände?«

»Sieht so aus!« Von Hassel kramte einen Funkspruch aus dem Stapel. »Lesen Sie!«

Der Leutnant überflog die Meldung. »Luftangriffe auf Dünkirchen? Dann muss es ja da doch noch Wolkenlücken gegeben haben.« Er runzelte die Stirn. »Das kann bedeuten, dass die Tommies die Verladeanlagen in Dünkirchen nicht mehr benutzen können.«

»Also verladen sie ihre Männer am Strand. Das bedeutet, sie müssen alles Material zurücklassen.« Der Kommandant verzog das Gesicht. »Ein Maschinengewehr oder einen Panzer kann man ersetzen, eine Armee nicht.«

Leutnant Schneider griente freudlos. »Es bedeutet, dass Raeder und Dönitz recht hatten. Die Engländer wollen den Krieg durchziehen. Kein Separatfrieden und kein Kriegsende zu Weihnachten.«

»Sieht nicht so aus. Aber Sie haben das nicht wirklich geglaubt?« Von Hassel schüttelte den Kopf. »Nein, nicht Sie!«

Der IIWO schüttelte reumütig den Kopf. »Nein, nicht wirklich. Wann immer wir auf die Tommies gestoßen sind, haben sie gekämpft. Vielleicht hätten die Burschen in Berlin das mal sehen sollen.«

»Das hätte dem Führer vielleicht ein oder zwei Sachen klargemacht.« Von Hassel winkte ab. »Aber lassen wir das.« Unwillkürlich warf er einen Blick zum Vorhang hin, aber im Boot war alles ruhig. Er räusperte sich. »Wir haben einen Auftrag zu erledigen.«

»Dünkirchen?« Der Leutnant sah auf die Karte. »Oder De Panne?« Der Kommandant lächelte nachdenklich. »Weder noch!« Er deutete auf einen Punkt mitten im Kanal. »Hier! Dreißig Meter Tiefe überall rundherum. Mehr finden wir im ganzen Kanal nicht. Der halbe Weg zwischen Dover und Dünkirchen.«

Schneider nickte. »Und wann?«

»In zwei bis drei Stunden. Es hängt von den Tommies ab.« Von Hassel nahm einen Schluck von dem Kaffee und spürte die belebende Wirkung des heißen Getränks. »Sie brauchen Licht zum Verladen. Und sie wissen, dass die Luftwaffe ihnen heute kaum Ärger machen kann.«

»Das bedeutet, die kalkulieren Verluste durch Flieger mit ein?« Schneider schüttelte ungläubig den Kopf.

Von Hassel winkte ab. »Nein, sie haben keine andere Wahl. Die Tommies brauchen eine ganze Flotte dieser kleinen Boote, um ihre Leute abzubergen. Stellen Sie sich vor, was passieren würde, wenn sie die bei Dunkelheit über die Sandbänke bringen müssten. Die Verluste wären noch viel höher.«

»Das leuchtet ein.« Der Leutnant nickte. »Dann müssen wir nur die Tommy-Zerstörer überlisten, unserer eigenen Luftwaffe aus dem Weg gehen und aufpassen, dass wir nicht selber irgendwo auf den Grund rennen. Wenn das alles klappt, können wir ein paar aus der Malhalla rausschießen.« Er verzog das Gesicht. »Wahrscheinlich werden die Zerstörer schon das Beste sein, was wir an Tonnage finden können.«

»Wir müssen auf noch mehr aufpassen.« Von Hassel schob einen weiteren Funkspruch über den Tisch. »U-62 hat sich aus Planquadrat CI5830 gemeldet.«

Leutnant Schneider verschluckte sich beinahe an seinem heißen Kaffee. »CI?« Er hustete. »Die stehen im Kanal?«

»Wenn ich mich richtig erinnere, ist U-62 ein Einbaum. Im Gegensatz zu uns sind die hier genau richtig.«

Schneider studierte den Funkspruch. »Michalowski. Der Name sagt mir gar nichts. Die müssen bereits ausgelaufen sein, bevor wir überhaupt von Freetown zurückgekommen sind.«

»Die Einbäume hängen ja ständig vor England herum. Wir kennen das Spiel ja.«

Der IIWO nickte bedächtig. Ja, sie kannten das Spiel. Von Hassels erstes Boot war so ein Einbaum gewesen, ein kleines Einhüllenboot vom Typ IIB. Ein glückliches kleines Boot mit einer glücklichen kleinen Crew. Bis das Glück sie verlassen hatte. Schneider verdrängte die Erinnerungen. Wie etliche von der Besatzung war auch er damals schon beim Alten gewesen. »Also hat Michalowski neue Befehle bekommen, die wir nur nicht mitbekommen haben.«

»Sieht so aus. Und dann muss ja irgendwo noch das englische U-Boot herumhängen. Die können sich natürlich auch ausrechnen, wo wir zuschlagen werden.«

»Na, das klingt ja alles wirklich klasse, Herr Kaleun!« Der Leutnant dachte nach. »Sie haben einen Plan?«

»Mehr eine Idee.« Von Hassel grinste. »Es wird Zeit, dass die Firma Meier mal ihre Nützlichkeit unter Beweis stellt.« Er rappelte sich von seinem Stuhl auf. »Zeit, dass es Frühstück gibt. Heute brauche ich die Männer in bester Laune.«

Lieutenant Commander Harry Willoughby hockte im Schott. Er war sich des kalten Stahls in seinem Rücken ständig bewusst. Eine Mahnung, eine Erinnerung an seine Schuld. Aber war es eine Schuld?

Vier Offiziere, einige Unteroffiziere und weitere neunundzwanzig Männer befanden sich an Bord seiner Seamist. Zehn davon waren jetzt tot.

Ihre Leichen trieben irgendwo in der abgesoffenen achteren Abteilung herum. Weil er das Schott zugeschlagen hatte. Und wenn er das Schott nicht zugeschlagen hätte, wären sie jetzt alle tot.

Jack, der Erste, beobachtete seinen Kommandanten

nachdenklich. Der Skipper saß bereits seit Stunden brütend am Schott. Nicht, dass es viel zu tun gegeben hätte. Sie warteten. Die Luft im Boot wurde immer schlechter. Die Hälfte der Batterien lag im Achterschiff, die andere Hälfte war nahezu leer. Das Licht war düster, und die Luft wurde mit jeder Stunde schlechter.

Der Erste hatte in den vergangenen Stunden mehrfach den Kohlendioxidgehalt mithilfe von Testampullen überprüft. Noch hatten sie sich kaum verfärbt. Aber so langsam wurde es Zeit, Luft aus den Pressluftflaschen zuzusetzen. Unersetzliche Luft, denn sie konnten hier unten keine Pressluft erzeugen.

»Wann sollen wir aussteigen?« Die Stimme des Lieutenants klang rau.

Willoughby blickte überrascht auf. Aber er fasste sich schnell wieder. Sein Blick wanderte zur Uhr. »Wir haben sieben Uhr. Die Schiffe laufen um acht aus Dover aus. Sagen wir also neun?«

»Um neun!« Jack nickte. Er wusste, dass alle Männer in der Nähe mithörten. Die meisten hatten sich ohnehin in der Zentrale zusammengedrängt. Nahe der Turmluke. Ein paar andere warteten im Vorschiff unter der Versorgungsluke. Er warf einen Blick auf den Turmschacht. Es gab keine Erfahrungswerte für solch eine Situation. Es war reine Glückssache, wer recht hatte und wer nicht.

Der Erste riss sich zusammen. Er musste den Skipper irgendwie wieder auf die Beine bringen. Er konnte nicht an zwei Orten sein, wenn es so weit war. Und den LI und John, den Zweiten, hatte es im Achterschiff erwischt. Er brauchte den Skipper. Denn wenn es so weit war und sie das Boot fluteten, würde nur einer von ihnen beiden recht haben. Und der musste die Männer zusammenhalten, bis sie von den Schiffen aufgefischt wurden. Von der Flotte der kleinen Schiffe, die von Dover kommen würde, um eine Armee zu retten. Er sah auf die Uhr. In eineinhalb Stunden. Er zwang sich zu einem Lächeln. »Zeit, etwas zu essen, Männer. Wäre doch schade, wenn der Kram absäuft.«

Pünktlich um acht Uhr warfen die Schiffe die Leinen los. Dover war ein Durcheinander von kleinen und kleinsten Schiffen. Aber die Spitze wurde von modernen und kampfstarken Zerstörern gebildet. Ein paar der Schiffe waren gerade erst von Operationen aus Norwegen zurück, andere kamen frisch aus der Werft, und wieder andere hatten ihr Kriegsglück bereits im Atlantik versucht.

Entlang der gesamten Strecke über den Kanal begannen sie zu patrouillieren. Flakschutz gegen die gelegentlichen Fliegerangriffe, das war ihre Hauptaufgabe. Natürlich wussten die Engländer auch, dass die Deutschen alles daransetzen würden, die Evakuierung aufzuhalten. Und das bedeutete, sie mussten auch mit U-Booten rechnen.

Goosefoot und Farlane befanden sich ungefähr in der Mitte des sogenannten sicheren Kanals. Jedenfalls, soweit etwas sicher sein konnte in diesen Tagen. Beide Schiffe trugen immer noch die Wunden vom Vortag. Aber im Gegensatz zu Farlane, die in die Werft musste, waren sie noch einsetzbar. *Verfügbarkeit.* Das magische Wort der Stabsoffiziere. Sie waren eben verfügbar.

Verfügbarkeit! Das Wort geisterte auch durch Lieutenant Commander Fraziers Kopf. Sie hatten in aller Eile Munition und Brennstoff aufgefüllt und ein paar kurze Stunden Schlaf erhascht. Das war alles. Er wusste, dass seine Männer am Ende ihrer Kräfte angelangt waren, oder das zumindest glaubten. Frazier selbst, der seit vielen Jahren zur See fuhr, wusste aber auch, dass der Eindruck täuschte. Seine Männer! Vor ein paar Monaten waren sie noch Austräger bei einem Bäcker gewesen, oder Mechaniker für Traktoren. Einer seiner Seeleute hatte sich in Friedenszeiten sogar seine Brötchen als Zuhälter verdient. Nur ein paar Leute hatten Erfahrung, meistens Petty Officers oder seine Warrant Officers wie Gervase Franton, der Leitende Maschinist, den man aus dem verdienten Ruhestand zurückgeholt hatte. Männer in den Schlüsselpositionen.

Frazier grinste und blickte hinunter auf die Back. Der Erste mit seinen Artilleristen wartete, auf die Deutschen, auf den Befehl zum Rückmarsch, auf was auch immer kommen mochte. Mit den Hauben und den Schutzanzügen wirkte die kleine Gruppe unwirklich, wie ein seltsamer Mönchsorden. Alles gute Leute. Selbst Philipps, auch wenn der noch vor ein paar Monaten Artikel für eine drittklassige Zeitung geschrieben hatte.

Im Augenblick gab es wohl keinen Mann an Bord, den er ohne sehr wichtige Gründe hätte austauschen wollen.

Sublieutenant Maxwell sah das Grinsen des Kommandanten. Also machte der Skipper sich keine Sorgen. Es würde schon alles klargehen ... es würde schon klargehen ... es ... Er wiederholte den Gedanken wie ein Mantra. Aber wenn der Skipper sich keine Sorgen machte, dann musste doch alles klargehen, oder? Doch der junge Offizier spürte trotzdem die Angst. Die Furcht vor den kreischenden Stukas, die sich wie eine Ausgeburt der Hölle auf sie stürzen würden, wenn sie nur ein Loch in der Wolkendecke fänden. Die Furcht vor Minen, von denen es gerüchteweise hieß, dass sie von den Deutschen abgeworfen worden waren. Die Furcht vor deutschen U-Booten und Schnellbooten. Er konnte nicht entscheiden, was er am meisten fürchtete. Wahrscheinlich alles auf einmal. Aber wenn der Skipper sich keine Sorgen machte …

Eines der ersten der vielen kleinen Schiffe, die losmachten, gleich hinter den Zerstörern, war der Trawler Amelia. Art Miller, der abgebrühte alte Fischer, stand selbst wieder am Ruder, während sein junger Neffe Tee aufbrühte und Sandwiches bereitlegte. Für später. Auch Miller grinste. Er wusste, dass Duffy, sein Maschinist, wie ein schnüffelnder Jagdhund durch die Last kroch und nach eindringendem Wasser suchte. Aber er würde keines finden. Zwei Tage, das war zu wenig gewesen, um den Rumpf sorgfältig zu überholen. Doch es hatte gereicht, um ein paar Planken auf die Einschusslöcher zu nageln und alles nach guter alter Sitte mit Teer zuzuklatschen.

Kaum hatten sie tieferes Wasser erreicht, begann das Schiff, sich im Seegang zu wiegen. Ein vertrautes Gefühl. Vor ihnen gingen die Zerstörer mit der Fahrt hoch. Art grinste. *Was immer dort vorn auch sein mochte, die Navy wird es zuerst treffen. Und sich darum kümmern.* Ihr Job war es nur, hin- und herzufahren und jedes Mal so viele Männer mitzunehmen wie irgend möglich. Den ganzen Tag. Drei Fahrten, vielleicht vier, alle unter dem Schutz der Royal Navy.

Obermaat Rückert lauschte in seine Kopfhörer. »Sie kommen!« Er drehte vorsichtig am Handrad. »Zerstörer in zwo-acht-null Grad! Zerstörer in zwo-acht-zwo Grad. Dahinter ist noch mehr, aber ich kriege es nicht genau.«

Kapitänleutnant von Hassel blickte auf die Uhr. Viertel nach acht. Die Tommies waren pünktlich. »Frage: Abstand?«

»Über zehn Meilen!« Der Funker verzog das Gesicht.

»Eher weiter, ist schwer zu schätzen bei diesen Verhältnissen.«

»Zehn Meilen ist gut genug.« Der Alte nickte seinem IWO zu. »Absolute Ruhe im Boot.«

Rudi Schneider beobachtete den Kommandanten von seinem gewohnten Platz auf der Apfelkiste aus. Bisher schien alles so zu laufen, wie es der Kommandant vorhergesehen hatte. Die Tommies kamen aus ihrem Loch, sie selbst lagen auf Grund und versuchten, die Zerstörer an sich vorbeilaufen zu lassen. Es war ein guter Plan, jedenfalls so gut ein Plan sein konnte. Aber … Schneider unterdrückte seine Unruhe.

Über das Boot senkte sich Schweigen. Alle nicht unbedingt notwendigen Geräte waren abgeschaltet. Nur kein Geräusch machen, nur nicht auffallen. Vorn im Bugraum drängten sich die Seeleute zusammen. Jetzt, während das Boot getaucht war, gab es für sie nichts zu tun. Sie waren nichts anderes als lebender Ballast, weit weg von der Zentrale, wo über ihr Schicksal entschieden wurde. Gesprochen wurde nicht. Ein jeder hing seinen Gedanken nach. Alois Dörfler versuchte sich mit Gedanken an seinen letzten Landgang abzulenken. *Na hoffentlich war's ned wirklich d'r letzte! Da is' diese Kleine im Lazarett …*

Der Gefreite Henke, einer der Funker, tat so, als würde er lesen. Aber seine Augen nahmen die Buchstaben gar nicht wahr. In Wirklichkeit spitzte er die Ohren. Auch wenn er genau wusste, dass die Tommies noch nicht mit bloßem Ohr zu hören sein würden. Was würde es zuerst sein, das sie hier vorn wahrnahmen? Das Schlagen schneller Schrauben? Das grelle Ping des englischen Suchgerätes? Er hasste und fürchtete alle diese Geräusche, aber noch mehr hasste er das Gefühl der Hilflosigkeit. Das Warten.

Jens Lauer hatte sich auf eine der Kojen gehockt. Ein guter oder ein schlechter Platz, je nachdem, was geschehen würde. Sorgfältig vermied er den Kontakt mit der kalten Bordwand. Eine Nahexplosion konnte einem Mann das Kreuz brechen, nur durch die Druckwelle.

Aber es geschah, ohne dass man wirklich darüber nachdachte. Die Lektionen der letzten Fahrt waren ihm, wie allen an Bord, in Fleisch und Blut übergegangen. Doch sein sonst so reger Geist beschäftigte sich nur mit einem: *Ulrike*. Er hätte sie gern wiedergesehen. Aber in diesem Augenblick erschien sie ihm unendlich weit weg. *Das hier kann doch gar nicht gut gehen!*

Auch achtern warteten die Männer. Daniel Berger strich zum wohl hundertsten Mal über das ölige Metall der Dieselböcke. Sie waren bereit, so bereit, wie sie nur sein konnten. Trotzdem kontrollierte er sie noch mal. Still standen sie auf beiden Seiten des engen Laufganges, wie große geduckte Tiere. Aber wenn der Kommandant sie anfordern würde, wenn sie auftauchen mussten, dann würden seine Diesel bereit sein.

Das Schott zum E-Maschinen-Raum war offen. Maschinenmaat Rainer Mohr, einen Fuß in einem dicken Verband, den anderen in einem Seestiefel, hinkte vorsichtig umher. Sie hatten keinen E-Mixer mehr. Der letzte war durchgedreht, und in Wilhelmshaven hatte man ihnen keinen neuen geschickt. Aber sie kamen klar. Berger kannte sich mit den Dieseln aus, und Hänisch und er konnten die E-Maschinen auch bedienen. Äußerlich ruhig kontrollierte er noch einmal die Anzeigen. Die Batterien waren geladen, Drehzahl auf null. Er brauchte nur auf den Knopf zu drücken.

Matthias Hänisch hockte auf den stählernen Trittstufen. *Wenn Mohr alles selbst kontrollieren will, bitte!* Unbehaglich sah er sich um. Natürlich hatten die Kameraden ihm von der vorigen Fahrt erzählt. Ein bisschen Seemannsgarn, ein bisschen Wahrheit. Die übliche Mischung an Bord. Unbehaglich starrte er auf die Flurplatten vor sich. Der letzte E-Mixer sollte angeblich hier gesessen haben, genau hier, während das Wasser stieg und stieg. Hänisch war christlich erzogen. Aber er wusste trotzdem, dass die Hölle nicht finster und heiß war. Sie war kalt, sie bestand aus Stahl, und sie war von elektrischen Lampen hell erleuchtet. Vor allem aber war sie von jeder Rettung so weit entfernt wie kein anderer Ort der Welt, sollte etwas schiefgehen. In diesen Momenten verstand Matthias Hänisch besser als jeder andere an Bord, was den vorigen E-Mixer hatte durchdrehen lassen.

Die Flotte der kleinen Schiffe

Die Stille in der Zentrale wurde nur unterbrochen von den gelegentlichen Meldungen Rückerts. Was da auslief, war kein Verband. Es war auch keine Flotte. Es war einfach ein wilder, großer Haufen von Schiffen. Lediglich die Kriegsschiffe hielten, so gut es in dem Durcheinander möglich war, Formationen ein. *Wie Kartoffeln in der Suppe.* Von Hassel musste bei dem Gedanken unwillkürlich grinsen. »Wie sieht es aus?«

Willi Rückert zuckte missmutig mit den Schultern. »Ich kann nur noch schätzen. Sie sind überall. Es müssen Hunderte sein.«

»Kriegsschiffe? Oder vielleicht was Größeres?« Von Hassel hatte es längst aufgegeben, sich mit dem zweiten Kopfhörer ein Bild von der Lage machen zu wollen.

»Kriegsschiffe überall. Die meisten Zerstörer sind schon vorbei, aber Steuerbord voraus hängt mindestens noch einer rum. Und die kleinen, die Korvetten, kann ich in diesem Durcheinander eh nicht raushören, Herr Kaleun.« – »Schön, und etwas Größeres, etwas, das wirklich einen Angriff lohnen würde?«

Rückert lauschte in das Durcheinander aus Schraubengeräuschen und Echos. »Es gibt ein paar, die sich dumpfer anhören. Vielleicht kleine Frachter.« Er zuckte mit den Schultern. »Schwer zu sagen.«

Von Hassel kam mehr notgedrungen zu einer Entscheidung. »Behalten Sie die Sache weiter im Ohr. Wenn Ihnen was auffällt, melden, Obermaat!«

»Jawoll, Herr Kaleun!«

Der Kommandant warf einen letzten Blick auf das Horchgerät. Dann kehrte er in die Zentrale zurück.

Oberleutnant Hentrich sah ihn bereits neugierig an. »Was nun?«

»Wir gehen auf Sehrohrtiefe.« Von Hassel verzog das Gesicht. »So voll wie der Kanal heute ist, können wir ja kaum danebenschießen.« Er dachte laut nach. »Wir haben sechs Aale in den Rohren. Selbst wenn wir sechs von denen rausschießen, das tut den Tommies nicht einmal weh. Was wir brauchen, ist eine Panik.«

»Eine Panik?« Im Augenblick sah es eher so aus, als sei der IWO einer Panik näher als die Engländer. »Wie denn das?«

Von Hassel runzelte die Stirn. »Haben Sie nicht gewusst, dass wir Deutschen alle total verrückt sind?« Er sah die verdutzten Gesichter um sich herum und grinste. »Warten wir ab, was wir erreichen können. LI, auf Sehrohrtiefe!«

Der Methusalem beugte sich zu seinen Tiefenrudergängern. »Sutje, Männer. Vorn oben zehn, hinten oben fünf.« Ruhig beobachtete er die Trimmlage. »Zellen drei und vier entlüften. Vorsichtig, Männer!«

Von Hassel lauschte den Befehlen, während er sich kurz über die Karte beugte. Der LI behandelte das Boot wie ein rohes Ei.

Seine Methode, ihm klarzumachen, dass er gegen den Angriff war.

Das Boot, sein technisches Wunderwerk, war beschädigt. Und es hatte keine Reserven mehr, wenn es weitere, schwerere Beschädigungen geben würde. Er, der Kommandant, riskierte zu viel. Er wusste, auch vorn im Bugraum würden einige Seeleute denken, er sei plötzlich von der Halskrankheit befallen worden. Seine Finger glitten über die rostige Bordwand. Es war einer der

Momente, in denen er vor sich selbst zugab, dass er die verdammte Seekuh liebte, dass er das Boot brauchte. Er wollte es auch nicht in einen aussichtslosen Kampf führen, genauso wenig wie seine Männer. Aber er war Offizier, Teil einer uralten Tradition. Er hatte seine Befehle, und es herrschte Krieg. Einen anderen Weg gab es nicht. Hatte es nie gegeben.

Unter seinen Füßen spürte er die leichte Nickbewegung des Bootes, als der LI den langen Rumpf durchpendeln ließ, um die letzten Luftblasen aus den gefluteten Zellen entweichen zu lassen.

»Boot ist auf Sehrohrtiefe und durchgependelt.« Die Stimme des Leitenden klang ausdruckslos.

Von Hassel tippte sich kurz an die Mütze. Der kurze Augenblick der Unsicherheit war vorbei. »Dann wollen wir mal.« Er griff nach dem unteren Angriffssehrohr und presste das Gesicht gegen den Gummiwulst. Zuerst sah er nur Dunkelheit. Dann wurde das Wasser plötzlich glasig grün. Und mit einem letzten Blasenschwall durchbrach der Sehrohrkopf die Oberfläche. Schnell nahm er einen Rundblick. Das Angriffssehrohr war dafür zwar nicht so geeignet, aber die Wolkendecke hing sowieso tief und geschlossen über ihnen. Kein Flugwetter. Er entspannte sich etwas. Entschlossen richtete er den Blick auf die Wasseroberfläche … und hielt den Atem an.

»Können Sie etwas sehen, Herr Kaleun?« Die Stimme des IWO klang gepresst.

Von Hassel nahm den Blick vom Sehrohr und trat zur Seite. »Sehen Sie selbst, IWO!«

Gehorsam presste der Oberleutnant seinen Kopf gegen den Gummiwulst. »Oh!« Das war alles, was er sagte.

Von Hassel wandte sich an Rudi Schneider auf seiner

Apfelkiste. *Der Anfang der stillen Post!* Denn tatsächlich war es oft Schneider, der jede Äußerung in der Zentrale durch das Schott raunte und so versuchte, die Männer vorn auf dem Laufenden zu halten. Eine verdienstvolle Aufgabe, wenn auch eigentlich nicht im Stellenplan vorgesehen. Der Alte griente. »Geben Sie mal weiter an unsere Lords: Zwei Zerstörer in mindestens fünf Meilen Entfernung. Zwei kleinere an Steuerbord, weit entfernt. Und dazwischen alles voller kleiner Fischer, Jachten, Ausflugsdampfer und so weiter.« Er schüttelte ungläubig den Kopf. »Es ist alles voll!«

Der IIWO verzog das Gesicht. »Aber alles Kleinzeug!«

»Alles Kleinzeug!« Von Hassel nickte langsam. »Vergessen Sie das mit der Panik. Der Befehlshaber dieser Operation muss bereits jede Form von Panik haben, die wir ihm beibringen können.« Wieder eine Entscheidung, die schnell zu treffen war. »IWO, trauen Sie sich zu, uns in die Mitte der Malhalla zu bringen?«

Oberleutnant Hentrich hob den Kopf vom Periskop und sah ihn erstaunt an. Das war etwas Neues. Aber es gab darauf natürlich nur eine Antwort. »Jawoll, Herr Kaleun!«

»Gut, ziehen Sie den Spargel ein!« Von Hassel ging zu seinem gewohnten Platz am Querschott. »Das Boot gehört ganz Ihnen!«

Oberleutnant Hentrich räusperte sich mühsam. »Also gut. Steuerbord zehn. Neuer Kurs wird zwo-fünfnull Grad.« Er sah den Methusalem unsicher an. Kein Wunder, schließlich hatten sie den gleichen Dienstgrad, auch wenn Hentrich der Stellvertreter des Kommandanten war. »Bringen Sie das Boot auf dreißig Meter, LI!«

»Jawoll, IO!« Der Leitende warf einen kurzen Blick zu von Hassel, der im Schott saß und so tat, als gehe ihn alles nichts an. »Auf dreißig Meter!« Er gab ein paar Anweisungen, und der Bug senkte sich wieder eine Winzigkeit nach unten. So flach, wie das Wasser hier war, musste man ständig aufpassen, nicht in den Sand zu rennen.

Von Hassel sah die Verwirrung seiner Männer mit einer gewissen bösartigen Belustigung. Aber wenn er Hentrich als Kommandanten empfehlen sollte, musste er sicher sein, dass der Oberleutnant dazu in der Lage war. Ganz einfach. Auch wenn es ihm in den Fingern kribbelte, wieder zu übernehmen. Er *würde* wieder übernehmen, wenn der IWO sich weit genug in den Strom der englischen Schiffe geschmuggelt hatte.

Alle konzentrierten sich. Es war ihre letzte Chance, ihre einzige Chance. »Alles klar, Männer?«

Gemurmelte Bestätigungen kamen aus dem Halbdunkel. Die elektrischen Lampen waren in der Zwischenzeit alle ausgefallen. Alles, was sie jetzt noch hatten, waren Handleuchten.

Willoughby fühlte, wie das kalte Wasser mit quälender Langsamkeit an seinen Beinen hochstieg. *Warum dauerte das nur so lange?* Doch andererseits, wenn das Boot plötzlich geflutet worden wäre, was wäre dann passiert? Wären die Männer vielleicht einfach in den Raum gespült worden? Weg von dem rettenden Turmschacht?

Der Skipper riss sich zusammen. »Ruhig, Männer! Wir müssen bis zum Druckausgleich warten. Und dann einer nach dem anderen!« Er blickte in die Gesichter, die um ihn herum im Licht der Taschenlampen weiß aussahen. Als wären sie schon alle tot. Er spürte einen Schauer über seinen Rücken gleiten, der nicht vom kalten Wasser kam. Eine Gewissheit, die ihn aber nicht mehr erschreckte. Er hatte nur noch für seine Männer zu sorgen. Mit einer neuen Leichtigkeit lächelte er in die Runde. »Wird schon schiefgehen, Männer. Haltet euch einfach an das, was man euch beigebracht hat.«

Die Männer sahen sich gegenseitig unruhig an. Aber keiner sagte etwas. Was sollten sie auch sagen? Um sie herum stieg das Wasser, und über ihnen dröhnten die Schrauben der Schiffe. Aussteigen aus einem abgesoffenen U-Boot hatte man ihnen zwar beigebracht, aber jeder wusste doch, dass es nur eine Verzweiflungstat war.

Willoughbys Gedanken irrten ab zu Jack, seinem Ersten. Vielleicht würde er mit der vorderen Luke mehr Glück haben. Aber das irre Grinsen wich nicht von seinem Gesicht.

Oberleutnant Dieter Hentrich schwitzte Blut und Wasser. Dabei war das ganze Manöver bis hierhin nicht einmal besonders gefährlich. Die nächsten Kriegsschiffe waren so weit weg, dass nur Rückert ihre suchenden Ortungsgeräte hören konnte. Die Schiffe, unter denen sie sich zum Teil direkt durchschlichen, waren klein, blind und taub. Und sollten sie was mitbekommen, hatten sie nicht einmal etwas, das sie nach ihnen hätten werfen können. Es gab keine echte Gefahr.

Was den eigentlich sehr erfahrenen IWO unsicher machte, war, dass er zum ersten Mal während eines Angriffes oder wenigstens eines Teiles davon das Kommando hatte. Er hatte oft genug die Verantwortung für alle an Bord getragen. Auf den endlosen Wachen, in denen jeder Augenblick den Tod bringen konnte, bei Ein- und Auslaufmanövern, die ihm der Kommandant überließ, oder auch, wenn er und seine Männer Tonnen von Sprengstoff durch das enge Boot bewegten, um die verschossenen Rohre nachzuladen. Aber noch nie während eines Angriffs. Das war immer die Domäne des Kommandanten gewesen, eines jeden Kommandanten. So wartete der Oberleutnant geradezu auf ein neues Geräusch im GHG oder einen beißenden Kommentar des Alten. Etwas, das alles in einen wilden Zustand verwandeln konnte.

Kapitänleutnant Heinz-Georg von Hassel schwitzte Blut und Wasser. Nicht, dass es etwas an Hentrichs Seemannschaft auszusetzen gab oder dass er Risiken eingegangen wäre. Immer und immer wieder rief der Alte sich ins Gedächtnis, dass es gar kein echtes Risiko gab. Nicht, bis sie die Torpedos abfeuerten. Dann aber würde jeder Tommy im Umkreis von vierzig Meilen wissen, dass sie hier waren. Die Ruhe würde in den Sturm umschlagen. Dann würde er wieder übernehmen. Er grinste verstohlen. Dann musste er wieder übernehmen … oder durfte es.

Demonstrativ wandte er sich um. »Rückert? Irgendwas gefunden, das einen Aal lohnen würde?«

»Eine Meile achteraus scheint ein kleiner Frachter zu laufen. Eine größere Schraube. Aber erwarten sie nicht zu viel, Herr Kaleun!« Der Funker zuckte mit den Schultern. »Ich kann Ihnen auch einen einzelnen Zerstörer anbieten.«

»Nein, danke!« Von Hassel schüttelte den Kopf. »Nicht, wenn es nicht notwendig ist.«

Rückert drehte das Gerät etwas leiser, als wieder ein Fischdampfer in nächster Nähe an ihnen vorbeizog. Die Männer blickten zu den nassen Stahlwänden. Das Geräusch war überall im Boot zu hören. Für die Männer klang es, als würde der scharfe Kiel im nächsten Augenblick die Druckröhre aufreißen. Aber in Wirklichkeit lagen noch etliche Meter zwischen den beiden Rümpfen. Genug, um das getauchte U-Boot nicht einmal durch einen leichten Zug am Ruder des Trawlers zu verraten. Der Funker wartete, bis der Fischer vorbei war. Nachdenklich sah er den Kommandanten an. »Das Ortungsgerät funktioniert im flachen Wasser nicht ordentlich. Und in diesem Durcheinander noch viel weniger.«

Von Hassel sah verdutzt auf. »Was meinen Sie, Obermaat?«

»Die Zerstörer dürften genauso taub sein wie wir, Herr Kaleun!« Rückert biss sich auf die Lippen. Wenn er unrecht hatte, würden die Tommies sie rasieren. Aber es war eine Chance, die Aale loszuwerden. Und wenn sie endlich alle losgeworden waren, konnten sie heimfahren. »Er kann zwar ein Ping aussenden, aber von wo es zurückkommt und wie oft es reflektiert, ist reine Glückssache.«

Der Alte dachte nach. »Das würde zumindest etwas Tonnage bedeuten.« Er schüttelte ungläubig den Kopf. »Denken wir gerade wirklich darüber nach, einen Zerstörer unter Wasser zu treten wegen *Tonnage?«* Er schüttelte wieder den Kopf. »Männer, das ist wirklich der Abstieg!«

Oberleutnant Hentrich, der von der Unterhaltung nur einen Teil mitbekommen hatte, wandte den Kopf und tippte an die Mütze. »Wir sind in der Mitte, Herr Kaleun!« Er verzog das Gesicht. »So ungefähr jedenfalls.«

Von Hassel wandte sich zu Rückert um. »Nun, dann suchen Sie mal schön! Wir brauchen was Größeres.« Er rappelte sich vom Schott auf. »Dann schauen wir mal diesen Frachter an.« Ruhig ging er zum Sehrohr. »Kommandant fährt weiter!«

Der Rundblick war reine Gewohnheit. Die Wolken hingen immer noch tief und bedrohlich über der See. Nur nach Backbord hin, zur französischen Küste, schienen die Wolken dunkler zu sein. Rauch, dichter fettiger Rauch. Dünkirchen brannte also immer noch. Mochte der Teufel wissen, ob die Tommies da verladen konnten.

»Herr Kaleun!« Rückerts Stimme klang aufgeschreckt.

Aber von Hassel hatte es bereits gehört. *Jeder hatte es bereits gehört!* Das scharfe Ping schnitt wie ein Skalpell in den Schädel, ließ den Schweiß ausbrechen und wollte sie lähmen.

»Wo ist er?«

Rückert lauschte kurz. »An Backbord querab. Fast eine Meile!« Er zögerte. »Was wir hören, ist ein Echo!« Er blinzelte. »Ich kann seine Maschinen nicht hören, da sind mindestens drei oder vier andere dazwischen.«

»Zwischen uns?«

Rückert runzelte die Stirn. »Ich kriege mit dem Kasten die Richtung, aber nicht die Tiefe. Alles andere ist Schätzung. Entfernung, Tiefe. Man kann sich leicht täuschen, Herr Kaleun.«

»Aber er war bis vor wenigen Augenblicken still.« Von Hassel gab sich Mühe, ruhig zu bleiben. Jede Minute trieb das U-Boot ein paar Meter voran, vielleicht in die Gefahr. Aber es war wichtig, dass sich Rückert sicher war. Sonst hatten sie einen Zerstörer hinter sich, der bereits Jagd auf sie machte. Er drehte das Sehrohr in die Richtung. Backbord querab. Aber alles, was er sehen konnte, waren zwei Fischer und ein alter Raddampfer, der vielleicht einst dazu gedient hatte, Badegäste nach Ramsgate zu bringen.

Er blinzelte. *Da war noch etwas!* Er brauchte einen Augenblick, um es zu begreifen. Hinter dem Ausflugsdampfer ragte ein spindeldürrer Mast in die Höhe. Und als er wusste, wonach er suchte, erkannte er auch den

Rand eines Schornsteines. Der Rest war durch den Raddampfer verdeckt, aber die Anordnung war typisch. Ein Kriegsschiff und dennoch keines. Walfängertyp. Nur wegen seines niedrigen Sichtwinkels konnte er die hochgezogene Back nicht sehen. Aber er wusste, dass sie da war. Eine Korvette. Verdutzt sah er, wie das Kriegsschiff mit der Fahrt herunterging. Nicht ruhig, wie es ein Schiff tut, das einfach in aller Ruhe seine Schraube ausdrehen lässt. Es war ein verzweifeltes Manöver mit rückwärtsdrehender Schraube. Ein Versuch, so schnell wie möglich zum Stillstand zu kommen, aber sicher nicht, um ein U-Boot zu jagen. Nur den Grund konnte er nicht erkennen.

»Männer im Wasser! An Backbord voraus!«

Frazier stürzte überrascht an die andere Seite der Brücke. *Männer im Wasser? Woher kommen die denn?* Er musste nicht einmal das Glas nehmen. Zwei Männer schwammen im Wasser und winkten aufgeregt. Und während er noch hinsah, tauchte ein dritter auf.

»Maschinen stopp, Ruder Steuerbord zehn!« Noch während er die Befehle bellte, sah er sich kurz nach den nächsten Schiffen um. Zwei Trawler und ein Ausflugsdampfer, die ihm in die Quere kommen konnten. Alle anderen zogen weiter weg, der Küste entgegen. Er zählte die Sekunden. »Maschine rückwärts!« Ein weiterer Gedanke schoss durch seinen Kopf, und er brüllte in ein Sprachrohr: »ASDIC! Schmeißen Sie Ihren Zauberkasten an. Vor uns ist etwas, vielleicht am Grund!«

Am Strand musste die Beladung der ersten Schiffe schon begonnen haben. Genau der richtige Moment für die Krauts, alles in ein Desaster zu verwandeln. Aber die Wolken hingen immer noch tief und vermischten sich mit dem schwarzen Qualm über Dünkirchen zu einer undurchdringlichen Schutzhülle. Die Luftwaffe konnte nicht fliegen, vor allem, wenn der Wetterbericht recht hatte und ganz Norddeutschland und Holland unter Nebel lagen.

Tausend Gedanken schossen ihm durch den Kopf. Aber er hatte keine andere Wahl. Da trieben Männer im Wasser. Schon war es wieder einer mehr geworden. »Maxwell, klar bei Kletternetzen! Zwei Mann ans Netz, sie sollen ihnen helfen, hochzukommen!« Er fuhr herum. »Bunts: Spruch an Admiralität und alles Weitere. Stoppen, um Überlebende aufzunehmen. Farlane zuerst!«

Einer der Ausgucks blickte über die Brückennock. »Die sehen nicht aus wie von der Army, Sir!«

»Nein, es sind U-Boot-Fahrer!« Er konzentrierte sich wieder auf die Manöver des Schiffes. »Maschine stopp!« Er zögerte. »Sie tragen Lederpäckchen und Schwimmwesten.«

»Deutsche?« Der Seemann staunte nicht schlecht.

Der Skipper sah den jungen Seemann einen Augenblick an und spürte den irren Drang, zu lachen. Aber er unterdrückte den Impuls, vielleicht, weil er dann nie wieder hätte aufhören können. Aus dem Wasser gaben die Stimmen der Treibenden Antwort, als sie um Hilfe riefen. Sanft trieb der graue Rumpf an die Männer heran und kam zum Stillstand.

Verdutzt starrte der Seemann auf die treibenden Männer. Männer wie sie selbst. Einen Augenblick lang sah er fassungslos zu, wie sie sich der Bordwand und den Kletternetzen näherten. Der Skipper schien seine Augen überall zu haben. Bei den Männern am Kletternetz, den Seeleuten im Wasser und auch immer wieder bei Farlane, die begann, einen weiten Kreis um sie herum zu schlagen. Aus einem der Sprachrohre klang ein Pfiff, und Frazier sprang hinzu. »Kommandant!«

»Kontakt, Sir. Direkt vor uns am Grund. Bewegt sich nicht!«

Kapitänleutnant von Hassel warf einen weiteren Blick durch das Sehrohr. Ein schneller Rundblick und wieder runter mit dem Spargel. Alles andere wurde zu gefährlich, jetzt, nachdem der Verkehr dichter und dichter wurde. Missmutig wandte er sich zu Hentrich um. »Wir nehmen zuerst diesen Frachter. Ein alter Küstendampfer, aber wenigstens so ungefähr tausend Tonnen.«

Der IWO sah ihn kurz prüfend an. Beide Männer wussten, dass diese Schiffe noch unbeladen waren. Rein nach den Erfordernissen des Krieges ... aber Hentrich zuckte nur mit den Schultern. »Wahrscheinlich das Dickste, was wir hier finden. Was ist mit den Bewachern?«

»Einer scheint Leute zu fischen, der andere fährt Suchkreise.« Von Hassel fuhr das Sehrohr ein und versuchte, das ständige Ping für einen Augenblick aus seinen Gedanken zu vertreiben. Aber es gelang nicht, der grelle Ton war allgegenwärtig. Nur mit Mühe konnte er sich konzentrieren. Ein Blick auf die Uhr zeigte ihm, wie die Zeit verrann. Die Zerstörer mussten bereits die Küste erreicht haben. Was würden sie tun? Soldaten laden? Oder ausschwärmen und einen Sicherungsschirm bilden? Außerdem mochten sich in dem ständigen Strom der kleinen Schiffe noch mehr Kriegsschiffe befinden. Es wurde Zeit, etwas zu unternehmen. »Wir greifen den Dampfer an. Außerdem feuern wir zwei Torpedos auf weitere Schiffe ab.«

Der IWO sah ihn überrascht an. »Zwei Aale auf den Frachter? Das wird den kleinen Kerl völlig zerreißen!«

»Würde es …«, von Hassel nickte grimmig, »… wenn mehr als die Hälfte unserer Aale im Ziel explodiert.« Er sah sich um. »Also los! Schleichfahrt, Ruder Backbord zehn! Wir legen uns den Burschen besser zurecht.«

Die Zentrale war geflutet. Nur unter der Decke befand sich noch eine große Luftblase, in der die Männer sich verzweifelt festklammerten. Trotzdem brachte es einer der Männer immer noch fertig, die Lampe zu halten. Mit jeder Bewegung schwenkte der Lichtstrahl hin und her und riss ständig andere Details aus der Dunkelheit. Aber wahrscheinlich bekam der Mann dadurch nur noch mehr Angst vor der Dunkelheit.

Harry Willoughby konnte fühlen, wie das kalte Wasser die Kraft aus seinem Körper saugte. *Konzentriere dich!*, ermahnte er sich. War wieder eine halbe Minute vergangen? Dreißig lange Sekunden?

»Evans, du bist der Nächste! Dreimal tief durchatmen, dann runter in den Schacht und durch den Schacht nach oben. Und immer ausatmen! Immer ausatmen!« Er wartete einen Augenblick, ob der junge Seemann noch eine Frage hatte. Aber der Mann nickte nur schweigend. »Los!«

Der Seemann verschwand im schwarzen Wasser. Für die anderen begann wieder das Warten. Zehn Sekunden, um den Schacht in der Dunkelheit zu erreichen, zwanzig, um durchzukommen. Wenn sie durchkamen. Willoughby wusste so gut wie jeder andere Mann in der Zentrale, dass es genauso gut sein konnte, dass schon der erste Mann irgendwo hängen geblieben war und jetzt ihren einzigen Fluchtweg blockierte. Sie hatten keine Möglichkeit, das festzustellen, bevor sie in den Tunnel tauchten. Leben oder Tod, vorher ausprobieren ging nicht.

Der Kommandant sah sich um. Der nächstbeste Schwimmer mochte ein Heizer namens Dexter sein … der Mann mit der nächsten Chance. Er sah auf die Uhr, aber er konnte in der Dunkelheit die Zeiger nur erahnen. Es musste einfach stimmen.

»Dexter, los mit Ihnen. Dreimal tief einatmen, runter, durch den Schacht. Und immer ausatmen. Alles klar?«

Dexter hob die Hand und verschwand unter Wasser. Die Übriggebliebenen rückten etwas näher zusammen.

Torpedos laufen

Von Hassel fuhr ein letztes Mal den Spargel aus. »Gegner Bug links, fünf Knoten, Abstand sechs Kabel. Fächer Rohr eins und zwei!« Unten im Boot wurden die korrigierten Werte eingestellt. »Und los!« Der doppelte Ruck fuhr durch das Boot, und begleitet vom Zischen von Pressluft schossen die beiden Aale auf ihre todbringende Reise … oder in einen totalen Versager.

Der Kommandant hatte aber schon das Sehrohr leicht herumgeschwenkt. »Einzelschuss Rohr drei, Gegner Bug links, Fahrt vier, Tiefe zwo!« Er wartete gerade ab, bis die Werte unten eingestellt waren. »Rohr drei los!«

Ein dritter Ruck folgte. Von unten rief Hentrich: »Torpedos laufen!« Von Hassel schwenkte den Spargel weiter. Das dritte Ziel fing sich in seinem Fadenkreuz. Ein Hochseeschlepper. Vielleicht vierhundert Tonnen. Unter normalen Umständen keinen Aal wert. Aber hier musste man ja mit allem zufrieden sein. »Rohr vier, Gegner Bug links, vier Knoten, Tiefe zwo! Und ab damit!«

Von Hassel hielt sich nicht damit auf, die Einschläge zu beobachten. Eilig ließ er das Sehrohr im Schacht verschwinden und rutschte die Leiter hinunter in die Zentrale.

Ein hartes Ping traf die Röhre.

Und dieses Mal konnte kein Zweifel daran bestehen, dass sie eingepeilt worden waren.

Rückert streckte den Kopf aus dem Funkschapp. »Bewacher achteraus dreht auf uns ein. Geht mit der Fahrt hoch!«

»Beide AK! Backbord fünfzehn!« Von Hassel fuhr herum. »LI, runter an den Grund. Dreißig Meter!«

U-68 legte sich in eine schwindelerregende Kurve nach unten. Aber der lange Bug begann fast sofort, sich wieder aufzurichten.

»Festblasen! Vorn unten fünf, hinten unten fünf ... und null!« Der LI tippte kurz an die Mütze. »30 Meter.«

Von Hassel zuckte mit den Schultern. »Hier ist man ja gleich unten!« Er ging steifbeinig zum Schott und sah zu Rückert. »Was macht er?«

»Er dreht!« Rückert nahm für einen Augenblick die Kopfhörer ab und deutete zur Decke. »Das ist er!«

Tatsächlich! Aus den vielfältigen Schraubengeräuschen schälte sich eines heraus. Zwei schnell drehende Schrauben, untermalt vom Stampfen einer Kolbenmaschine. Gar nicht so viel anders als die anderen Schiffe, und trotzdem ... drängender, entschlossener, bösartiger. Unwillkürlich zogen ein paar Männer den Kopf ein.

Rückert stülpte sich den Kopfhörer wieder auf. »Der Zweite bleibt stur liegen!« Dann erstarrte sein Gesicht zu einer Maske. »Er wi...« Der Rest ging in einem urweltlichen Donnern unter.

Das Boot legte sich schwer auf die Seite. Mal wieder klirrte Glas. Aber der größte Teil der Birnen hielt. Fluchend kamen die Männer wieder auf die Füße und sahen sich verwundert an.

Auch Hentrich blinzelte verdutzt. »Nur eine Bombe?«

»Nur eine!« Von Hassel schüttelte den Kopf. »Nur eine!« Plötzlich wandte er sich wütend zu den Rudergängern. »Hart Steuerbord! Beide AK!« Er atmete tief durch. »LI, wenn er das nächste Mal wirft, gehen wir auf Schleichfahrt!«

U-68 legte sich in eine enge Kurve nach rechts. Oberleutnant Hentrich griff nach einem der Rohre um Halt. *Dreißig Meter, keinen Meter tiefer. Das kann nicht gut gehen! Spätestens, wenn der zweite …* Ein neues Geräusch unterbrach seinen Gedanken. Es hörte sich mehr an wie ein Knacken, oder wie zerreißender Stoff. Gar nicht wie eine Explosion. Aber der Eindruck täuschte. Gerade waren zweihundertachtzig Kilogramm Hexogen in die Luft geflogen. Der Gefechtskopf eines Torpedos! Und der gedämpfte Klang zeigte den Männern an, dass sie etwas getroffen haben mussten. Es war nicht schwierig, sich vorzustellen, wie die Druckwelle in den getroffenen Rumpf schlug. Ein paar Stimmen jubelten, aber sie wurden von den Maaten schnell wieder zum Schweigen gebracht.

Von Hassel blickte zur Apfelkiste. Leutnant Rudi Schneider saß dort und hielt demonstrativ die Stoppuhr hoch.

Die Pings des britischen U-Boot-Ortungsgerätes wurden nicht viel lauter, aber sie wurden schneller. U-68 lief direkt rechtwinklig in den Kurs der wild drehenden Korvette. Aber zu weit voraus. Die nächsten Schläge erfolgten beinahe gleichzeitig. Die Wasserbombe lag so weit ab, dass sich der schwere Bootskörper nur etwas schüttelte. Dann folgte sofort eine weitere, gedämpftere Explosion. Wieder ein Aal im Ziel. Beinahe sofort folgte ein unheimliches Gluckern.

»Der säuft ab! Halleluja, der säuft ab!« Bootsmann Volkerts tanzte wie ein Bär im Kreis herum.

Von Hassel schüttelte den Kopf. »Ruhe im Boot! LI, Schleichfahrt. Hart Backbord!«

Wieder legte sich das Boot in eine Gegenkurve. In

Schlangenlinien kroch U-68 über den Grund. Von Hassel wischte sich verstohlen den Schweiß von der Stirn. »Wir haben einen Denker erwischt!«

»Bitte?« Der IWO sah ihn verständnislos an.

Von Hassel nickte grimmig. »Der Kerl wirft keine Serien! Er schmeißt einfach immer einen Koffer dahin, wo wir logischerweise hindrehen!«

Oberleutnant Hentrich verzog das Gesicht. Die Frage, warum sie nicht dahin drehten, wo es angeblich so logisch war, verkniff er sich besser.

Das ASDIC wurde wieder drängender, und die Schrauben über ihnen mahlten immer noch auf höchsten Umdrehungen. Die Korvette drehte weg von ihnen, wandte ihnen jedoch für einen Augenblick das Heck zu. Von Hassel konnte sich die verzwickten Manöver des kleinen Kriegsschiffes vorstellen, noch bevor die Bestätigung des Horchers kam. »Er dreht nach Steuerbord!«

Der Alte nickte kurz. »Also gut! Verschlusszustand!« Er warf einen kurzen Blick auf den tickenden Kompass. »Stützruder!«

Lieutenant Commander Frazier brüllte wütend hinunter zu Maxwell, der immer noch auf dem Seitendeck stand. »Was haben wir?«

»Sie sind von HMS Seamist. Das U-Boot wurde bereits gestern abend zerstört, Sir!«

Frazier unterdrückte ein Stöhnen. »Wie viele kommen noch hoch?« Noch während er sprach, erschien wieder ein Mann an der Oberfläche, sah sich kurz um und begann dann, mit quälender Langsamkeit auf das still liegende Schiff zuzuschwimmen.

»Noch ein Dutzend, Sir!« Maxwell zuckte ratlos mit den Schultern. »Mindestens! Es waren auch noch Leute in einer anderen Abteilung; von denen wissen wir nichts!«

Unwillkürlich warf Frazier einen Blick nach Steuerbord. Der kleine Frachter, den die Krauts erwischt hatten, lag bereits tief im Wasser. Gierig leckten die Wellen über das Achterschiff, während immer noch Rauch aus dem Aufbau quoll. Und nur ein Stück weiter waren ein paar treibende Wrackteile das einzige Zeugnis, das von einem Hochseeschlepper geblieben war. Schon drehte ein Fischerboot bei und begann, trotz der offensichtlichen Bedrohung durch die Nazi-Röhre, die Männer aufzufischen.

»Aufpassen, Männer! Wenn ihr ein Sehrohr seht, fragt nicht lange, sofort feuern!« Fraziers Stimme klang heiser. Er wusste, was viele seiner Männer dachten, während sie den Schwimmern im Wasser zusahen. *Schneller, schneller, nun macht schon, ihr Hundesöhne!* Der Skipper wusste es, denn er fühlte es selbst. Sie lagen hier wie auf dem Präsentierteller, ohne jede Fahrt. Das perfekte Ziel. Aber solange sie nicht den letzten dieser Männer aus dem Wasser gefischt hatten, konnten sie nicht weiterfahren. So einfach war das.

»Aufpassen, Männer! Auf Sehrohre achten!« Er zwang sich zu einem Grinsen. »Wenn wir ihn blenden, muss er hoch! Dann haben wir ihn!« Er wusste genau, dass seine Männer sich die Augen aus dem Kopf starren würden. Viele glaubten, was er sagte. Denn sie waren noch immer grün und unerfahren. Natürlich hatte ein U-Boot wahrscheinlich mehrere Sehrohre. Aber die Suche würde sie beschäftigt halten und von ihren Sorgen ablenken. Er wandte sich um und erspähte einen Seemann. »Hey, Sie! Sorgen Sie mal für Tee oder Kye!« Wieder ein Grinsen. »Was der Smut rausrückt!«

Hinter ihnen rumpelte wieder eine Wasserbombe,

aber Frazier drehte sich nicht einmal um. Das war jetzt Farlanes Problem. Und der Boss wusste offensichtlich, was er tat. Er hatte sich um sein Schiff zu kümmern. Mit einem schnellen Schritt war er an einem Sprachrohr. »ASDIC? Können Sie und der Horcher versuchen, ob sie die Krauts zu fassen kriegen?«

»Aye, Sir! Aber dann muss ich unser Boot aus den Augen lassen, Sir!«

Fraziers Stimme klang fast sanft. »Dann tun sie das. Ich glaube nicht, dass die Jungs irgendwohin gehen!« Er richtete sich auf und spähte kurz über die Brüstung hinunter auf das Seitendeck. Wieder einer an Bord, aber der nächste ploppte schon wieder hoch, wie ein Korken. Alle halbe Minute einer. Er wandte sich von dem Sprachrohr ab und kramte in den Taschen nach seiner Pfeife. Alles eine Nervenfrage. *Warum hat der deutsche Skipper nicht uns angegriffen?* Wir lagen still, waren ahnungslos und obendrein noch das wertvollere Ziel. Aber er kannte die Antwort. Und nun hatte er seine Leute auf das U-Boot angesetzt. Er sah auf die Uhr. Verdammt, schon halb zehn. Eigentlich sollten sie bereits vor der Küste stehen. Aber als der Seemann mit dem heißen Kakao erschien, zeigte sein Gesicht keine Regung.

Von Hassel ließ das U-Boot zum hundertsten Male drehen. Oder zum zehnten Male, oder zum tausendsten Male. Sein Zeitgefühl drohte ihm zu entgleiten. Immer wieder sah er auf die Uhr, nur um festzustellen, dass gerade einmal ein paar Minuten vergangen waren.

Die Antwort des Tommies kam sofort. Ein krachender Schlag schüttelte das Boot, und wieder gingen ein paar Birnen zu Bruch. So langsam waren ihre Vorräte am Ende. Aber die Ladung hatte nicht so nahe gelegen, dass es schon gefährlich gewesen wäre.

So langsam bekam er ein Gefühl für den Gegner. Ein seltsam vertrautes Gefühl. Wahrscheinlich stand das Schiff immer noch unter dem gleichen Kommandanten wie damals vor Afrika. *Damals!* Er griente unwillkürlich. Das war ja erst ein paar Wochen her. Aber dann wurde er schnell wieder ernst. Wenn er begriff, wie der andere Kommandant dachte, mochte das auch umgekehrt gelten. Ein unangenehmes Gefühl.

An Bord wurde nur noch geflüstert. Immer hofften sie, der verdammte Tommy würde sie verlieren. Dann war es lebenswichtig, sich nicht durch ein neues Geräusch zu verraten.

Oberleutnant Hentrich beugte sich zum Kommandanten. »Was hat er vor? Jagt er uns oder nicht?«

»Er jagt uns!« Von Hassel verzog das Gesicht. »Es muss unser alter Freund von Freetown sein. Er hat seine Lektionen gelernt.«

Der IWO zuckte mit den Schultern. »Er schafft es ja nicht einmal, uns sauber zu überlaufen!«

»Er *will* uns gar nicht überlaufen!« Der Kommandant runzelte die Stirn. »Er hält uns unten und lässt uns Strom und Luft verbrauchen.« Er blickte plötzlich auf. »Es ist ihm wichtiger, die Schiffe durchzubringen. Uns kann er immer noch erledigen, wenn wir am Ende sind.«

In der Zentrale konnte man eine Stecknadel fallen hören. Von Hassel sah sich überrascht um. »Vergesst es, Männer, da haben wir auch noch ein Wort mitzureden.« Er blickte die Männer grinsend an. »Wir müssen nur noch etwas abwarten. Er wird Verstärkung rufen, und dann bricht hier der Zustand aus.«

Die Zeit verging in einem seltsamen Schwebezustand. Weiter im Westen war es zu Luftangriffen im Raum Calais gekommen. Ein Zerstörer hatte ebenfalls von Westen her ein U-Boot gemeldet. Auch auf der Hauptroute, beinahe geradewegs von Dover nach Dünkirchen, hatte ein Schiff gemeldet, dass es torpediert worden war. Konnte sein, denn nicht weit voraus konnte er Rauch am Himmel erkennen.

Art Miller blickte aus den salzverschmierten Scheiben des Steuerhauses. Vor ihnen war Rauch zu sehen. Seine Amelia lief gerade einmal vier Knoten. Das reichte zum Fischen. Aber über den Kanal und zurück würden sie zehn Stunden brauchen. Die Kriegsschiffe erledigten das in zwei Stunden. Aber die Kriegsschiffe waren auch nur ein paar Dutzend, sie waren Hunderte. Ständig musste Miller den Kurs ändern, oder seine brave Amelia wurde von schnelleren Schiffen überholt. Er blickte auf die Uhr im Steuerhaus. Kurz nach zehn. An den Stränden würde bereits die Einschiffung begonnen haben. Die Krauts würden also hellwach sein.

Duffy Sutter, der Maschinist, kam von unten und blickte voller Missbilligung auf die mit Schiffen gefüllte See. »Verdammt, wie der Piccadilly Circus!«

»Was treibt dich hier hoch, Duffy?«

Der alte Maschinist schmunzelte. »Die Show musste ich mir mal ansehen, Art. Sieht man ja nicht alle Tage.«

»Da hast du recht!« Art griff mit einer Hand nach dem Fernglas. »Was machen die denn da?«

Auch Duffy beugte sich vor. »Der wirft was …« Aber in diesem Moment ging bereits wieder eine Wabo hoch. Wasser und Schlamm wurden in einer großen Sprengwolke in die Höhe gerissen. Für Augenblicke sah es so aus, als würde das Heck des Schiffes selbst mit ins Unheil gerissen. Aber dann fiel die Wasserwolke wieder in sich zusammen, und HMS Farlane kam äußerlich unversehrt wieder zum Vorschein. Immer noch mit hoher

Fahrt, einen weißen Knochen im Maul, legte sich das Schiff über und wechselte den Kurs.

»Er jagt ein U-Boot!«

Art schüttelte den Kopf. »Er versucht es zu vertreiben!« Sein Arm deutete etwas weiter nach Backbord. Immer noch fahrtlos lag Goosefoot mitten in der Fahrrinne. Der schwarze Ball im Topp zeigte allen Schiffen, dass die Korvette aus irgendwelchen Gründen in der Navigation behindert war. Noch ein kleines Stück weiter sackte ein brennender Küstenfrachter tiefer und tiefer ins Wasser.

»Wir sollten ausweichen!« Duffys Stimme klang unsicher. So ganz überzeugt war er offensichtlich nicht. »Das sind die Burschen, die uns beim letzten Mal rausgehauen haben. Ich erkenne das gestoppte Schiff wieder.«

»Jaaaa …« Mit gerunzelten Augen betrachtete Miller die Korvette. »Das sieht alles sehr komisch aus. Übernimm mal das Ruder!« Seine Hand angelte bereits nach der Handlampe. »Vielleicht brauchen sie ein paar Hände mehr.«

Duffy Sutter sah ihn ruhig an. »Du willst es riskieren?«

»Hast du die Hosen voll?«

Der alte Maschinist nickte. »Ja, und du auch!« Er zuckte mit den Schultern. »Also ab dafür, Skipper!«

»Anruf von Steuerbord achteraus!«

Die Stimme des Signalgastes riss Frazier aus seinen Überlegungen. »Was gibt es?«

»Fischer! Er ruft uns an!« Der junge Seemann deutete achteraus. »Verdammt, morst der langsam!«

Frazier nickte. »Den kennen wir doch?«

»Amelia aus Dear!« Der Signäler grinste. »Der macht

das schon ein paar Tage.« Widerwillige Anerkennung zeichnete sich auf dem Gesicht des jungen Signälers ab.

Der Skipper betrachtete den Fischtrawler nachdenklich. Ein harter Mann, ein zuverlässiger Mann. Er musste es einfach sein, wenn er jetzt schon wieder hier draußen rumfuhr, nachdem die Krauts ihm vor ein paar Tagen erst das Boot wegbomben wollten. »Fragen Sie ihn, ob er helfen kann, Bunts!«

Der junge Mann drehte sich um und sah seinen Kommandanten an. »Genau das hat er gerade angeboten.«

»Hervorragend!« Frazier spürte so etwas wie neue Kräfte in sich erwachen. »Mit zwei Korvetten kriegen wir den Kraut. Der Fischer soll sich um die U-Boot-Fahrer kümmern.« Er runzelte die Stirn. »Erklären Sie ihm die Lage.«

»Aye, Sir!«

Aber Frazier hatte sich bereits abgewandt und beugte sich über eines der Sprachrohre. »Sparks, hören Sie?«

»Aye!«

»An Admiralität und alles Weitere. Bergung Schiffbrüchiger wird von Trawler Amelia übernommen. Operiere auf Kontakt Farlane!« Er wiederholte den letzten Satz und setzte hinzu: »Greife an!« Es klang wie ein Grabspruch. Nur für wen, das war noch offen.

Ein verzweifelter Schuss

»Der Zweite setzt sich in Bewegung!« Funkmaat Rückert drehte am Handrad und verzog das Gesicht. »Da kommt was auf uns zu, Herr Kaleun! Zwei Turbinenantriebe in ungefähr Drei-Drei-Null!«

Von Hassel blickte auf den Kompass. Sie liefen im Augenblick nahezu nach Westen. Also kamen zwei Schiffe mit Turbinenantrieb von der französischen Küste. Turbinenantrieb! Also große oder wenigstens starke Schiffe. Zerstörer! Es gab sicher auch große Passagierschiffe, seltener auch Tanker oder Kühlfrachter mit Turbinenantrieb, aber nicht hier und heute im Kanal. Das waren Schiffe mit achttausend, zehntausend und mehr Tonnen. Zu groß, um an den Stränden Männer aufzunehmen. Aber vielleicht irrte er sich auch.

»Können Sie die Entfernung schätzen, Rückert?«

Der Funker lauschte in seine Kopfhörer. Die Richtung war ziemlich klar, aber der Abstand? Das Geräusch klang irgendwie verzerrt. Gedämpft? Das Pfeifen der Turbinen war ziemlich klar zu hören, auch wenn er die Schrauben selbst noch nicht aus dem tieferen Mahlen der anderen Schrauben heraushören konnte. »Mehr als drei Meilen, Herr Kaleun. Aber wie viel mehr?« Er zuckte mit den Schultern. »Kann sein, sie sind noch vor der Küste, kann sein, sie sind schon halb hier. Zu viele Störgeräusche.« Er sah den Kommandanten beinahe verzweifelt an.

Aber von Hassel winkte ab. »Schon gut! Melden Sie, wenn die näher kommen! Und behalten Sie die anderen im Ohr. Die andere Korvette ist also fertig mit Leutefischen?«

Rückert schüttelte den Kopf. »Einer der Fischdampfer scheint zu stoppen! Wahrscheinlich übernimmt er das jetzt.«

Wieder einmal formte sich aus den Peilungen in von Hassels Kopf ein Bild. Ein sehr ungenaues Bild. Denn alles, was Rückert unter diesen Bedingungen aus dem GHG herausbrachte, waren bestenfalls gute Schätzungen. Der ganze Kanal schien voller drehender Schrauben zu stecken. Überall liefen Maschinen. Überall fuhren Schiffe. Er spürte die Unsicherheit. Keine Ausbildung hatte ihn oder seine Männer auf solch eine Situation vorbereiten können. Verdammt, sie gehörten in den Atlantik, nicht hierhin!

Aber als er sich umdrehte, war auf seinem Gesicht keine Spur seiner Zweifel zu entdecken. Er nickte den Männern in der Zentrale zu. »Wir sind den Tommies einigen Aufwand wert. Aber hier sind so viele Schiffe unterwegs, dass die Kriegsschiffe nicht frei manövrieren können.« Er zwang sich zu einem Grinsen. »Es wird Zeit, den Burschen einen neuen Trick zu zeigen.«

Oberleutnant Hentrich schluckte mühsam. »Was tun wir?«

»Wir verschwinden von der Bildfläche.« Von Hassel trat an den Kartentisch und warf einen Blick auf die ausliegende Karte. Die eingezeichneten Kurslinien sahen aus wie das Gekritzel eines Irren. Nachdenklich legte er einen Finger auf einen Punkt. »Der dürfte inzwischen gesunken sein.« Abrupt wandte er sich um. »Rückert! Irgendwelche größeren Schiffe rund um den Frachter, den wir angeschossen haben?«

»Nichts, Herr Kaleun! Tut mir leid!«

Von Hassel blinzelte kurz. »Macht nichts, passt mir

ganz gut.« Er nickte dem IWO zu. »Gehen Sie auf Eins-Drei-Fünf, Schleichfahrt!«

»Die zweite Korvette dreht ein!« Rückerts Stimme klang gepresst.

Von Hassel hob den Kopf, aber er konnte in der allgegenwärtigen Geräuschkulisse die Schrauben des Verfolgers noch nicht ausmachen.

Die gelegentlichen Pings des Ortungsgerätes wurden schneller. Aus den einzelnen Geräuschen wurde ein durchgehendes nervenzerfetzendes Geräusch. Und dann, wie ein sich nähernder D-Zug, wurden die Schrauben der Korvette lauter und lauter. Kein Zweifel, dieses Mal wollte der Tommy sie überlaufen.

»Ruhig bleiben!« Von Hassel klang, als wolle er ein durchgehendes Pferd beruhigen. Im Geiste zählte er die Sekunden. Für die Männer im Boot klang es, als müsse das Kriegsschiff bereits über ihnen sein. Aber das Geräusch wurde immer noch lauter und lauter.

Sie würden es nicht mehr schaffen, sich in die Deckung des gesunkenen Frachters zurückzuziehen. Missmutig zuckte er mit den Schultern. Dann eben nicht.

Das rasende Ping riss von einem Augenblick zum anderen ab. Von Hassel fuhr herum. »Hart Backbord! Beide AK!«

»Achtung, er wirft!«

Das Boot legte sich auf die Seite in eine enge Kurve. Männer angelten nach Halt. Dann krepierten die Wasserbomben. Vier Bomben waren von den Werfern der Farlane seitlich davongeschleudert worden, zwei weitere Bomben einfach aus den Schienen über das Heck gerollt. Ganz offensichtlich meinte der Kommandant der Farlane es dieses Mal ernst. So ernst, dass er auch Schäden am eigenen Schiff riskierte. Das übliche Muster, gebräuchlich im tiefen Wasser des Atlantik, in dem die Wabos fast zwanzig Sekunden brauchten, um auf zweihundert Meter zu sinken. Dort waren die Chancen für ein U-Boot, zu entkommen, immer noch reell, denn zwanzig Sekunden bedeuteten selbst bei Schleichfahrt ein paar Meter Abstand.

Bei dreißig Metern blieben ihnen gerade einmal drei Sekunden. Drei Sekunden waren in etwa die Zeit, in der das Boot knappe drei Meter zurücklegte.

Die Druckwellen schlugen von beiden Seiten auf das Boot ein wie Schmiedehämmer. Das Licht flackerte und erlosch. Irgendwo begann Wasser zu rauschen, und das Boot wurde ruckartig in den Schlamm gedrückt. Schreie gellten durch die Dunkelheit. Aber irgendjemand behielt die Nerven, und eine Handlampe flammte auf und riss Details aus der Finsternis.

Das Boot vollführte eine weitere Rollbewegung, bis es beinahe völlig auf der Seite lag. Von Hassel stieß schmerzhaft gegen das Schott. Aber der Schmerz riss ihn aus der Erstarrung. Im Boot bestand Verschlusszustand. Das Wasser musste irgendwo in der Zentrale sein. Alles lief in Sekundenbruchteilen ab. »Der Turm!« Er rappelte sich auf und tauchte in den dunklen Turmschacht. Wasser durchnässte ihn. *Volltreffer!* Wütend riss er die untere Luke zu. Den Turm konnten sie für den Augenblick vergessen. Er rutschte das letzte Stück der Leiter hinunter. »LI! Auf die Trimmung achten!« Er atmete tief durch. »Schäden melden und Ruhe im Boot!«

Oberleutnant Hentrich erschien in der Dunkelheit. »Kurs Eins-Acht-Null geht durch!«

»Stützruder!« Von Hassel blickte Hentrich kurz an. »Gehen Sie auf Eins-Neun-Null!« Die beiden Männer blickten auf, als wieder ein Ping die Hülle traf. *Die zweite Korvette!*

Der Zentralemaat winkte kurz mit der Lampe, um ihre Aufmerksamkeit zu erregen. »Keine Verbindung nach achtern!«

Wegemann, der LI, blickte auf. »E-Maschinen laufen, Herr Kaleun!« Er zögerte kurz. »Bitte um Erlaubnis, die Schotten für Reparaturen zu öffnen!«

Der Kommandant nickte. »Schotten öffnen! IIWO, sehen Sie nach, was da los ist. LI, Schadensmeldungen!«

Das Ping der zweiten Korvette wurde schneller, drängender. Und wieder dröhnten Schrauben.

Bei dreißig Metern blieben ihnen gerade einmal drei Sekunden. Die Zeit, in der die Korvette bei voller Fahrt fünfundzwanzig Meter zurücklegte. Auch HMS Farlane wurde von den Druckwellen geschüttelt wie eine Ratte im Maul eines Terriers. In der Messe stürzte Geschirr aus den Schapps. Vorn im Bug, im Mannschaftslogis, wirbelten die wenigen Habseligkeiten der Seeleute von den Backs und Bänken.

Aber die schwersten Schäden musste das Achterschiff erleiden. Hunderte Kilo von Sprengstoff explodierten knappe fünfundzwanzig Meter hinter dem gerundeten Heck der Korvette. Sekundenbruchteile später erreichte die Druckwelle Ruder und Schrauben. Noch während sich die Sprengwolken über die Wasseroberfläche erhoben, hob die Druckwelle das Schiff an. Verbände ächzten und stöhnten unter der plötzlichen Belastung. Kreischend begann überbeanspruchter Stahl sich zu dehnen. Das geschlagene Schiff fing an, aus dem Ruder zu laufen.

Auch U-68 war schwer getroffen. Offenbar hatte es ein Stück eines Schraubenblattes abgeschlagen. Im Heck gab es Vibrationen und ein pfeifendes Geräusch. Schleichfahrt konnten sie jetzt vergessen. Der Turm war abgesoffen, und damit war auch das obere Angriffssehrohr nicht mehr einsetzbar. Im Vorschiff waren Rohr eins und drei nach außen undicht geworden, und die Binnenbordsverschlüsse machten Wasser.

Der Alte nahm die Meldungen mit unbewegtem Gesicht entgegen. »Die Pumpen laufen, LI?«

»Ja, Herr Kaleun!« Der Methusalem wischte sich den Schweiß von der Stirn. »Die zweite ...« Von Hassel winkte ab und sah unwillig auf. »Ja doch, gleich!«

Obermaat Rückert streckte den Kopf aus seinem Schapp. »Erster Bewacher verliert Fahrt, der zweite scheint abzudrehen. Zerstörer drei Meilen in Zwo-Eins-Null, hohe Fahrt!«

»Noch einer!«

Von Hassel wusste nicht, wer den Stoßseufzer ausgestoßen hatte. Aber es war auch egal. »Halten Sie den Mund!« Er atmete durch. »Also gut! IWO, wir gehen auf Zwo-Null-Null!« Er griente. »Sieht so aus, als sei der erste im Anlauf des zweiten stecken geblieben. Das gibt uns Zeit.«

Oberleutnant Hentrich gab die notwendigen Ruderbefehle. »Sie wollen den Zerstörer angreifen?«

»Ihm wenigstens einen Schrecken einjagen. Heckrohre fluten!«

Die Männer hielten den Atem an. Einen Zerstörer aus Lage null zu torpedieren war beinahe unmöglich. Aber es würde ihn zum Abdrehen zwingen. *Was zum Teufel hatte der Alte vor?*

Von Hassel ging bereits zum unteren Angriffssehrohr. »LI, Sehrohrtiefe!«

* * *

Lieutenant Commander Frazier verfolgte die Drehung seines Schiffes mit klopfendem Herzen. Langsam, beinahe als wolle sie sich widersetzen, wanderte Farlane nach Backbord aus. Schon verlor die Korvette Fahrt. Ein Heulen zerriss die Luft, als Dampf abgelassen wurde. Momente zuvor war das Schiff noch volle Fahrt gelaufen. Nun stoppte es ab, um Druck vom beschädigten Ruder zu nehmen. Irgendwo musste der Dampf ja hin.

»ASDIC hat den Kontakt verloren!«

Frazier blickte Maxwell ruhig an. »Das war zu erwarten. Wir sind zu nahe dran.« Er seufzte. Das war die Schwäche des ASDIC. Sie konnten nur voraus orten, und auch nur bis zu einem bestimmten Winkel in die Tiefe. Kamen sie dem Ziel zu nahe, verloren sie den Kontakt. Die letzten paar Sekunden eines Angriffes fuhren sie blind und taub. »Abbruch, wir müssen einen Kreis fahren und sie wieder suchen!«

»Verdammt!«

In der Entfernung blitzte ein Scheinwerfer auf. In den Signalgast kam Bewegung. »Anruf von Steuerbord, Zerstörer Balmoran! Er fragt, ob er sich beteiligen soll!«

Frazier schüttelte den Kopf. »Mal sehen, was der Chef meint!« Er spähte nach dem Zerstörer. Das große Kriegsschiff stürmte bereits mit voller Fahrt auf ihre Position zu. Noch zwei Meilen. Nicht einmal mehr.

»Sehrohr, Sir!« Einer der Seeleute beugte sich über die Reling und deutete aufs Wasser. Tatsächlich ragte etwas aus dem Wasser. Es bewegte sich ständig hin und her und drehte sich dabei gleichzeitig. Unzweifelhaft ein Sehrohr. Keine Kabellänge von seinem Schiff entfernt, aber der Bug von HMS Goosefoot zeigte hilflos in die falsche Richtung. Alles, was er tun konnte, war, auf das Sehrohr schießen zu lassen. »Feuer frei!« Es war mehr ein wütendes Brüllen. Beinahe sofort eröffnete die Oerlikon das Feuer. Fedrige Einschläge sprangen um das Sehrohr auf.

Frazier fuhr herum. »Weiter drehen! Maxwell, sagen Sie dem ASDIC, wo der Jerry ist!«

Warum riskiert er das? Der Skipper konnte den Gedanken nicht mehr aus seinem Kopf verdrängen. Warum ... Er wandte sich langsam um und starrte nach Nordwesten. Der Zerstörer.

HMS Balmoran lief weit über dreißig Knoten. Bei dieser Geschwindigkeit konnte er keine genaue Peilung haben, aber der Kommandant musste ja auch davon ausgehen, dass Goosefoot und Farlane den frechen Kraut auf Tiefe hielten. Tatsächlich war der Zerstörer in diesen wenigen Augenblicken bereits auf eine Meile herangestürmt. Ein prächtiger Anblick, den Bug hoch aus dem Wasser gehoben, das Heck tief in das dunkle Wasser des Kanals gegraben. Die Bugwelle reichte beinahe bis zum Vordeck. Ein kampfstarkes Schiff, ein tödliches Schiff ... ein totes Schiff!

Frazier packte den Signalgast. »An Balmoran: Torpedo voraus!«

Der vertraute Ruck fuhr durch das Boot. Erschrocken fuhr von Hassel den Spargel wieder ein. »Runter!« Über ihren Köpfen klang ein seltsames Rattern, als prassle ein Regen aus Metallbröckchen auf das Deck über ihnen. »Die haben das Sehrohr gesehen!«

Leutnant Schneider hob die Stoppuhr. »Torpedo läuft!«

»Sehr gut!« Von Hassel rechnete kurz. »Hart Backbord, beide AK! Neuer Kurs wird Null-Drei-Fünf!«

Die Männer erstarrten. Der Steuermann starrte ihn an. »Herr Kaleun, da ist der Zerstörer!«

Von Hassel sah ihn ruhig an. »Noch!«

Das Boot drehte sich. Unter seinen Füßen spürte von Hassel, dass U-68 träger als sonst reagierte. Sie hatten abgesoffene Trimmzellen und etliche Tonnen Wasser im Turm. Und wer wusste schon, wie viel Wasser in der Bilge stand. Viel Auftrieb konnten sie nicht mehr in Reserve haben. Schon jetzt hatte der LI kaum noch gegenfluten müssen, als der Torpedo das Boot verließ. Stattdessen hatte er einfach Wasser von vorn umgepumpt.

Nicht zum ersten Mal dachte von Hassel darüber nach, ob es nicht besser sei, aufzutauchen und auszusteigen. Das Boot war mürbe. Jeder Zug konnte den Tod bringen. Aber die Spielregeln sahen das nicht vor. Beinahe flehend sah er den IIWO und dessen Stoppuhr an.

Leutnant Schneider zuckte mit den Schultern. »Fast abgelaufen!«

»Stützruder!« Von Hassel spähte auf den Kompass. »Null-Drei-Fünf! Genau auf ihn zu.«

Das Blitzen eines Scheinwerfers antwortete. »Er fragt nach!«

»Direkt vor ihm, sagen Sie es ihm!« Frazier lehnte sich über die Reling. Aber sosehr er auch auf das Wasser starrte, er konnte keine Laufbahn entdecken. Sollte er sich geirrt haben? Die Sekunden dehnten sich. Endlich schien sich die Silhouette des Zerstörers zu verlängern. Er drehte.

Es war zu spät. Unvermittelt stieg eine Wassersäule am Bug des Schiffes auf. Zuerst sah es so aus, als habe der Treffer keinen großen Schaden angerichtet. Doch dann klang das Heulen der Sirene über den Kanal. Die kleinen Schiffe drehten weg von dem getroffenen Schiff. Noch immer lief der Zerstörer hohe Fahrt, aber ein Wasserschwall am Heck verriet, dass die Maschinen umgekuppelt waren, die Schrauben rückwärts liefen.

Dampf strömte aus und hüllte das Schiff ein wie ein Leichentuch. Frazier fluchte. Der Zerstörer war verloren, das konnte man auf den ersten Blick sehen. Verzweifelt versuchte der Kommandant, die Fahrt aus dem Schiff zu nehmen, um das Kollisionsschott zu entlasten. Aber er war zu schnell. Als das Schott endlich brach, war das Krachen weithin zu hören. Das Schiff begann, sich auf den Kopf zu stellen, als das Wasser mit triumphierendem Brausen in den Bug eindrang. Langsam hob sich das Heck mit den immer noch drehenden Schrauben in den Himmel, während der Bug von seinem eigenen Vortrieb regelrecht unter Wasser geschoben wurde.

Winzige Gestalten rutschten an Deck hinab. Männer sprangen ins Wasser. Alles erschien in gnadenloser Deutlichkeit in Fraziers Fernglas. Sein Gesicht war wie aus Stein gemeißelt. Er hatte den Plan des Deutschen begriffen. Nun war er am Zug. Ohne zu zögern, wandte er sich um. »Maxwell! Zur Balmoran!« Er wandte sich an den Signalgast. »Signal an Amelia. Sie soll Farlane helfen!« Er warf einen kurzen Blick zu seinem Gruppenchef. Das Schiff schwamm, und es fuhr auch noch, wenn auch nur langsam. Verdammt, er sah mindestens ein Dutzend Schiffe, die langsamer fuhren. Alles potenzielle Opfer für die Krauts. Die Männer auf diesen Schiffen wussten das. Trotzdem zogen sie immer noch stur ihre Bahn. Sie hatten einen Job zu tun. Von der Küste her kamen bereits die ersten Schiffe zurück. Beladen bis zur obersten Lademarke und darüber hinaus mit erschöpften, verdreckten, blutenden Soldaten. Er sah sich nach Maxwell um. »Und dann will ich wieder volle Gefechtsbereitschaft.«

Eines Mannes Entscheidung

Von Hassel blickte auf die Uhr. Schon Mittag. Seit fünf Stunden waren sie getaucht. Sein Boot schleppte sich nur noch voran. Die lange AK-Fahrt saugte die Batterien regelrecht leer. Er wollte nicht, aber er musste. »LI, kleine Fahrt!« Er winkte ab, als er das Gesicht des Leitenden sah. »Ich weiß, aber wir brauchen den Strom vielleicht noch.«

Das Pfeifen der Schraube war bis hier vorn zu hören. Im Augenblick brauchten die Tommies nicht einmal ihr wunderbares Ortungsgerät, um sie zu finden. Gedanken rasten durch seinen Kopf. Aufgeben war eine Option. Aber alles in ihm wehrte sich. Beinahe zärtlich strichen seine Finger über rostiges Eisen. *Die Seekuh aufgeben?* Der Gedanke war mehr, als er ertragen konnte. Trotzig hob er den Kopf. »Rückert? Was gibt's zu hören?«

»Der Zerstörer säuft ab. Eine von den Korvetten ist auf parallelem Kurs zu uns, aber etwas voraus. In Drei-Vier-Null. Beschleunigt weiter. Die andere läuft mit etwa vier Knoten einen Kreis. Schon der dritte, wenn ich richtig zähle.«

»Gut, sein Ruder klemmt.« Der Alte konnte sich eine gewisse Schadenfreude nicht verkneifen. Eigentlich hatte der britische Kommandant seine Sache gut gemacht. Er hatte ihn überrascht und alles auf eine Karte gesetzt. Nur das Glück war gegen ihn gewesen.

Ein einzelnes Ping traf die Röhre, und erst in diesem Moment begriff er, dass die Ortungsimpulse schon seit ein paar Minuten ausgeblieben waren. Verdutzt sah er zum Funkschapp. »Nanu? Hat der gerade erst wieder eingeschaltet?«

»Scheint so, Herr Kaleun. Ich habe ihn schon ein paar Minuten nicht mehr gehört. Seine Schrauben, seine Maschinen, aber nicht sein Ortungsgerät.« Rückert zuckte mit den Schultern. Er musste aus all dem nicht schlau werden, das war Aufgabe des Kommandanten. Er hatte genug damit zu tun, nicht einen der vielen Kontakte aus den Ohren zu verlieren.

»Interessant! Melden, wenn er den Kurs ändert.«

Rudi Schneider kam aus der achteren Abteilung zurück. Er tippte kurz an die Mütze. »Die achtere Bilge ist lenz, Herr Kaleun! Aber die Schraube hört sich wüst an.«

»Danke, Herr Schneider. Wir hören es ja.«

Wieder traf ein Ping den Rumpf. Oberleutnant Hentrich trat zu ihnen. »Was hat der vor? Der muss uns doch auch ohne sein Ortungsgerät hören. Will er uns Angst machen?«

Der IIWO grinste unbehaglich. »Bei mir ist ihm das gelungen.« Er zögerte. »Wird er wieder angreifen?«

Von Hassel musterte ihn mit einem kalten Blick. »Wahrscheinlich. Was soll er sonst tun?« Er dachte nach. »Er will uns erschrecken. Zu einem Kurswechsel bringen.« Wieder sah er zur gerundeten Decke. Das Geräusch der Schrauben war seit Stunden selbstverständlich geworden. Selbst während sie gejagt worden waren, hatten sie Dutzende von kleinen Schiffen mit nur geringem Abstand passiert. *Wie die Lemminge, nur mit Verstand!* Er grinste. Was für ein blöder Vergleich. Die Tommies wussten ganz genau, was sie taten. Und sie waren zäh. Harte Kämpfer, nur, dass sie technisch im Nachteil waren. U-Boot-Jagd war kein einfaches Geschäft. Er sah sich um. Dafür hatten die Burschen ihnen ganz schön zugesetzt.

Es wäre einfach, nach Backbord zu drehen. Hinter der Korvette durch und raus aus dem Kanal. Für U-68 war die Jagd vorbei. Wenigstens für dieses Mal. Zwei Rohre waren beschädigt, die Trimmfähigkeit nur noch mit viel gutem Willen gegeben. Das waren Sachen für eine Werft. Also, Backbord und weg. »Backbord zehn!« Wie zur Bestätigung traf ein Ping das Boot.

Das Boot legte sich schwerfällig leicht nach links. Von Hassel beobachtete den tickenden Kompass. Keiner sprach.

Sekunden verstrichen. Wieder traf ein Ping das Boot. Der Bug zeigte bereits fast genau nach Norden. Weiter, nur weiter. Ostsüdost, Zwei-Vier-Null, da ging es Richtung Heimat!

»Korvette ändert Kurs. Er dreht nach Backbord, Herr Kaleun!«

Von Hassel hielt den Atem an. Was hatte der Mistkerl nun wieder vor? »Stützruder!« Er runzelte die Stirn. Sie waren langsamer, viel langsamer als der britische Bewacher. Und dass der vor Rachedurst dampfte, war wohl klar. Aber er würde etwas aus dem Schicksal seines Kameraden gelernt haben. *Wirf nie zu viele Wasserbomben ins flache Wasser!* Das stand bestimmt in keinem Handbuch. Also, er konnte nicht tief tauchen, die Tommies nicht mit allem schmeißen, was sie hatten. »Was macht er?«

»Er geht mit der Fahrt herunter!«

Wieder vergingen Sekunden, reihten sich zu Minuten. In der engen Stahlröhre warteten die Männer, ein jeder gefangen in seinen eigenen Gedanken. Vorn im Bugraum hatte selbst Dörfler es aufgegeben, flüsternd vor sich hin zu mosern. In der Zentrale lauschten die

Männer auf jede der geraunten Meldungen Rückerts. Und achtern, im E-Maschinen-Raum, trug Matthias Hänisch seinen eigenen Kampf mit der Panik aus, die ihn zu übermannen drohte. Aber dieser Kampf tobte schon seit fünf Stunden, seit dreihundert Minuten, seit achtzehntausend endlos langen Sekunden. Ab und zu hatten sie mal die Fahrtstufe verändert, waren schneller oder langsamer geworden. Aber abgesehen von den wenigen Augenblicken, in denen ihre Aale abgefeuert wurden, hatte es wenig gegeben. Sie warteten. Auf den Tod oder auf das Entkommen. Und für den jungen Matthias Hänisch war es die Feuerprobe als U-Boot-Fahrer.

»Seine Drehung stoppt!« Rückerts Stimme klang, als könne er selbst nicht fassen, was er da meldete.

»Was?« Von Hassel schob seine Mütze verdutzt weiter nach hinten. »Sind Sie sicher, Obermaat?«

Der Funker horchte noch einmal. »Er ist jetzt genauso langsam wie wir. Scheint konstant seine Position zu uns zu halten.«

»Verdammt!« Von Hassel schlug auf den Kartentisch, und die umstehenden Männer zuckten zusammen. »Der Kerl will uns verarschen!«

Oberleutnant Hentrich kratzte sich im Bart. »Wir haben noch einen Aal in Rohr sechs, Herr Kaleun!«

»Der letzte hat ja gut funktioniert, was?« Der Kommandant dachte kurz nach. »Nein, der wird uns keine Chance geben.« Er durchdachte das ganze Manöver noch einmal. Die Korvette konnte ihnen überall den Weg abschneiden, einfach, weil sie viel schneller war. Und verlieren konnte sie den Kontakt jetzt auch nicht mehr, mit der beschädigten Schraube. Alles, was den britischen Kommandanten vom Angriff abhielt, war der richtige Verdacht, dass sie noch einen Aal in einem

Heckrohr hatten. Da hatte jemand mitgerechnet. Die Tommies wurden jedes Mal besser. Wütend griff er nach seiner Mütze und stülpte sie sich wieder korrekt auf den Kopf. Nachdenklich sah er zur gerundeten Decke.

Die Korvette war zu weit weg, um ihre Schrauben in dem allgemeinen Durcheinander zu hören. Aber beinahe regelmäßig schnitt ein grelles Ping durch die Stille. Sie war da. Sie warnte ihn.

Er verzog grimmig das Gesicht. »Dann wollen wir mal sehen, aus welchem Holz er geschnitzt ist! Steuerbord fünfzehn! Beide AK!«

»Herr Kaleun! Der Strom!«

Von Hassel nickte entschlossen. »Richtig! Zeit, etwas zu unternehmen, LI.« Ruhig ging er zu seinem Stammplatz am Schott. Von hier aus konnte er alles sehen und hören, hatte die Kontrolle über alles. Doch er war sich darüber klar, dass er dabei war, die letzten Reserven der immer schwächer werdenden Batterien mit AK zu verbrauchen. Wenn das nicht klappte, konnte er nur noch aufgeben.

»Die Amelia hat das Wrack erreicht!«

Als Frazier die Meldung des jungen Seemannes hörte, fuhr er herum. *Das Wrack!* Er hatte immer noch das Bild eines lebendigen, kraftvollen Schiffes vor sich. Kein Wrack. Die Bezeichnung erschien ihm so würdelos. Aber der Anblick ließ ihn jede scharfe Bemerkung vergessen, die er auf der Zunge hatte.

Noch immer ragte das Heck des Schiffes über das Wasser, aber der Rumpf hatte sich gedreht. Nun zeigten Schrauben und Ruder in den Himmel, während die Decks unter Wasser lagen. *Das Wasser hier ist nicht einmal tief genug, um ein Schiff anständig sterben zu lassen!* Doch er vergaß den Gedanken sofort wieder. Auch ohne Glas erkannte er die Männer, die sich überall auf den Rumpf kauerten und an jedem Vorsprung festklammerten. Frazier hielt den Atem an. Überall um das Schiff breitete sich Öl aus. Dickes schwarzes Treiböl. In dieser Öllache trieben Männer. Überall Männer. Kleine schwarze Buckel. Ein paar bewegten sich, versuchten, durch die dicke Masse auf sie oder den kleinen Trawler zuzuschwimmen. Er schätzte die Entfernung ab. Acht Kabel, sicher nicht mehr.

Und hinter ihnen folgte eine verdammte Naziröhre, mit noch mindestens einem scharfen Torpedo in einem Rohr. Klar, dass die verrückten Jerries versuchen würden, die Rettung zu behindern.

Auch Maxwell starrte ins Wasser. »Mein Gott, die müssen schon geladen gehabt haben. Das sind Leute von der Army!« Er blickte Frazier an. »Wir müssen stoppen, Sir! Wir …«

»Halten Sie den Mund, Sub!« Fraziers Stimme klang tonlos. »Signal an Amelia. Sie muss einen Augenblick allein klarkommen.« Er beugte sich über ein Sprachrohr. »ASDIC? Was macht er?«

»Läuft mit sechs Knoten in Grün Eins-Vier-Fünf hinter uns her, Sir!«

Frazier starrte einen Augenblick auf das Sprachrohr, als wolle er die Metallröhre für das verantwortlich machen, was er jetzt tun musste.

Endlich richtete er sich wieder auf. »Hart Steuerbord! Klar bei Wasserbomben!«

Er warf einen letzten Blick zu den ölbedeckten Männern und dem kleinen Trawler, der sich vorsichtig näherte. Dann nickte er dem Posten Maschinentelegraf zu. »Volle Kraft!« Mit Hartruder schwenkte HMS Goosefoot weg von den treibenden Männern. Es würde kein großer Kreis werden.

»Er dreht und geht mit der Fahrt hoch!« – Von Hassel hob den Kopf. »Wohin? Nach Steuerbord?«

»Steuerbord. Er wandert nach rechts aus, Herr Kaleun!«

»Gut!« Der Kommandant nickte kurz. »Hart Backbord, halbe Fahrt!« Er runzelte nachdenklich die Stirn. »Mal sehen, was er dieses Mal macht.«

Zeit verstrich, aber sie hatte keine Bedeutung mehr. Alles, was in den Köpfen der Männer noch Raum einnahm, waren das sich beschleunigende, rasende Ping und die mahlenden Schrauben über ihren Köpfen. Immer weiter drehte die Korvette über ihnen.

»Und Ruder mittschiffs!« Von Hassel wartete ab, bis die Drehung auslief. »Rückert, melden, wenn er achterlicher als querab ist.«

»Jawoll, Herr Kaleun!« Rückert ließ die Peilung nicht mehr aus dem Horchgerät. »Null-Acht-Null ... Null-Neun-Null, Herr Kaleun!«

»Hart Steuerbord, Steuerbordmaschine AK, Backbord kleine Fahrt!« Weich und schwammig legte sich das große Boot in eine Rechtskurve. Die ungleichmäßig drehenden Schrauben und die Hartruderlage zwangen den Bootskörper herum, viel enger, als die Korvette folgen konnte.

Mochten die Tommies auch schneller sein, das U-Boot war auf alle Fälle manövrierfähiger.

Eine Wasserbombe donnerte und schüttelte das Boot durch. Aber es gab nur noch wenige Glühbirnen, die kaputtgehen konnten. Dann waren sie rum. Von Hassels Stimme klang hart in dem Durcheinander. »Stützruder! Beide AK voraus!« Er wartete einen Augenblick. »Neuer Kurs wird Null-Null-Null!

»Herr Kaleun! Der Zerstörer ist vor uns, ich höre ihn!« Aber die Meldung Rückerts war unnötig. Sie alle hörten ihn. Das Krachen und Kreischen brechender Schotten, mit dem nun auch das Achterschiff auf Grund ging. Und ein anderes Geräusch, viel leiser als drehende Schrauben, brechender Stahl und stampfende Maschinen – Schreie. Nicht die Schreie eines Menschen, es waren die Schreie Hunderter, die im Wasser trieben. Den Männern lief ein Frösteln über den Rücken.

»Steuerbordwerfer los!« In hohem Bogen flog die Wasserbombe in die See. Nur Sekunden später krepierte die Ladung mit der Gewalt eines Vulkans. Wasser und Schlamm spritzten in die Höhe, bis auf das Seitendeck, aber keiner der Männer kümmerte sich darum. Sie mussten nachladen.

Frazier spürte die Erschütterung der Druckwelle wie einen körperlichen Schmerz. Der Hund hatte ihn schon wieder hereingelegt! Er hatte sein eigenes Schiff als Köder angeboten, und der Deutsche hatte wieder gedreht, die Beute ignoriert. Total verrückt, diese Jerries.

»Maxwell, weiter drehen, hinter ihm her!« Er beugte sich zum Sprachrohr. »ASDIC, haben Sie Kontakt?«

»In Grün Null-Vier-Fünf, Sir. Bewegt sich langsam nach rechts!«

Der Sublieutenant spähte nach vorn. »Sir!« Er deutete über die Brüstung der Nock. »Sir!«

Frazier blickte nach vorn. Der Kreis war zu drei Vierteln vollendet. Wieder wanderte das sinkende Heck des getroffenen Zerstörers in sein Blickfeld. In schrecklicher Agonie sackte das Achterschiff erneut ein Stück tiefer, und wieder sprangen mehr Männer von dem sinkenden Rumpf. Das ganze Wasser war bedeckt von Öl und kleinen Buckeln. Männern. Diejenigen, die sich nicht mehr bewegten, waren tot, die anderen … eigentlich auch. Das Wasser des Kanals hatte zu Ostern gerade einmal fünf Grad. Spätestens nach zwanzig Minuten wurde man bewusstlos und ertrank. Frazier begriff, dass bereits mindestens zehn Minuten vergangen waren, seit der Bug des Zerstörers untergeschnitten hatte.

Der Skipper schluckte schwer. Noch einmal beugte er sich über das Sprachrohr. »ASDIC, wo ist er jetzt?«

»Grün Null-Eins-Fünf, vier Kabellängen, Sir!«

Frazier musste nicht einmal aufblicken, um zu wissen, was er in Null-Eins-Fünf sehen würde. Seine Stimme war belegt. »Stützruder, neuer Kurs wird Null-Null-Null!« Er wusste, dass er mit voller Kraft auf ein geladenes Torpedorohr zusteuerte. Aber das war egal. Alles war egal, solange der verdammte Kraut nicht einfach unter dem Trawler durchtauchte und seinen Torpedo auf ihn feuerte. Denn die Amelia schwamm inmitten des auslaufenden Treiböls. Der Blechfisch würde aus dem tapferen kleinen Schiff und dem auslaufenden Lebensblut des Zerstörers ein flammendes Inferno machen! Er musste das verdammte U-Boot zur Strecke bringen, bevor die Krauts noch mehr Leute umbrachten. Oder diesen verdammten Torpedo fangen! »Unterdeck räumen!«

Er wusste, er würde das U-Boot nicht mehr erreichen, bevor es unter den Schwimmern war. Der Krieg verlangte trotzdem, dass er das Boot weiterverfolgte, dass er es stellte und vernichtete. Aber dort im Wasser schwammen ihre eigenen Leute. Wie jeder Mann an Bord kannte er die großen sich ausbreitenden Kreise toter Fische, die jedes Mal auftraten, nachdem die Ladungen explodierten. Hunderte von Fischen, vom Explosionsdruck sauber ausgeweidet. Nur dass dieses Mal auch die eigenen Leute im Wasser schwammen. Immer weiter stürmte die Korvette. Schon verschwanden die ersten Schwimmer hinter der hohen Back.

Von Hassel schloss die Augen. »Was für ein eiskalter Mistkerl! Er dampft direkt in seine eigenen Leute, um uns zu kriegen.« Gedanken rasten durch seinen Kopf. Verrückte Ideen, die schon auf den ersten Blick undurchführbar waren. Aber über allem lag schwer und bleiern die Verzweiflung. *Wir sind geliefert! Weil er bereit ist, seine eigenen Leute zu töten, nur, um uns zu erwischen!* Er schluckte. Die Wahrheit war schwer zu ertragen. *Weil er die neuen Regeln besser gelernt hat als ich!*

»Steuerbord zehn! Schleichfahrt!« Die Befehle kamen ganz automatisch. Das Spiel wollte bis zum bitteren Ende gespielt werden. Vielleicht konnte er das Boot aus dem drohenden Wasserbombenangriff bringen, Zeit schinden. Vielleicht auftauchen, seine Leute retten. Aber das rasende Ping und die mahlenden Schrauben ließen keinen klaren Gedanken mehr zu. Wie ein verdammter D-Zug, der sie überrollen würde.

In der Zentrale, dem einzigen Teil des Bootes, in dem die Männer wussten, was auf sie zukam, richteten sich die Blicke zur Decke. Weiße Gesichter, einige, aber nur wenige, mit Tränen in den Augen. Harte Männer, die versuchten, sich an lange vergessene Gebete zu erinnern, an Frauen und Familien oder einfach an Orte in der Heimat. Aber die mahlenden Schrauben wurden immer lauter, wie eine Mähmaschine.

»Er dreht!«

Von Hassel öffnete die Augen und blickte auf. »Wie?«

»Er dreht!« Die Augen des Funkmaats blickten ihn riesengroß aus dem bleichen Gesicht an. »Er dreht!«

Der Kapitänleutnant rappelte sich auf und blickte auf den Kompass. Vergeblich bemühte sich sein Geist, ein klares Bild von der Situation dort oben zusammenzusetzen. Er musste schätzen, ahnen, sich auf seinen Instinkt verlassen.

»Hart Steuerbord! Maschinen stopp!« Er wandte sich um. »Rückert, können Sie was von dem Zerstörer hören?«

Lieutenant Commander Keith Frazier schloss die Augen. Er hatte versagt. Der Jerry hatte Goosefoot ignoriert. *Kennt der verdammte Mistkerl überhaupt keine Regung?* Der Kraut hatte sein Manöver bis auf den letzten Yard geplant.

»Von ASDIC: Wir verlieren ihn, er ist jetzt unter dem Trawler!« Maxwells Meldung war die endgültige Bestätigung der Niederlage.

»Backbord zehn!« Fraziers Stimme klang tonlos. Jetzt konnte er nur noch warten ... und hinterher Rache nehmen. »Wir gehen um die Amelia herum und suchen ihn auf der anderen Seite wieder.« Aber im Geiste zählte er die Sekunden. Das U-Boot brauchte etwa zwei Minuten, um vierhundert Meter Abstand zu gewinnen. Die mindeste Entfernung, um nicht von einem eigenen Torpedo mit in die Luft gejagt zu werden. Zwei Minuten, hundertzwanzig bleischwere Ewigkeiten. Sie würden ihn niemals rechtzeitig erwischen, um ihn aufzuhalten.

Die Sekunden verstrichen. Wurden zu Minuten. Schließlich waren die zwei Minuten abgelaufen, dann drei, dann vier. Doch keine donnernde Explosion zerriss die Ruhe. Nur das Stampfen vieler Maschinen erklang, wie schon seit Stunden. Ruhig zogen die kleinen Schiffe ihre Bahnen. Schon kehrten die schnelleren Kriegsschiffe zurück von den Stränden zwischen Dünkirchen und De Panne.

Goosefoot suchte noch zwei Stunden. In der Zwischenzeit kamen andere Boote zu Hilfe und begannen, Männer aus dem Wasser zu ziehen. Viele waren tot, andere husteten sich das Öl mit blutigem Schaum aus der Lunge. Aber viele weitere würden überleben.

Später am Tag gab es Meldungen über neue Luftangriffe bei Calais. Und am Abend berichtete BBC, dass der belgische König kapituliert hatte und mit ihm alle belgischen Truppen im Kessel von Dünkirchen. Damit war die östliche Flanke des Kessels ungeschützt. Aber das alles war für die Schiffe im Kanal zweitrangig.

Goosefoot gab die Suche schließlich auf und schloss sich der Evakuierung an. Farlane erreichte aus eigener Kraft wieder den Hafen von Dover. Und die kleine Amelia lief mit einem persönlichen Rekord in Dover ein. Als sie am Pier festmachte, befanden sich einhundertunddreizehn Überlebende an Bord. Sie standen zum Teil dicht gedrängt in der Fischlast, weil es nicht einmal genug Platz zum Sitzen gab. Aber die Amelia hatte sie nach England gebracht. Art Miller und seine kleine Crew liefen drei Stunden später wieder aus, um noch mehr Männer zu holen.

Immer wieder drehten die Kriegsschiffe eine kleine Runde um das Wrack der Balmoran, aber keines der Kriegsschiffe konnte die Spur der verdammten Naziröhre wieder aufnehmen.

Frazier fühlte sich müde und erschlagen. Es war bereits spät in der Nacht, und sie liefen zum dritten Mal Dover an. Es würde Zeit für eine kurze Pause geben, weil sie Frischwasser und Medikamente an Bord nehmen mussten.

Schritte klangen auf dem Niedergang. Frazier verzog das Gesicht. »Hallo, Jason!«

Jason Philipps, sein Erster, kam die Treppe hinaufgeklettert. Sein Schritt war schwer und müde wie der eines alten Mannes. »Sir!« Er seufzte. »Was für ein verdammter Tag!« Aber dann grinste er. »Aber der Jerry hat nicht gefeuert!«

Der Skipper wusste genau, welchen Jerry sein Erster meinte. Langsam kramte er in der Tasche nach seiner Pfeife. »Nein, er hat nicht gefeuert!«

Sie schwiegen einen Augenblick, während die Hafeneinfahrt näher kam. Maxwell schien das Manöver gut im Griff zu haben. Dann nickte Philipps kurz. »Ich wüsste nur gern, wohin der Kraut verschwunden ist.«

Frazier verzog das Gesicht. »Ich auch, Jason, ich auch.« Er stopfte die Pfeife und hielt ein Streichholz daran, während er zog. Die Glut warf einen Lichtschimmer auf sein erschöpftes Gesicht. Aber als er sich endlich wieder seinem Ersten zuwandte, war seine Stimme völlig ruhig. »Aber ich nehme an, man trifft sich immer zweimal!«

»Der Verkehr wird langsam geringer, Herr Kaleun!«

Von Hassel nickte Rückert zu. »Danke, Obermaat!« Mühsam rappelte er sich von seinem Stammplatz am Schott auf. »LI! Was meinen Sie, wie viele Meilen stecken noch in den Batterien?«

Der Methusalem warf einen Blick auf den Spannungsmesser. »Keine mehr, wenn die Anzeige stimmt.« Er griente freudlos. »Wir finden es heraus, Herr Kaleun!«

Der Kommandant rieb sich die Hände. »Das schätze ich, das ist doch noch echter Enthusiasmus.« Er lächelte. »Dann los. Lösen Sie uns vom Grund.«

Der Methusalem tippte sich an die Mütze. »Jawoll, Herr Kaleun!« Dann wandte er sich zu seinen Männern um. »Also los! Zellen vier und fünf anblasen! Maschinen kleine Fahrt voraus!«

Langsam, beinahe zögerlich, schwebte U-68 neben dem Wrack der Balmoran in die Höhe. Ein paar Blechteile wurden von dem Haifischbug zur Seite gedrückt, als das Boot Fahrt aufnahm. Im Inneren der Röhre hörten sie das Kratzen an ihrer Stahlröhre. Wrackteile. Stundenlang hatten sie neben ihrem letzten Opfer gelegen und sich nicht getraut, auch nur das kleinste Geräusch zu machen. Nun war die Luft im Boot verbraucht, stickig und stinkig. Aber immer noch atembar, entschied von Hassel.

Langsam schlich sich das Boot von dannen. Niemand schenkte ihnen Beachtung. Den ganzen Nachmittag über hatten die Tommies immer wieder mit ihren Ortungsgeräten den Grund abgesucht. Oft genug hatte das grelle Ping die Furcht in ihren Herzen erneuert. Mehr als einmal waren sie sicher, dass die Tommies sie eingepeilt hatten. Aber jeder der Bewacher wusste ja, dass hier Metall am Grund lag. Die Balmoran. Nicht ein Einziger verschwendete auch nur eine einzige Wabo an das Wrack ihres ehemaligen Kameraden.

Die Batterien lieferten noch Strom für drei Meilen. Dann war endgültig das letzte Ampere Leistung aus ihnen herausgequetscht, und sie mussten auftauchen. Noch immer war der Himmel bedeckt. Kein Stern und kein Mond spendete Licht. Genau die richtige Nacht, um zu entkommen. Den Männern auf der Brücke erschienen die Diesel donnernd laut, aber aus Erfahrung wusste von Hassel, dass der Motorenlärm im eigenen Maschinengeräusch der britischen Schiffe einfach untergehen würde. In tiefen Zügen sog er die frische Luft in seine Lungen.

Leutnant Schneider ließ das Glas sinken. »Nach Hause, Herr Kaleun?«

»Nach Hause. Auf dem schnellsten Wege!«

Jens Lauer lächelte, als er die Worte hinter sich hörte. *Nach Hause, zu Ulrike!*

Chancen und verschenkte Chancen

Drei Tage später lief U-68 aus eigener Kraft in Wilhelmshaven ein. Sie hatten Zeit verloren, weil einer der Diesel gestreikt hatte. Ein anderes Mal hatten sie vor angreifenden Flugzeugen wegtauchen müssen. Wieder ein anderes Mal hatten sie einen Umweg fahren müssen, weil britische Zerstörer in der Nordsee eine Minensperre auslegten. Nicht, dass die Firma Meier sie daran gehindert hätte. Aber für die Männer von U-68 war das alles Routine. Immerhin waren britische Kriegsschiffe im Vergleich zur Luftwaffe eine kalkulierbare Größe.

Der Empfang in Wilhelmshaven war, wie man es nach einer Feindfahrt erwartete. Blaskapelle und ein paar wartende Frauen, Freundinnen und, wenn man das Alter der Besatzung betrachtete, sicher auch etliche Mütter.

Rudi Schneider stand neben dem IWO auf dem Deck und erwiderte den Gruß der Offiziere an der Pier. Schon hatten die Männer Aufstellung genommen.

Oberleutnant Hentrich unterdrückte ein Grinsen. »Immer wieder schön, daheim zu sein!« Seine Augen glitten über die Frauen und Mädchen oben auf der Pier. Seine eigene Frau hatte er schnell erspäht, aber er konnte ihr in Habacht kaum zuwinken. Sein Blick glitt weiter. Und dann grinste er doch. »Schauen Sie, Schneider! Die Schwarzhaarige!«

Der Leutnant ließ seinen Blick über die Reihe gleiten. Eine schwarzhaarige Marinehelferin schwenkte ihre

Uniformmütze und jubelte mit den anderen. Unauffällig wandte er den Blick. Der junge Lauer tanzte vor Ungeduld beinahe von einem Bein auf das andere. Schneider lächelte. »Woher wussten Sie es?«

Der IWO nickte beinahe unmerklich. »Er hat endlose Briefe geschrieben, obwohl wir doch gar keine lange Fahrt vor uns hatten. Gibt es ein sichereres Zeichen?«

»Ich weiß nicht!« Rudi Schneider grinste. »Verdammt, eigentlich schreibe ich überhaupt keine Briefe!«

Das Boot wurde festgemacht, und unter dem Klang der Kapelle kam der BdU über die Stelling. Wann immer es sich einrichten ließ, hieß er die einlaufenden Boote persönlich willkommen, eine Angewohnheit, die in anderen Teilen der Marine belächelt wurde. Und dennoch ein Teil des Bandes, das den Löwen mit seinen Wölfen verband, jetzt und in den schlimmeren Zeiten, die noch kommen sollten.

Der Kommandant begrüßte den Admiral an der Stelling. Steif grüßten die beiden Offiziere, doch dann bot der Konteradmiral von Hassel die Hand. Vor den Augen der Männer raunte Dönitz dem Alten etwas zu, und von Hassel antwortete genauso leise. Verstehend nickte der Löwe. Kein Wunder, hatten sie doch bereits gestern eine Meldung per Funk abgeschickt.

Die plötzlich laute Stimme des Kommandanten riss die Männer aus ihren Gedanken. »Besatzung U-68 … Aaachtung! Zur Meldung an den BdU … die Augen rechts!« Vierundfünfzig Paar Füße schlugen zusammen, vierundfünfzig unrasierte Köpfe wandten sich wie einer nach rechts.

»Herr Admiral, melde U-68 von Feindfahrt zurück!«

Dönitz nahm die Hand von der Mütze. »Danke, Kapitänleutnant!« Seinem Gesicht war keine Regung anzusehen. Ruhig ließ er den Blick über die Männer gleiten, dann über das Boot. Die Planken des Oberdecks wiesen dicke Schrammen auf. Bordwaffenbeschuss. Dann blieben seine Augen an dem verdrehten Wintergarten hängen. Ruhig wandte er sich wieder der Besatzung zu. »Männer von U-68, ich weiß, Ihr brennt darauf, so schnell wie möglich in Urlaub zu gehen. Ihr seid mit einem werftreifen Boot hinausgefahren und kommt mit einem schrottreifen Boot zurück.« Er lächelte flüchtig. »Machen wir es kurz! Kapitänleutnant von Hassel, vorgetreten!« Er wartete, bis von Hassel einen Schritt vor ihn getreten war. »Im Namen von Volk und Führer verleihe ich Ihnen das Eiserne Kreuz Erster Klasse!« Sein Adjutant reichte Dönitz den Orden, und der Admiral heftete ihn an das schmierige Lederzeug des Alten. »An die Männer Ihrer Besatzung werden weiterhin zehn Eiserne Kreuze Zweiter Klasse verliehen. Ich erwarte Ihre Vorschläge, Herr Kapitänleutnant!« Sein Blick glitt ein weiteres Mal über die angetretene Besatzung. »Ihr habt Euch Euren Urlaub verdient.« Er griente kurz. »Besatzung U-68, weggetreten!«

Die Männer rührten sich. Unsicher sahen sie sich an. Sie konnten doch jetzt nicht einfach nach unten verschwinden, wenn der Admiral noch hier stand?

Dönitz wandte sich um. »Kommen Sie mit, von Hassel. Und Sie auch gleich, Hentrich!«

Der 28. Mai 1940 war erst der Auftakt der Operation Dynamo, wie die Evakuierung von den Briten genannt wurde. Bis zum 4. Juni evakuierten die kleinen Schiffe und die Royal Navy insgesamt 338 226 Soldaten von den Stränden und aus Dünkirchen selbst, davon etwa 110 000 Franzosen. Viele dieser Soldaten wurden kurz darauf wieder nach Frankreich eingeschifft, um dort weiterzukämpfen. Die anderen bildeten den Kern einer Armee, die sich später über fünf Jahre hinweg der Wehrmacht an allen Fronten der Welt stellen sollte. Am 4. Juni meldete BBC: »Generalmajor Harold Alexander vergewisserte sich heute Morgen beim Strand von Dünkirchen von einem Motorboot aus, dass niemand am Strand zurückgelassen wurde, bevor er das letzte Schiff nach Britannien bestieg.« Aber vierzigtausend Soldaten blieben in Dünkirchen zurück. Sie hatten den Rückzug gedeckt, auch noch, als Guderians Panzer wieder vorrückten und den Kessel schließlich endgültig eindrückten. Die Luftwaffe war dazu zu keinem Zeitpunkt in der Lage gewesen.

Von Hassel schlug die Zeitung angewidert zu. Es hätte eine Chance sein können, England zum Frieden zu zwingen. Nun würde das hier noch Ewigkeiten dauern.

Er blickte auf, als sein Vater zur Tür hereintrat. An die braune Uniform würde er sich wahrscheinlich nie gewöhnen. Aber sein Vater hatte ihm erklärt, was ihn zu diesem Schritt bewogen hatte.

»Karl kommt nach Hause!« Bernhard von Hassel polterte die Neuigkeiten übergangslos heraus. »Er hat ein paar Tage Urlaub anlässlich seiner Beförderung zum Oberleutnant!«

»Schön!« Heinz-Georg blickte auf. »Er wird wissen wollen, wohin seine Freundin verschwunden ist.«

»Das wird er.« Sein Vater nickte. »Nur – ist es gut, wenn er es erfährt?« Der Jüngere runzelte die Stirn. »Du befürchtest, dass er Kontakt aufnehmen wird? Du hast mir auch nicht verraten, wo sie und ihre Familie sind.« Nachdenklich musterte er die braune Uniform seines Vaters. »Mir scheint, du hast einen hohen Preis für ihre Sicherheit gezahlt.«

»Höher, als du ahnst, Schorsch!« Bernhard verzog

das Gesicht. »Die Hälfte der Leute ist einfach dumm, die andere Hälfte krank.« Er senkte die Stimme, obwohl niemand anders anwesend war. Eine Art tief verwurzelter deutscher Reflex. »Je höher man in der Hierarchie kommt, desto kränker wird es. Unvorstellbar, dass diese Leute fähig waren, Deutschland zu dem zu machen, was es jetzt ist.« Er seufzte. »Einfach unvorstellbar.«

Heinz-Georg nickte. »Die Paranoia ist allgegenwärtig. Immerhin hat sich die ganze Geschichte schon bis zum Löwen herumgesprochen.«

»Gibt es deswegen für dich auch Ärger?«

Der Kapitänleutnant zuckte mit den Schultern. »Der BdU lässt seine U-Boot-Fahrer nicht hängen. Was aber wird, wenn der Krieg weiter voranschreitet, das ist die Frage.«

»Glaubst du, wir gewinnen?« Bernhard von Hassel sah ihn fragend an.

Sein Sohn erwiderte den Blick. »Im Augenblick sieht es ja nicht schlecht aus. Wenn jetzt keiner größenwahnsinnig wird, kann es klappen. Die Engländer sind zäh, aber sie sind allein.« Er hielt dem Blick seines Vaters für ein paar Sekunden stand, dann senkte er den Blick. »Ich würde nicht drauf wetten. Wir hatten unsere Chance, und wir haben sie verschenkt.«

Ulrike und Jens saßen im Café. *Ihrem Café.* Sie sprachen nicht, sondern hielten sich einfach nur an der Hand. Die Wolken hatten sich verzogen, und Jens genoss die Sonne. Überhaupt genoss er alles, das Gefühl frischer Wäsche auf dem Körper, Kuchen, der nach den ersten Erdbeeren schmeckte, nicht nach Schimmel, und vor allem genoss er Ulrikes Gegenwart. Draußen, im Ärmelkanal, hatte er an tausend Dinge gedacht, die er ihr sagen wollte. Doch nun erschien ihm alles so dumm. Und außerdem wusste sie es sowieso. Irgendwie wusste sie es.

Ulrike betrachtete den jungen Seemann. Er wirkte schick in seiner Uniform, das unerklärliche Flair der Marineuniformen, denn eigentlich waren die Klamotten nicht gerade modern. Aber trotzdem, nicht umsonst hatten sie einen Ruf. Ein schicker junger Mann in einer Marineuniform. Genau das, wovor man sie ständig gewarnt hatte, seit sie zu den Marinehelferinnen gegangen war. Nur wenn sie in sein Gesicht blickte, sah sie etwas anderes. Er war blass und übernervös. In seinen jugendlichen Zügen zeichneten sich die ersten Falten um seinen Mund ab. Jens hatte begonnen, vor der Zeit zu altern. Zögernd nahm sie seine Hand fester. »Komm, wir gehen woanders hin.«

Glossar

Aal = Spitzname für Torpedo
Achtern = hinten
Achterschiff = Schiffsheck, Hinterteil des Schiffes
Adju = kurz für Adjutant
Agru-Front = Ausbildungsgruppe in der Ostsee. Dort übten die neuen Besatzungen den Einsatz gegen Geleitzüge. Auch die Rudeltaktik wurde dort spätestens ab 1937 geübt.
AK = Äußerste Kraft! Das ist tatsächlich mehr als »volle Fahrt«, da volle Fahrt immer noch einen Blick auf die Sicherheitsventile beinhaltet. »Dreimal Wahnsinnige« bedeutet im Grunde das Gleiche, nur kümmert sich dann keiner mehr um Drehzahlbegrenzung, Druck oder derartige Messwerte.
Arsenal = Arsenal mit Ausrüstungs- und Ersatzteilen. Depot für verschiedene Artikel
ASDIC = heute Aktivsonar. U-Boot-Ortungsgerät, das einen Schallimpuls aussendet und aus der Zeit, bis das Echo zurückkommt, den Abstand errechnet
ASTO = Admiralstabsoffizier
ATo = pressluftgetriebener Torpedo. Hinterließ eine Blasenbahn, war aber schneller als der ETo und konnte weitere Strecken laufen.
Aufgeriggt = aufgerichtet, angeschlagen. Etwas auf- oder angebaut haben. Meistens im Zusammenhang mit Seilen, Netzen oder Segeln
Aufklaren = a) Wetterbesserung, b) aufräumen
Back = a) Vorschiff, b) Tisch
Backbord = in Fahrtrichtung links
Backschafter = Essensholer. In den O-Messen oder F-Messen größerer Schiffe auch ein zu diesem Dienst abgeteilter Mannschaftsdienstgrad
Ballastkiel = in die Rumpfform integrierter Kiel mit eingebauten Ballastgewichten zur Verbesserung der Schiffslage im Wasser
B-Dienst = deutsche Funkaufklärung. Die meisten alliierten

Geleitzüge wurden durch die Deutschen entdeckt, weil ihr Funkverkehr eingepeilt wurde. Zu den Aufgaben gehörten neben dem Einpeilen auch Versuche der Entschlüsselung, eine Lageanalyse auf der Basis von Funksprüchen und der Abgleich mit geheimdienstlichen Informationen. Die Quintessenz aus all dem wurde als »B-Dienst-Bericht« auch den U-Booten mitgeteilt, allerdings selten vollständig.

BDM = Bund Deutscher Mädel; Abteilung der Hitlerjugend, der junge Mädchen zwischen 10 und 18 Jahren angehörten

BdU = Befehlshaber der U-Boote = Admiral Dönitz

Bf 109 = Messerschmitt Bf 109, ein einsitziges deutsches Jagdflugzeug. Wurde übrigens noch bis etwa 1952 z. B. in der Tschechoslowakei und Polen weitergebaut.

Bilge = Hohlraum unter den Stahlplatten. Hier sammelt sich alles Wasser, das ins Boot eindringt. Deswegen muss die Bilge ab und zu gelenzt (leer gepumpt) werden. Ist in den meisten U-Booten in drei Abschnitte unterteilt, also nicht durchgängig.

Brassfahrt = volle Fahrt. Der Begriff wird weniger intern (z. B. als Kommando für die Maschinen) als vielmehr extern gebraucht, um einen Eindruck wiederzugeben. Z. B. kann ein Zerstörer mit oder in Brassfahrt aufkommen.

Brimborium = mit allem Drum und Dran

Bug = der vordere Teil eines Schiffsrumpfes

Bunts = von »Flaggentuch«. Spitzname für englische Seeleute im Signaldienst

BzB = Bord zu Bord, z. B. BzB-Verständigung bei Flugzeugen

Christbaum = a) in den U-Booten der baumartige Aufbau mit den Ventilen und Schnellauslässen für Trimm- und Tauchzellen, b) Leuchtbomben zur Zielmarkierung bei Bombenangriffen, c) gestaffelt geschossene Leuchtgranaten in Nachtgefechten zur Zielbeleuchtung, d) übermäßig dekorierter Soldat (ohne Lametta = statt der Orden wurden kleine Anstecknadeln getragen; mit Lametta = die vollständigen Orden wurden getragen)

Crew = a) Besatzung, b) Jahrgang in der Offiziersausbildung. Crew '36 bezeichnete z. B. die Offiziere, die 1936 ihr Patent erhalten haben.

Der Dicke = Bezeichnung für Hermann Göring, den Luftwaffenbefehlshaber; in der Marine auch gerne als Hermann Meier bezeichnet.

Dez = Winkel von zehn Grad. Vier Dez an Steuerbord sind

also vierzig Grad rechts von der Kurslinie des Bootes (natürlich nur als ungefähre Richtungsangabe)

Ducht = a) quer verlaufende Bank oder Sitzbrett auf einem Ruderboot, b) auf der Ducht liegen (Jargon für »schlafen«)

Durchpendeln = nachdem der Leitende das Boot auf Sehrohrtiefe gebracht hat, lässt er es eine leichte Nickbewegung mit den Tiefenrudern vollführen. Dadurch können eventuell in den Zellen gefangene Luftblasen entweichen.

Dwarslinie = Formation von Schiffen, bei denen die Schiffe auf gleichen Kursen, aber parallel versetzten Kurslinien laufen

Edelwild = Schiffe von besonderer Wichtigkeit für die Alliierten, aber keine regulären Kriegsschiffe. Edelwild waren vor allem Tanker, Passagierschiffe, die meistens als Truppentransporter fuhren, und Kühlfrachter wegen ihrer Wichtigkeit für die Nahrungsmittelversorgung Englands.

Einbaum = Spitzname für die kleinen Küsten-U-Boote des Typs II

ENIGMA = Chiffrier- oder Schlüsselmaschine in Form einer Schreibmaschine. Die Enigma erzeugte mit jeder Einstellung für einen Text eine andere Verschlüsselung. Auch wurde der gleiche Buchstabe nicht einfach immer gleich umgesetzt, sondern je nach seiner Position im Text unterschiedlich, was die Entschlüsselung durch die Engländer sehr schwierig machte, aber nicht unmöglich, wie uns die Geschichte zeigte.

ES = Erkennungssignal. Oft Leuchtraketen bzw. -patronen einer bestimmten Farbe, wobei der Farbcode sich von Tag zu Tag änderte. Wer also am Mittwoch grüne Sterne schoss, war ein Freund – wer am Donnerstag grüne Sterne schoss, bekam eine Bombe, weil dann das ES vielleicht weiß und rot war. Neben den ES mit Leuchtraketen gab es auch ES, die gemorst werden konnten, um z. B. die Identität des Gegenübers festzustellen.

ETo = elektrisch angetriebener Torpedo

FdU = Führer der U-Boote. Dienstbezeichnung Dönitz' vor und zu Beginn des Krieges, ab 17. Oktober 1939 dann BdU

Fertigungschargen = eine bestimmte Fertigungsserie. Kein spezieller Marinebegriff, sondern eher ein Begriff aus der Fertigungstechnik.

Fischlast = siehe auch »Last«. In diesem Fall eine Last, in der Fische gelagert wurden

Flach = flache Stelle im Wasser, also eine Untiefe

FT = Funktelegramm
Funkgast = Funker im Mannschaftsdienstgrad
Funkmeister = Bootsmann einer Funkverwendung, also Funkmeister, Oberfunkmeister etc.
Funkschapp = sehr kleiner Funkraum
Gammelpäckchen = gammelnde, d. h. unbeschäftigte Seeleute (siehe auch »Päckchen«)
Geige = Matrosenanzug der Mannschaftsdienstgrade. Die »erste Geige« bezeichnete den Ausgehanzug, die »zweite Geige« wurde meist für die Wache verwendet. Die »dritte Geige« war während des Krieges kein Matrosenanzug, sondern der normale Bordanzug mit Schiffchen als Kopfbedeckung.
Gelatinebubis = Bezeichnung für die Piloten der Luftwaffe, die in den Augen der Marine durch ein gewisses Übermaß an Eitelkeit auffielen
GHG = Gruppenhorchgerät. Drehbares Horchgerät mit verschiedenen Gruppen von Druckdosen, mit welchem man Richtungen feststellen konnte
Gneisenau = deutscher Schlachtkreuzer
Gräting = a) auf den alten Großseglern Gitterrost, dessen Öffnungen der Lüftung der unteren Decks dienen, b) moderner Gitterrost auf einem Stahldeck, um das Ausrutschen zu verhindern
Großer Krieg = Bezeichnung für den 1. Weltkrieg. Kam erst etwas aus der Mode, als man begriff, dass man es mit einem neuen, noch größeren Weltkrieg zu tun hatte. Aber 1940 hatten das auch in der U-Boot-Waffe noch relativ wenige Männer begriffen.
Habacht = Achtungstellung von Soldaten: Hände an der Hosennaht, gerade aufgerichtet, Schultern zurück
Halskrankheit = die Gier, sich das Ritterkreuz zu verdienen. Da das Ritterkreuz am Hals getragen wurde und manche Kommandanten zumindest in den Augen ihrer Besatzungen einen geradezu krankhaften Ehrgeiz zeigten, sich diesen höchsten aller Orden durch besondere Heldentaten zu verdienen, wurde der Begriff »Halskrankheit« zu einer geläufigen Redensart. Ebenso sprach man beruhigt davon, dass ein ehrgeiziger Kommandant die Halskrankheit überstanden hatte, wenn ihm endlich der begehrte Orden verliehen worden war. Tatsächlich waren die U-Boot-Kommandanten die größte Gruppe der Empfänger dieser begehrten Auszeichnung (über sechshundert der ins-

gesamt 7318 Ritterkreuze wurden an die U-Boot-Waffe verliehen).

Hartruderlage = Ruderstellung, bei der sich das Ruder am äußersten linken oder rechten Anschlag befindet

Haubo = Hauptbootsmann (Hauptfeldwebel), meist in der Dienststellung eines Kompaniefeldwebels, also der berüchtigte Spieß

Heißgeschirre = Geschirr (Ketten, Taljen und die dazugehörigen Blöcke und Befestigungen), um etwas zu »heißen«, also anzuheben oder abzulassen. Dient dazu, schwere Lasten zu bewegen.

Heizer = Pauschalbezeichnung für alle Schiffstechniker der verschiedenen Fachrichtungen. Natürlich gab es auf einem Schiff im Zweiten Weltkrieg nichts mehr zu heizen, aber der Begriff hat sich erhalten und führte zu so widersinnigen Bezeichnungen wie »E-Maschinen-Heizer«.

Hexogen = in deutschen Torpedos verwendeter Sprengstoff

Hurricane = britisches Jagdflugzeug, entwickelt und gebaut von Hawker. Galt bereits zu Kriegsbeginn als leicht veraltet, war aber de facto der Standardjäger, der nicht nur über Dünkirchen der Luftwaffe die Luftherrschaft abrang, sondern ihr auch die Niederlage in der Luftschlacht um England zufügte.

Indianer = Feindjäger. Ein »Indianer in drei Uhr« ist also ein Feindjäger, der von ziemlich genau rechts kommt. Er hat trotzdem keine Vorfahrt.

IIWO = gesprochen: Zwo-Weh-Oh; der zweite Wachoffizier

IWO = gesprochen: Eins-Weh-Oh; der erste Wachoffizier

Jane's = bis heute bekanntestes Nachschlagewerk für Schiffe. »Jane's Fighting Ships« ist speziell für Kriegsschiffe. Viele deutsche Kommandanten führten dieses Nachschlagewerk ergänzend zu den offiziellen Unterlagen mit sich.

Jerries = Bezeichnung für Deutsche im Zweiten Weltkrieg

Ju-52 = deutsches dreimotoriges Transportflugzeug. Auch bekannt als Tante Ju. Berühmt für seine Zuverlässigkeit und die unverkennbare »Wellblechtechnologie«.

Ju-87 = deutscher Sturzkampfbomber, der berühmte Stuka. Zur Unterstützung der psychologischen Wirkung waren an den Fahrwerksbeinen Sirenen montiert, die den typischen heulenden Ton während des Sturzfluges erzeugten, ein Ton, den die Soldaten am Boden und die Seeleute auf den angegriffenen Schiffen nie wieder vergessen sollten. Trotzdem war die Wirksamkeit gerade gegen Schiffe eher gering.

Kabbelig = unruhig (in Bezug auf die See). Bezeichnet mehr einen etwas unruhigen Seegang als echte Brecher, ist also ein eher schwacher Ausdruck.

Kaleu, Kaleun = Abkürzungen für Kapitänleutnant. Kaleu ist die moderne Form.

Kettenhund = Feldjäger, Militärpolizei

Kiel = a) unterster Schiffsspant in Längsrichtung, b) Schiffslage in Längsrichtung (z. B. auf ebenem Kiel liegen), c) unter dem Rumpf montierte zusätzliche Ballasteinrichtungen (z. B. Ballastkiel oder Schlingerkiel), d) wichtigster Ostseestützpunkt der deutschen Marine, die Stadt Kiel

Kiellinie = Schiffe fahren Kiellinie, wenn sie genau hintereinander fahren.

Klappbuchs = Lichtsignalgerät, auf U-Booten auch »Varta-Lampe«

Klapphose = die Hose der »ersten Geige« (siehe unter »Geige«), die sich praktischerweise einfach nach vorn aufklappen ließ

Klar zum = klar zum Anlegen, klar zum Kurswechsel. Meldung, dass eine Tätigkeit vorbereitet ist und die benötigten Männer nur noch auf den Befehl warten. »Klar zum« ohne weitere Angabe bedeutet in diesem Zusammenhang »gemustert und bereit«, aber es ist noch nicht klar, wofür eigentlich. Manchmal auch als Kurzform gebraucht.

Kolcher = abwertend für ein eher kleines Schiff. Ein alter Fischdampfer wäre also eher ein Kolcher als ein Zossen. Ein alter Trampdampfer wäre eher ein Zossen. Aber die Grenzen sind fließend.

Kommandant = Kapitän eines Kriegsschiffes. Der Begriff Kapitän wird nur in der zivilen Schifffahrt und innerhalb aller Marinen als militärische Rangbezeichnung verwendet.

Kommandant fährt weiter! = diktierter Eintrag im Schiffstagebuch. Im Nachhinein kennzeichnet dieser Eintrag besondere Situationen wie Angriffe, Verfolgungsmanöver o. Ä. Ist wie alle Einträge im Schiffstagebuch auch von seefahrtsrechtlicher Bedeutung.

Korvette = kleines Eskortenfahrzeug mit schwacher Artilleriebewaffnung, nur zur U-Boot-Abwehr geeignet. Eigentlich waren die britischen Korvetten der Flower-Klasse nur für Küstengewässer geplant. Aber als der Krieg ausbrach, wurden sie auch im Atlantik eingesetzt. Die Beschreibung, dass diese Schiffe »bereits auf einer nassen Wiese rollten«, trifft es recht gut.

KTB = Kriegstagebuch

Kugelschott = a) druckfeste Querwand zwischen den Abteilungen des Bootes, b) das Schott (der Durchgang) durch ebendiese druckfeste Querwand

Kujambelwasser = Limonade aus eigener Herstellung

Kye = der bei den britischen Seeleuten sehr beliebte dicke Kakao, vorzugsweise mit mehr oder weniger großen Beimischungen von Rum

Last = Lagerraum

Lenzen = abpumpen oder auch ausschöpfen (von Wasser). Wenn der Raum »lenz« ist, dann befindet sich kein Wasser mehr darin. Auch ein Bierglas kann, seemännisch betrachtet, »lenz« sein, und natürlich können auch Schnapsflaschen »gelenzt« werden.

LI = Leitender Ingenieur

Log = a) Messgerät zur Bestimmung der Geschwindigkeit eines Schiffs, b) kurz für Logbuch

Löwe = Spitzname für Admiral Dönitz. Mit seinem Umzug nach Kernevel (Frankreich) hielt der Begriff auch Einzug in die englische Propaganda. Dönitz wurde »The Lion of Kernevel« genannt.

M-Offizier = Funkspruch mit doppelter Verschlüsselung. Der zweite Entschlüsselungsvorgang musste von einem Offizier mit anderen Einstellungen der Schlüsselmaschine ENIGMA durchgeführt werden.

Malhalla = eine Menge oder auch ein großer Schiffsverband

Matilda = schwerer britischer Panzer zu Kriegsbeginn. Die Matilda war mit den meisten Waffen der deutschen Panzerjäger kaum zu knacken. Selbst die deutschen Panzerkampfwagen IV waren nicht in der Lage, eine Matilda zu knacken. Allerdings war das meistens auch nicht notwendig, da Matilda aufgrund ihres Gewichts selbst unter besten Bedingungen nicht einmal zwanzig Kilometer pro Stunde schaffte.

ME = Messerschmitt. Oberbegriff für Bf 109 (auch Me 109), Bf 110 und Me 410 (Zerstörer bzw. Schlachtflugzeug), zu der Zeit, in der dieser Roman spielt, meist Bf 109

Meier, Hermann = abwertende Bezeichnung für Hermann Göring, den Oberbefehlshaber der Luftwaffe. Siehe auch »Schlipssoldaten«.

Meier, Firma = abwertende Bezeichnung für die Luftwaffe als Ganzes

Mennige = rötliche Rostschutzfarbe, wie sie z. B. auch für ältere Autos, Gartenzäune und Metallteile an Parkbänken verwendet wird. Normalerweise befindet sich darüber ein Anstrich in beliebiger Farbe. Aber da man bei Schiffen das Unterwasserschiff ohnehin nicht sieht, wird dort meist auf diesen Farbanstrich verzichtet, weswegen Schiffe fast immer unter der Wasserlinie rot sind.

Messe = Wohnraum, auf großen Schiffen auch Speiseraum der Offiziere

Mixer = ursprünglich der Torpedomixer, also ein Fachmann für die Torpedofeuerleitung. Der Begriff dehnte sich während des Krieges mehr und mehr auf andere Fachrichtungen aus, vorzugsweise alles, was irgendwie mit Schaltungen zu tun hatte. So entstand neben dem Begriff des Torpedomixers vor allem der des E-Mixers, auf modernen Schiffen auch abgekürzt Emi (Plural = Emis).

Mug = Becher, Kaffeepott, Trinkgefäß. Alles mit einem Henkel und einem halben Liter oder mehr Fassungsvermögen

Niedergang = Treppe, die ein Deck mit einem anderen Deck verbindet. Allerdings ist auch eine Treppe nach oben ein »Niedergang«.

Nock = a) auf alten Seglern das Ende einer Rah, b) offene Ausbuchtungen der Brücke auf beiden Seiten. Nocken erlauben z. B. bei komplizierten An- und Ablegemanövern einen besseren Überblick an der gefährdeten Schiffsseite.

ObdM = Oberbefehlshaber der Marine. Zur Zeit von Dünkirchen Großadmiral Erich Raeder

OKM = Oberkommando der Marine

Päckchen = alles, was entweder eingepackt war oder im weitesten Sinne zum Einpacken diente. Als U-Boot-Päckchen bezeichnete man das Lederzeug, den Bordanzug der U-Boot-Fahrer in nördlichen Gewässern. »Gammelpäckchen« waren beispielsweise die U-Boot-Fahrer selbst, die eingepackt in ihr U-Boot auf den langen Patrouillen vor sich hin »gammelten«. Auch das Liegen mehrerer U-Boote an einer Pier oder längsseits eines Schiffes wird als »Liegen im Päckchen« bezeichnet.

Pak = Panzerabwehrkanone. Zu Beginn des Krieges in allen beteiligten Armeen relativ kleine Kaliber (37 bis 54 mm). Im Heeressprachgebrauch das »Panzeranklopfgerät«

Panzer III = einer der beiden deutschen Standardpanzer zur Zeit von Dünkirchen. Schnell, präzise, gut gepanzert, aber zu leicht bewaffnet. Offiziell Panzerkampfwagen III

Panzer IV = der andere Standardpanzer der Deutschen zur Zeit von Dünkirchen. Schnell, noch präziser, ebenfalls gut gepanzert und für seine Zeit mit einem außergewöhnlich schweren Kaliber von 75 mm bewaffnet. Wurde bis Kriegsende produziert und galt auch 1945 noch als nach wie vor gefährlich.

Panzerspreng = Granate oder Mine gegen gepanzerte Ziele (um einen Panzer zu sprengen). Normalerweise 50 Prozent Sprengstoffanteil und Kopfzünder bei Granaten

Papenberg = Glasröhre, in der die Tauchtiefe angezeigt wurde. Zusätzlich gab es einen weiteren Tiefenmesser mit Skala, aber der Papenberg war zentral angebracht und wegen seiner technischen Primitivität meistens zuverlässiger. Der Nachteil war, dass bei Erschütterungen häufig die Glasröhre zerbrach und Wasser machte.

Petty Officers = Oberbegriff für alle Unteroffiziere in den englischsprachigen Marinen

Pick = Abneigung. »Einen Pick auf jemanden haben« bedeutet, diesen mit Vorliebe zu schikanieren.

Pönen = anstreichen

Puffz = Unteroffizier mit Portepé, also Feldwebel- bzw. Bootsmannsränge (Plural = Puffze)

Puffz-Messe = Messe der Puffze

Pützen = Plural von »Pütz« (Eimer, Wischeimer)

Rahnock = das äußere Ende einer Rah (Querstange am Mast für das Rahsegel). Wichtig nur noch, da es sprichwörtlich als unzivilisiert galt, Alkohol zu trinken, bevor die Sonne über der Rahnock stand.

Rawalpindi = britischer Hilfskreuzer (umgebautes Passagierschiff), der nach einem Gefecht mit den deutschen Schlachtkreuzern Scharnhorst und Gneisenau am 23. November 1939 sank. Dem Kommandanten der Rawalpindi wurde posthum das Viktoriakreuz verliehen

RNLI = Royal National Lifeboat Institution, britische Seenotrettungsgesellschaft

Rollen = Schiffsbewegung um die Längsachse, d. h., wenn sich das Schiff durch den Seegang mal auf die eine, mal auf die andere Seite legt.

RRRR = Kurzzeichen britischer Schiffe im Funkverkehr, um einen Angriff durch einen Handelsstörer anzuzeigen. Vergleiche SSSS.

Salvasan = erstes wirksames Mittel gegen den Tripper

Schanzkleid = Erhöhung der Bordwand über das frei liegende Schiffsdeck hinaus

Scharnhorst = deutscher Schlachtkreuzer

Schleichfahrt = Schleichfahrt bedeutete nicht nur, sehr langsam zu fahren (knapp einen Knoten, je nach Typ), sondern vor allem auch, alle unnötigen Geräte abzustellen, sich möglichst wenig im Boot zu bewegen und zu schweigen. Denn natürlich konnte nicht nur das Geräusch der E-Maschinen, sondern auch ein Lüfter oder eine Lenzpumpe gehört werden.

Schlicktown = Spitzname für Wilhelmshaven

Schlipssoldaten = meistens im Zusammenhang mit »Hermann Meier« genannt. Gemeint waren die Soldaten der Luftwaffe, wegen der Krawatte, die innerhalb der Luftwaffe als regulärer Bestandteil der Uniform getragen wurde. »Hermann Meier« war eine spöttische Bezeichnung für Hermann Göring, den Oberbefehlshaber, der im Rundfunk von sich gab »… wenn auch nur ein britischer Bomber das Reichsgebiet erreicht, will ich Meier heißen …«, worauf er nach dem ersten Nachtangriff auf Berlin am 2.10.1939 besonders innerhalb der Marine wirklich nur noch Meier genannt wurde.

Schott = Trennwand, in engerem Sinne auch der verschließbare Durchgang durch ebensolch eine Trennwand

Seekuh = Spitzname für die großen Fernkampfboote des Typs IX. Nicht zu verwechseln mit den »Milchkühen«, den Versorgungs-U-Booten des Typs XIV.

Signalgast = Signäler im Mannschaftsdienstgrad

Signäler = Soldat im Signalbetrieb. Der Signalbetrieb umfasst den Umgang mit Morselampen und Scheinwerfern, Flaggen und Sichtzeichen, also die gesamte Kommunikation von Schiff zu Schiff, die nicht auf Funk basiert.

Skipper = Schiffsführer. Auch Spitzname für einen Kommandanten in den englischsprachigen Marinen (vergleichbar mit dem Alten in der deutschen Marine)

Sloop = englische Bezeichnung für die Vorkriegskorvetten, manchmal auch für die Korvetten der Kriegsbaureihen. Ein kleines, relativ langsames Kriegsschiff, das ausschließlich als Eskorte und gegen U-Boote eingesetzt wurde.

Smut = Schiffskoch

Spannungsmesser = Voltmeter

Spargel = Spitzname für alle Sehrohre

Sparks = von engl. »Funken«. Spitzname für englische Funker

Spatenpauli = Bezeichnung für das Heer und dessen Soldaten

Sperrbrecher = ein großes, meist mit leeren Fässern oder auch

Kork beladenes Schiff, das vorausfährt, um Minen zur Explosion zu bringen. In späteren Kriegsphasen zusätzlich mit einem Magnetfeldgenerator ausgerüstet, um Magnetminen zu zünden

Spitfire = britischer Jäger des Zweiten Weltkrieges, entwickelt von Supermarine. Galt insbesondere in den frühen Phasen des Krieges als das beste Jagdflugzeug der Welt (zusammen mit der japanischen Zero). Machte aber zur Zeit von Dünkirchen und in der späteren Luftschlacht um England, was die Stückzahlen betrifft, nur etwa ein Drittel der britischen Jagdflugzeuge aus.

Spring = Vor- bzw. Achterspring. Eine Leine, die entweder vom Bug des Schiffes nach achtern hin vertäut ist oder vom Heck hin nach vorn

SSSS = Kurzzeichen britischer Schiffe, um einen Angriff durch ein U-Boot anzuzeigen

Stauen = etwas verladen oder unterbringen. Päckchen werden gestaut.

Stampfen = Schiffsbewegung um die Querachse, d. h., wenn der Bug im Seegang hoch- bzw. runtergeht

Stauferfett = dickes Schmierfett, wie man es z. B. vom Auto her kennt

Stelling = transportabler Steg, der von einem Kai auf ein Schiff, von Schiff zu Schiff oder auch im extremen Fall von einem Schiff ins Nichts führen kann. Die berühmte Planke, über die Piraten ihre Opfer schickten, zählte ebenfalls zum Oberbegriff der Stelling.

Steuerbord = in Fahrtrichtung rechts

Steuermann = a) der für die Navigation verantwortliche Unteroffizier. Ein Offizier mit gleicher Aufgabe würde als NO (Navigationsoffizier, gesprochen: Enno) bezeichnet werden, b) ein Bootsmann einer Navigationsverwendung, also Steuermann, Obersteuermann etc.

Stoppelhopser = Bezeichnung für das Heer und dessen Soldaten

Stuka = siehe Ju-87

Stützruder = das Gegensteuern nach einem Kurswechsel, um den immer noch vorhandenen Drehimpuls abzustoppen

Subbie = Jargon in den englischsprachigen Marinen für einen Sublieutenant (deutscher Rang: Leutnant)

Südwester = wasserdichte Kopfbedeckung aus Ölzeug oder Gummi. Wird in der Seefahrt, aber auch von beinahe allen Küstenbewohnern bei schlechtem Wetter verwendet.

Süll = hervorstehende Einfassung (Schwelle) von verschließbaren Durchgängen in einem Schiff, die verhindern soll, dass Wasser durch die Tür schwappt

Taljen = kurze Heißleinen, die an einer Rolle angeschlagen sind

Tankerfackel = das explosionsartige Aufflammen getroffener Tanker nach einem Torpedotreffer. Eine solche Tankerfackel konnte mehrere Hundert Meter hoch sein und war vor allem bei Nacht über viele Seemeilen hinweg sichtbar.

Tannoy = Schiffslautsprecher. Die Schiffe der Royal Navy waren mit Schiffslautsprechern der Firma Tannoy ausgestattet, und der Name des Unternehmens wurde zu einem Alias für diese Lautsprecher.

Tante Ju = siehe Ju-52

Tommy = Bezeichnung der Deutschen für die Engländer

Tonnage = die Größe eines Schiffes in Bruttoregistertonnen. Die Registertonne ist ein Raummaß von 2,83 Kubikmetern.

Torpedomixer = siehe Mixer

Torpedovorhaltrechner = mechanische Rechenmaschine, die aus den Angaben über Gegnerkurs, Abstand und Geschwindigkeit den Vorhalt berechnete, mit dem ein Torpedo zu schießen war. Die Engländer bezeichneten ihre Variante als »Obstmaschine«.

Trawler = Schleppnetzfischer

U-Boot-Päckchen = siehe Päckchen

Union Jack = reguläre britische Flagge, wie in der Handelsschifffahrt verwendet, im Gegensatz zur weißen Kriegsflagge

UZO = U-Boot-Zieloptik. Eine schwere, in einem wasser- und druckfesten Gehäuse eingebaute Zieloptik, die auf einen Sockel auf dem Turm aufgesteckt werden konnte und so das Zielen auch vom Turm statt von der Zentrale mithilfe des Sehrohres ermöglichte

Vertäut = angebunden, befestigt

Vierpfünder = kleinere Kanone. Der englische Vierpfünder entsprach ungefähr der Flak 7,5 cm, jedoch mit höherem Geschossgewicht.

Vorreiber = ein- oder zweiarmiger Hebel zum wasserdichten Verriegeln von Schotten und Luken

Vorspring = Leine, die von achtern nach vorn an der Pier vertäut wird.

Wabo = Wasserbombe

Walrus = auch »Tanzende Fledermaus« (Dancing Bat) genannt.

Wasserflugzeug, das auf großen Kriegsschiffen als Bordflugzeug mitgeführt wurde. In erster Linie beeindruckte die Maschine durch große Reichweite und Stabilität. Das Flugzeug wurde übrigens vom gleichen Konstrukteur wie die optisch sehr viel beeindruckenderen Jäger Spitfire und Seafire geschaffen.

Warrant Officer = Militärangehöriger im Rang eines Unteroffiziers mit Portepé

Wellenabweiser = eine Art Kragung an der vorderen Brüstung des Turmes, die verhindern sollte, dass Wellen in den Turm schlugen. Große Brecher konnten durch den Wellenabweiser nicht nur nicht aufgehalten werden, sondern auch an ihm entlang seitlich besser in den Turm einfluten.

Werftgrandis = Werftarbeiter

Winschen = a) elektrische Winden, b) etwas mit einer elektrischen Winde einholen, c) manchmal auch ähnlich wie »heißen«, nur dass nicht etwas nach oben gezogen oder nach unten abgelassen wird, sondern die Bewegung mehr in der Horizontalen stattfindet

WO = Wachoffizier. Neben IWO und IIWO fuhr meist der Steuermann als dritter WO.

Wölfe = So nannten sich die deutschen U-Boot-Fahrer selbst. Der ursprüngliche Propagandabegriff, abgeleitet von Dönitz' Rudelstrategie, den Wolfsrudeln, wurde zunächst halb scherzhaft verwendet, aber dann schnell von den U-Boot-Fahrern übernommen.

Wuling = Durcheinander. Im Gegensatz zu »Zustand« mehr ein physisches Durcheinander, während »Zustand« mehr einen logischen oder auch geistigen Zustand bezeichnet.

Zeche = auch »Zeche Elend« genannt. Abfällige Bezeichnung des seemännischen Personals für den oder die Maschinenräume eines Schiffes.

Zehn-Fünf = Decksgeschütz vom Kaliber 10,5 cm, wie es auf den großen Booten eingesetzt wurde

Zossen = abfälliger Ausdruck für ein Schiff

Zwozentimeter = Flakgeschütz im Wintergarten

Zustand = Durcheinander

Zwischendeckstelegraf = auch Buschtrommel oder Gerüchteküche, jener geheimnisvolle Mechanismus, der dazu führt, dass alle Bescheid wissen, obwohl offiziell alles noch ein Geheimnis ist

Weltbild Buchverlag –Originalausgaben–

Steinerne Furt, 86167 Augsburg
Sonderausgabe 2009

Projektleitung: Almut Seikel
Redaktion: Dr. Thomas Rosky
Umschlaggestaltung: Andrea Göttler
Umschlagillustration: Oleg Korzh
Satz: Sabine Müller
Gesetzt aus der Stone Serif 10/14 pt
Druck und Bindung: CPI – Clausen & Bosse, Leck

Gedruckt auf chlorfrei gebleichtem Papier

Printed in the EU

ISBN 978-3-86800-154-9